アナスタ

アナスタシア

ロシアの響きわたる杉シリーズ

9巻

ウラジーミル・メグレ　にしやまやすよ 訳　岩砂晶子 監修

Anastasia Japan
直日

«АНАСТА»

Владимир Николаевич Мегре

Книга X из серии «Звенящие Кедры России»

ノヴォシビルスク　630121　私書箱４４　ロシア
電話：+7 (913) 383 0575

---

ringingcedars@megre.ru
www.vmegre.com

もくじ

アナスタシア　ロシアの響きわたる杉

第九巻

アナスタ

＊本書に記載されている数値や数字は、ロシア語原書発行当時のものです。また、内容の一部に、現在の日本において一般的とされる解釈とは異なるカ所もございますが、著者の意図を尊重し、そのまま訳出いたしました。
本文中「＊」のついた括弧内は翻訳者および監修者による注釈です。

プロローグ

西暦2010年のことだった。地球上では、一万年の眠りから目覚めた人たちが現れはじめた。彼らの使命は眠っていた間に地球で何が起こったのか、そしてその原因はなんだったのかを特定し、人類の意識に蔓延したウイルスに対する免疫を獲得して、未来に同じことが繰り返されないようにすることだった。

彼らは数多くの事故や戦争、都市部の空気が悪臭を帯びている様《さま》、どれほどの規模で水が汚染されているかを脳裏に刻み込んでいった。そして、人々の身体を蝕む数えきれないほどの病気のことも記憶に刻み込んでいった。そのプロセスは今もなお続いている……。

この原因を特定するプロセスはまだ完了できていない。だが、きっと……いや、絶対にできる！　我われには、地上を原初の状態に戻す力があるのだ！

生命あふれるシベリアのタイガの奥深くにある草地では、幼い子どもが微笑みを浮かべながら歩いている。その子を脅かすもの、攻撃するものは何もない。それどころか、その子には、何かあればすぐに助けに駆けつけてくれる森の獣たちがいるのだ。その幼子は、まるで自分が森の主《あるじ》であるかのように自信に満ちた表情で歩いている。その子は鳥やリス、虫たちがどのように生きているのかを観察すること、花々の匂いを嗅ぎ分けたり、草木に触れ、その実を味見してみることが、興味深くてたまらないのだ。きっと成長したら、この完璧な世界をさらに素晴らしく彩ってくれるだろう。

一方で、普通の子どもたちは今どんなところにいるだろうか？　どのような空気を吸い、どのような水を飲んでいるだろうか？　成長したら、この世界に何をもたらすのだろうか？

それらの結論を導くために、まずはすべてのことを順序だてて書くことにしよう。

はじまり

本書は、私が十五年前にシベリアで遭遇した出来事を、読者の皆さんに思い出していただくことからはじめようと思う。その方がこれまでに出版された『ロシアの響きわたる杉』シリーズを読んでいない方にもわかりやすいだろう。シベリアの不思議な隠遁者アナスタシアとの最初の出会いについて、これまで書かなかった情報も加えて説明しよう。

アナスタシアは、両親や先祖たちも代々住んでいた、タイガの森の奥深くの草地で暮らす女性だ。彼女の草地は人里離れたところにあり、最も近くにある、シベリアの中でも「へんぴな田舎」と呼ばれる小さな村ですら、二十五〜二十七キロメートルの距離がある。しかも、その草地まで道らしきものは皆無なので、案内人なしでたどり着くのは至難の業だ。彼女が暮らす草地は、タイガの随所にある他の草地と見た目がそれほど変わらない。強いて違いを挙げるとすれば、どこか手入れされた感じがあることと花が多いことくらいだ。アナスタシアの草地には構造物が一切なく、焚火場もないが、彼女にとってはその場所こそが一族の地なのだ。

私がアナスタシアと初めて出会ったのは一九九四年で、彼女が二十六歳のときだった。

その頃から彼女は類まれな美の持ち主だった。この「類まれな美」という言葉は決して誇張ではない。身長が百七十センチメートルあり、かといって現代のファッションモデルのように痩せすぎではなく、まるで体操選手のようにしなやかで均整のとれた身体をした、若い女性を思い浮かべてほしい。目鼻立ちが整い、灰色がかった青い瞳に小麦の穂のような黄金色の髪をウエストまで下ろした女性である。

もちろん、外見だけなら、似たような女性をどこかで目にすることもあるだろう。しかし、アナスタシアほど、類まれな美しさを自身の奥深くに兼ね備えている女性はいないのだ。彼女は一目見ればわかるほどの理想的な健康状態にあり、それは滑らかで軽やかな身のこなしや、跳ねるような歩き方にも現れている。さらに、彼女からはなんらかの抑えがたいエネルギーが満ちあふれていて、それが目に見えない光線となって周囲の空間を温めているかのような印象さえ受けるのだ。

事実、アナスタシアに見つめられると、身体がほのかに温かくなる。彼女は目を細めた独特な眼差しを向けることで、相手がその場にいなくても、特に足の裏の辺りから全身にかけて、汗がにじみ出るほどその人を温めることができるのだ。私がその眼差しを受けた時は、身体の中から毒素が出ていき、格段に体調がよくなったように感じた。

おそらく、アナスタシアはタイガのすべての植物の効能を知り尽くし、さらに何かしらの内なるエネルギーを使いこなすことにより、どんな病気であろうとも治すことができるのではないだろうか。少なくとも、私の潰瘍《かいよう》は、彼女の眼差しでほんの数分のうちに治癒されてしまった。その一方で、私に再度治療を施すことについては、彼女は断固として拒否をした。

「病気とは、神と人間の真剣な対話なの」そう言うと、アナスタシアはこう続けた。「創造主は、あなたと共に痛みを味わいながら、あなたの生き方に誤ったところがあることを知らせてくれている。だから、生き方を変えれば痛みはなくなり、病気は消えていくわ」

この他にも、アナスタシアには不思議な能力がある。彼女が話をしているとき、聞き手の意識の中または空間にその光景が浮かぶのだ。しかも、その光景は現代のテレビ映像よりも何倍もリアルで、匂いや音までもが含まれる立体的なものだ。

彼女にできるのであれば、はるか昔にも、このような能力を有していた人たちがいた可能性は大いにあるだろう。現代の科学が自然界にあるものをなぞることでしか発展できていない点を考慮するならば、はるか昔には現代のテレビや電話よりも完成度の高い手段があったと考える方が妥当だからだ。

この能力を使って、アナスタシアは最初に世界が創造されたときの光景や、様々な時代の人々の暮らしを見せてくれた。そしてそのほぼすべては、彼女の先祖たちに関連するものだった。

この能力を端的に説明するならば、彼女は自分の遺伝子から、最初に創造された人間や先祖が蓄積した知識や経験、味わった感情などの情報を自由自在に取り出せるのだ。

そして言うまでもなく、未来の光景に関しては、彼女が望む未来をかたどって見せることができるのだ。


次に、アナスタシアの暮らしについて説明しよう。

タイガに住むアナスタシアの暮らしは、都会に住む現代人の暮らしとは著しく異なる。彼女の暮らしを理解していただくには、タイガがどのような場所であるかを説明する必要があるだろう。

タイガはロシアで最も広大な面積を占める、はるか昔から手つかずの状態で残る厳冬の森林地帯である。ロシアのヨーロッパ地域（＊ロシアの領土はヨーロッパとアジアにまたがって存在し、ウラル山脈を境に区分される）に広がるタイガの全長は八〇〇キロメートルであり、アジア地域である西シベリアと東シベリアに広がるタイガの全長は二一五〇キロメートルに及ぶ。このとおり、驚くべき広さだ。今日、タイガは空気中の酸素の生産において主要な役割を担っており、いわばこの地球の肺なのである。

さらに、タイガは氷河期よりも前に形成されていた地帯だ。すなわち、現在のタイガの生態系を研究すれば、地球が氷河期に移行する以前の生態系について知ることができるのだ。

実際に、この永久凍土の中からは保存状態の良いマンモスの子どもの亡骸が発見されており、サンクトペテルブルグの博物館に収蔵されている。

しかしながら、これだけでは氷河期以前のタイガの生態系を把握することは困難なので、まずは今日の動物界から観察してみることにしよう。

現在のタイガには、ヤマネコ、クズリ（＊北極周辺のツンドラに生息するイタチ科の小動物）、シマリス、クロテン、リス、クマ、キツネ、オオカミといった数多くの動物たちが広く生息している。そして、有蹄《ゆうてい》類ではヤギ、ヘラジカ、ノロジカ、そしてトガリネズミやノネズミなどのげっ歯類が、鳥類ではオオライチョウ、エゾライチョウ、ホシガラス、イスカなどが至る所に生息している。

このうちの多くが、秋が終わると冬眠に入る。動物の体が生きながらも仮死状態となることについてはまだ十分に研究がなされていないが、今日の宇宙開発を研究する者たちの間では日に日に関心が高まっているようだ。

次に植物界に目を移すと、セイヨウネズ、スイカズラ、スグリ、ヤナギ属などの様々な種類の低木が自生している。ビタミン類が豊富なブルーベリー、コケモモ、クランベリー、クラウドベリーや、カタバミ、イチヤクソウ、シダ植物などの薬効のある草も生えている。

他にも、トウヒ、モミ、カラマツ、マツ、そしてなんと言っても学者たちに「スギマツ（＊学名：シベリアマツ。シベリア杉は、分類上はマツ科となる）」と呼ばれ、特殊な効能を有する、四百メートルの高さにも届く壮大なシベリア杉が分布している。私の見解では、学者たちが付けた「スギマツ」という呼び名は、この素晴らしい木には甚だ似つかわしくないのだが、まあいいだろう。学術面のみに注意を向ける人々には

「スギのような」という但し書きを付けたマツとして認識させておけばいい。それよりも、シベリア杉がどれほど秀でた樹木なのかを紹介したいと思う。

では、なぜそれほど素晴らしいと言えるのか？　それはシベリア杉が他の品種のスギやマツと区別して分類するに値するほど、独特な実をつけるからである。

シベリア杉の実は他国で育つスギやマツの実よりも著しく高い効能をもつ。このことは、すでに一九七二年の時点で、アカデミー会員であるパラス（＊ピーター・シモン・パラス、一七四一年～一八一一年。ドイツ出身の自然科学者であり、若くして頭角を現して一七六八年に帝政ロシア時代のペテルブルグ帝国科学芸術アカデミー会員に選出された。エカテリーナ二世により大規模に行われたロシア全土の自然調査に加わり、各地の地理学、鉱物学、先住民族、宗教、動植物について詳細に調査を行った）が、ロシアの女帝エカテリーナ二世（＊一七二九年～一七九六年。在位一七六二年～一七九六年。現在ポーランド領の北ドイツ生まれ。皇太子ピョートル三世の皇太子妃候補としてロシアに渡った。当時の西欧の啓蒙思想を崇拝し、ロシアの近代化や世界へのロシアの影響力向上に努めた）に宛てた手紙にも記されている。

また、シベリア杉には特有のフィトンチッドが豊富に含まれており、製材された後も、それらの木材でつくられた洋服ダンスには決して虫がつかない。

さらに、シベリア杉ではないものの、旧約聖書にはソロモン王が近縁種であるレバノン杉に不思議な力があると考えていたと推察できる記述もある。彼は神殿を建てるために、自国のいくつかの都市をツロの王ヒラムに差し出すことまでして、レバノン杉の木材を入手したのだ。

そうして建てられた神殿で祭司たちが奉仕しようとしたとき、神殿に雲が満ちたため奉仕を続けることができなかったと書かれている。（列王記上　第8章11節）

私はシベリア杉についての情報を調べるにつれ、シベリア杉が氷河期以前の植物界を浮き彫りにするものであり、ともすれば、生物学的な意味では我われよりもはるかに発展した文明からの使者であるかのようにすら思えてきた。

では、その使者であるシベリア杉は一体どのように地球規模の大変動を耐え抜き、今日まで繁栄し続けてきたのだろうか？

第一に、環境への適応能力が挙げられるだろう。シベリア杉の種は氷点下の気温に耐えることができるだけでなく、発芽に適した気候条件と生育環境が整うまで何年も待つことができる。この適応能力は今日に至るまで変わっていない。

第二に、シベリア杉の実自体の特性が挙げられるだろう。そもそもなぜ、今日、その実が最も健康に有益な自然食品であると考えられているのか？

シベリア杉の実には、人間に必要なすべてのビタミンが複合的に含まれている。例えば、トムスク大学の研究者たちは、シベリア杉の実から採れるオイルの成分を研究し、チェルノブイリ原発事故で多量の放射線を浴びた被験者たちの食事に導入した。すると、オイルを摂取した被験者たちの免疫が摂取していない人たちと比べて向上したのだ。それに、シベリア杉の実のオイルには基本的に禁忌《きんき》と言われるものがなく、妊婦や授乳中の母親でも摂取することができる。

また、シベリア杉の実に関しては次のような不思議な事象も報告されている。それは、シベリア杉が実をつけない年には一部の哺乳類のメスがオスを近づけさせず、その年に子孫を残そうとはしないという現象だ。彼らがシベリア杉の実りの有無をどのように判断しているのかは定かではないが、動物たちの交尾が春に行われる一方で、シベリア杉が実をつけるのは秋が深まってからなので、事前に実がなるか否かを判別することは不可能なはずだ。そもそも、タイガにはシベリア杉以外にも多種多様な食べ物が有り余るほどあるし、タイガの外に目を向ければ、シベリア杉の実がなくても問題なく生きている同種の動物たちもいる。それにもかかわらず、一部のメスたちが、シベリア杉の実なしには子を宿すことができないと決め込むのは一体なぜなのだろうか？

一般的にタイガの動物、特にシベリア杉が生えている地域の動物の毛皮は、その他のどの地域の毛皮よりも著しく質が高いと言われている。このような高品質の毛皮は、畜産技師たちがどれほど餌の研究を重ねても、いかなる飼育設備を整えても得られないものだ。シベリア杉が生えている地域で捕獲されたクロテンの毛皮は、世界的にも最高級品として扱われているのだ。

よく知られているように、哺乳動物の毛皮の状態は、その個体の健康状態によって決まるものだ。よって、もしもタイガの動物たちの健康状態がシベリア杉の実を食べることで向上しているのであれば、同様のことが人間にも起こるはずであり、それが妊婦であればなおさらである。だが、我われの世界の女性たちが、健康な胎児を養うために十分な質の食べ物を得られているかというと、そうではない現状がある。そしてこの現状は、社会が悪化の一途をたどっていることを表している。

シベリア杉の実は、農耕こそが我われ人間の進化の成果であり証明であるという学者たちの意見を完全に打ち消すものでもある。そもそも、農耕は人間が自然についての知識を失い、生き方を変えてしまった結果、生まれたのだ。現代人が額に汗をかきながら日々の糧を得なければいけなくなったのも、人間が自然についての知識を失ってしまったからだと言える。

三人家族が暮らす土地にシベリア杉が二本生えている光景を想像してみてほしい。たとえ作物の収穫がいつになく悪い年であっても、たった二本のシベリア杉さえ生えていれば、その土地で家族が飢えることはない。それどころか、最上かつ洗練された食品で体を養うことができるのだ。なにせ、シベリア杉が一本あれば食用の実を年間で一トン分採取できるし、杉の実から作るミルクには乳児を十分に養えるほどの栄養素が含まれているのだ。また、杉の実からは最上級の油を抽出することができるので、サラダやその他の料理に使ったり、治療目的で利用することも可能なのだ。それに油を抽出した後に出る搾りかすを使えば、極上のパンやクッキー、パイやクレープなども焼ける。

さらに、シベリア杉から採れる松脂油《まつやに》は、病気の治療薬や予防薬として公的医療でも認知されている。

そして特筆すべき点は、シベリア杉は人間によるいかなる世話も必要としていないことだ。すなわち、肥料も、耕すことも、さらには苗を植えることさえも不要なのだ。種は、ホシガラス（＊ロシア語では「ケドロフカ（кедровка）」という名称で「スギ（кедр）」という言葉が含まれている）という名の鳥が蒔いてくれる。

このように、私たちの先祖が農耕をする必要がなかった理由が明らかになるにつれ、彼らが私たちよりも多くのことを知っていたことが浮き彫りになる。

とはいえ、シベリア杉が実をつけるのは二年に一回だ。実をつけない年と他の農産物の収穫が悪い年が重なってしまうこともあるだろう。そんな苦境でシベリア杉がどのように役立つのか？その疑問にお答えしよう。たしかに、シベリア杉が実をつけるのは二年に一回であり、実際にはもっと間隔があくこともある。しかし、この特異的な木の実は球果から取り出さなければ、なんと十年間は保存が可能なのだ。

もちろん、今日の私たちの実生活では、すべてがそれほど簡単にはいかない。シベリア杉は都市では根がつきにくいし、環境汚染のある地域では生きられない。しかし、一方で希望が持てる成果も出ている。多くの人が、シベリア杉は人間の気持ちのエネルギーに反応し、それを増幅させて返すことができると発信しているのだ。このことは、私も経験しているので納得済みだ。

あれは七年前のことだ。私が暮らす五階建てマンションにシベリア杉の苗木が二十五本送られてきたことがあった。私は苗木の大部分をマンションの住人たちとともに隣接する小さな林に植え、三本だけ私が郊外に所有する家の区画の端に植えることにした。しかし、ほどなくしてマンションの林に植えられた苗木は、何者かの手によって盗まれてしまった。だからといって、私が深く悲しむことはなかった。盗むということは、すなわちこの木の価値をわかっているということであり、それならばきっとどこか他の場所に植え直し、大切に育てているはずだと考えたからだ。

それに、マンションには一本だけ盗まれずに残った苗木があった。それはガレージ前のレンガ壁に沿って植えておいた苗木だった。その場所の土壌は肥沃とはほど遠く、主に建築廃材が埋まった土の上に肥沃な土を薄く重ねただけのものだった。しかしそれでも、このシベリア杉はしっかりと根を張り、今でも成長し続けている。木肌は私が郊外の家に植えた木よりも明らかにきれいで、樹高も二倍はある。はじめはその理由がわからなかったが、そのうちに、マンションの住人たちがベランダに出るたびにその木を眺めたり、「私たちの木はなんて立派なんだろう」などと話しているからだと気づいた。私自身も、この木の前を徒歩や車で通り過ぎる際には、嬉しい気持ちで眺めるようになっていた。このように、ガレージ前で育つこのシベリア杉は日々人間の温かい眼差しを浴び、それにふさわしくあろうとして頑張っているのだ。

『ロシアの響きわたる杉』シリーズの本が出版されてからというもの、多くの企業がシベリア杉の商品を販売するようになった。

私も娘のポリーナとその夫であるセルゲイに、杉の実オイルの販売事業をはじめるよう依頼し、アナスタシアから教わった古代の搾油《さくゆ》技術を詳しく伝えた。

セルゲイは現代の食品製造に要求される法的事項を遵守《じゅんしゅ》しつつ、古代の技術を忠実に再現できるよう尽力してくれた。オイルの生産を経験豊富な専門家による管理のもと、製薬工場で行い、木枕《きまくら》による低温圧搾法で杉の実から健康に有益な成分を最大限抽出できるようにしてくれたのだ。木枕を用いたのは、杉の実にはメンデレーエフの元素周期表にあるすべての元素が含まれており、金属に触れると一部の成分が酸化してしまうためだった。また、オイルを詰める容器もガラス瓶に限定した。こうして、他の圧搾方法よりも質の高いオイルを抽出することができたのだが、何かが違うような気がした。私がタイガで味わったオイルよりも、生命力が低いような印象を受けたのだ。

その原因についての話をすると非常に長くなるため割愛させていただくが、一つだけ紹介すると、杉の実の保管にはじまり、圧搾して瓶詰めするまでの全工程を、都市部から百二十キロメートル離れたタイガの村で行うよう変更したとたんに、オイルの質に変化が起こった。結局、どんなに優れた設備があろうとも、都市部の環境下では品質の良い杉の実オイルの製造は不可能だったのだ。なぜなら、杉の実はすべての製造工程において空気に触れることになるが、大都市の空気はフィトンチッドに満ちたタイガの空気とは大きく異なるからだ。

製造場所を移した結果、最先端の設備があるわけでもない小さな会社が、ロシア国内だけでなく、世界のどの工場よりも品質面で優れたオイルを生産できている。

私はシベリア杉の実のオイルという、際立った特徴のある製品を生み出すことに、ほんの少しでもかかわれたことを嬉しく思う。真のシベリア杉の実のオイルを販売していると言えるのは、唯一このタイガの企業だけであり、その他の企業が販売しているのは、学者たちが名付けたように『スギマツ』のオイルと呼ぶ方がふさわしいだろう。

同じように、世界には『自然食品』『環境に優しい栽培方法』などと謳《うた》った商品が数多くあるが、それらがどんな環境下で生産されているのか、いつも疑問に思う。もし幹線道路や大小の都市に囲まれた場所で育った原料を使っているのであれば、たとえ一切の農薬や除草剤や化学肥料を使わずに栽培したとしても、その商品を自然食品とは呼べないのではないか。

一方で、シベリア杉は巨大都市から何百キロ、何千キロも離れたタイガの奥深くで育っている。近くには幹線道路もないため、この素晴らしい特産物を町に運び出すには川を使うしかない。もちろん、我われの暮らす都市部の汚れがタイガに流れ着くこともあるが、それでもなお、タイガは大都市とは比べものにならないほど空気や水がきれいで、土に農薬などの毒が撒かれることもないのだ。

これらの点を考慮すると、シベリア杉の実から作られる食品以上に高純度で健康に良く、人を癒す力のある食材はこの世に存在しないと言えるだろう。

シベリアのタイガについて、私は特にシベリア杉に着目して紹介したが、この森には、私たちもよく知る秀逸な食材が他にもたくさんある。たとえば、クランベリーやラズベリー、クラウドベリーやスグリ、それにキノコだ。読者の皆さんから「アナスタシアは普段何を食べているのか?」という質問をいただくことがあるが、ここでお答えすると「タイガに暮らす彼女が食べているのは、何百万ドル出しても手に入らない、最上級の自然食品だ」ということになる。

一冊目の本で、私はアナスタシアがタイガでどのように暮らしているかを描写したが、初めて知ったときは私も驚愕したものだ。しかし、彼女が話してくれたことを何年も考えるうちに、現代の大都市に暮らす人々の暮らしの方が不自然で不合理であるという結論に達した。

一見すると、動物たちが特定の合図でアナスタシアに食べ物を運んでくることは普通でないことのように思えるが、考えてもみれば、現代でも猟犬は主人に獲物を運んでくるし、鷹狩は空に放たれた鷹が戻ってきて主人に獲物を渡すではないか。それに農村で飼われているヤギや牛だって、よろこんで自分たちのミルクを与え、主人を養っている。

アナスタシアの草地とその周辺を住処とする動物たちは、自分たちの生活圏に暮らす人間をまるで群れのリーダーのような存在として見なしているのだ。そして、彼らは人間から教えてもらったことを、自分の子どもたちにも教え込んでいる。

そもそも、アナスタシアは非常に小食で食への執着心が皆無だ。

その他にも、読者から多く寄せられる質問として「防寒着も暖房も持たないアナスタシアが、どうやってマイナス三十五〜四十度にもなるシベリアの厳しい冬に耐えているのか?」というものがあるので、ここでお答えしよう。まず前提として、外気温がマイナス三十度まで下がったとしても、タイガの森の奥深くでは外界との気温差が十度近く高くなることを知っておいていただきたい。

アナスタシアには、地面を掘ってこしらえた寝ぐらが草地のあちこちにある。そのうち彼女がよく使っていて、私も何度か利用したことがあるのは、長さ二・五メートル、幅二メートル、高さ二メートルほどのほら穴だ。入口は幅六十センチメートル、高さ一・五メートルほどと狭くなっており、編み込まれたシベリア杉の枝で蓋ができるようになっている。寝室の壁や天井には植物のツルが張り巡らされており、そこに干し草や花々が束になって差し込まれている。また、床には藁《わら》も敷き詰められている。

このほら穴の利用は夏が最適だが、それ以外の季節でも、都市部の高層マンションのように無線や電波などは一切届かないし、騒音に悩まされることもないので快適だ。

秋の終わりになると、アナスタシアは寝室の空間を藁で満たして潜り込み、学者たちが「アナビオシス」と呼ぶような長い眠りに就く。

アナビオシスとは、現代科学の解釈によると、代謝を含む生命活動が極端にゆっくり進むため、生きている兆候が目視では判別できない状態のことである。

この独特な生理現象は、長期にわたる宇宙旅行の構想のために注目されている。科学者たちが最も興味を示しているのは、生物は仮死状態や冬眠の状態にあるとき、酸素の消費が極端に少なくなり、食べ物を必要としなくなるという事実だ。そしてそのような状態にある生物は、周辺環境の有害な要素に対する耐性が高くなることが証明されている。たとえば、この状態にある動物に感染症の菌を人為的に注入しても、感染症が発症することはなく、通常であれば命の危険をもたらす毒の多くが無害になるのだ。さらには、アナビオシスのときは代謝が著しくゆっくり進むため、たとえ致死量の電離放射線に被ばくしたとしてもその生物は死ぬことはなく、目覚めた後に身体の機能が正常に動き出すということまで証明されている。

個人的に興味深いのは、もし知性を有する人間が冬の間にアナビオシスのような長い眠りに就いたとしたら、その間、その人の魂にはどんなことが起こるのだろうかということだ。このことについて研究している学者や学説を見つけることができなかったが、非常に興味をそそられるテーマである。

実は私も、アナビオシスに近い、不思議な状態を経験したことがある。

あれは日照時間が短くなり、秋が深まってきた頃のことだった。日が暮れはじめたとき、アナスタシアが休むよう薦めてきたので、私はすぐさま横になった。都市生活の疲れと決して楽ではないタイガまでの道のりの疲れがたまり、眠くてしかたがなかったのだ。

ほら穴の寝室には、いつもより多くの藁が用意されていた。私はそこで藁に包まれて眠れば氷点下の気温でも寒くないことを経験上わかっていたので、服を脱いで下着一枚になると、ジャンパーを枕にして横になった。

「ウラジーミル、そろそろ目を覚ました方がいいわ」アナスタシアの声が聞こえて、私は目を覚ました。

　私は、彼女が私の右手をマッサージしているのを感じながら、ほら穴の入口に目をやった。暗くて入口がほとんど見えなかったので、太陽はまだ出ていない時間帯だった。

「どうしてだい？　まだ夜明けじゃないか」

「ウラジーミル、あなたが眠りに就いてから、もう三度目の夜明けよ。今、起きなければ、あなたの眠りは何カ月、ひょっとしたら何年も続いてしまうかもしれない。あなたの魂は肉体の安全が確保されているのをわかったら、息抜きに異なる次元や宇宙へと旅に出たくなる。そうなったら、あなたの魂が戻ってきたいと自ら願うまで、魂を呼び戻すことができなくなるわ」

「じゃあ、俺が眠っていた間、俺の魂は肉体と一緒にはいなかったってことかい？」

「一緒にいたわ。あなたの魂は、あなたの眠りがもっと安定して深くなったら身体を離れようとタイミングを伺っていたの。それで、私はあなたを起こすことにしたのよ」

「だが、きみだって深い眠りに就くことはあるだろう？　きみの魂は離れていかないのかい？」

「私の魂も離れることはあるわ。でも、私は魂を苦しめたりしないから、いつもちゃんと戻ってこられるの」

「きみは俺が自分の魂を苦しめていると言うのかい？」

「ウラジーミル、不健康な習慣や善《よ》くない考えを持ち、身体に良くない食べ物を口にする人は皆、魂を苦しめているの」

「魂と食べ物になんの関係があるんだ？　肉体が摂取した食べ物を魂も摂取しているとでもいうのかい？」

「もちろん、魂が物質的な食べ物から滋養を得ているわけじゃないわ。でも、見たり聞いたりすることも、自身のエネルギーを発揮することも、すべて肉体をとおしてしかできない。肉体が不健康なとき、たとえば酔っ払って無気力な状態になってしまったとき、魂はまるで拘束されたように感じ、自身の輝きを放つことができない。魂は有害な飲み物で苦しんでいる肉体を前にして、無力さを感じながら嘆くことしかできないの。そして魂は傷ついた内臓をなんとか温めようとして、膨大なエネルギーを消費する。そのエネルギーが枯渇すると、魂は力尽き、人間の身体から離れていく。そして肉体は死んでしまう」

「そうだな、アナスタシア、その話はとても興味深いし、なんだか真実味がある。なんせ、昔から亡くなった人について話すとき『彼は魂を神に返した』という言い回しをするからな。それがきみの説で言うところの『魂が力尽きる』ということなんだね。であれば、俺の魂にまだ十分な力が残っているか気になるな」

「私の呼びかけに応じて目を覚ましたということは、あなたの肉体にはまだ力が残っているということよ。でも、ウラジーミル、どうかお願い、魂を苦しめないで」

「わかった、気を付けるよ。それにしても、肉体が睡眠しているときに魂は休まなくてもいいのかい？」

「魂は生きたエネルギーの複合体よ。本来であれば、魂に休息は必要ないわ」

「じゃあ、魂は睡眠中にどこへ行くんだい？」

「魂は異なる次元に行くことも、宇宙の惑星間を飛びまわることもできる。そして、その人が求める情報を集めてくることもできるの。たとえば、その人が過去や未来について何か知りたいと思った場合、眠りに入る前にそれを強く願えば、魂はその願いを叶えてくれる。でも、その人が十分に安らいでいない状態や、完璧とはいえない環境下で眠りに就くとき、魂はどこにも出かけることはできない。魂は肉体を護らなければならなくなるの」

「何から護るんだい？」

「あらゆる有害な作用からよ。たとえば、ウラジーミル、あなたがマンションの部屋で眠るとき、壁には電気の配線が張り巡らされていて、その線から人間にとって好ましくないものが放射されている。部屋の外からは人工的な音がガラス越しに突き抜けてくる。部屋の空気も呼吸にふさわしいものとは言えない。魂はそんな環境下にあなたを残して離れることはできないの。危険な状況になった時に、あなたを起こさなければならないから」

「確かにそうだな。実際、このほら穴は現代的なホテルやマンションの贅沢な寝室よりもはるかに快適だからね。まるで気密室のようだ。空気が澄んでいるし、有害な放射線や電磁波や騒音がない。それに気温も安定しているから、マンションの部屋で眠るときよりもずっと深く眠れるんだ。実際に体験したから納得できるよ。でもわからないのは、きみは冬の間中、鍵もないほら穴で眠りに就いているのに、どうしてきみの魂は不安にならないんだい？　たとえば、突然、どこかから悪い奴らが襲ってくる可能性だってあるじゃないか」

「ウラジーミル、来訪者の意図がどのようなものであろうと、誰かがこの草地に近づこうとすれば、半径三キロメートルの範囲で空間全体が警戒態勢に入る。動物たちや植物たちが一斉に警告を発してくれるの。来訪者たちは恐怖におののくことになるけれど、もしなんとかそれを乗り越えて、道にも迷わずここまでたどり着けたとしても、空間が動物たちを通して私の肉体を刺激し、私の魂を呼び戻すの」

「だが、生き物がみんな眠ってしまう冬はどうするんだい？」

「すべての生き物が冬に眠るわけではないわ。それに眠っていない生き物たちにとっては、冬の方が見張りをしやすいのよ」

彼女の話のすべてを理解できたわけではなかったが、動物や鳥たちがアナスタシアに警報または嬉しい知らせを届けている場面は、私も何度か目撃したことがあった。

アナスタシアの眠りについての考えをまとめると、次のように結論づけることができる。現代人には、まともな睡眠をとる機会がない。それは現代の寝室が自然の中の寝室に劣るからだけではない。せわしい日常生活の中で常に心配事に浸っていて、眠ろうとするときにもそのことを考え続けてしまうからだ。

しかし、もしこれが事実なら、人間はどれだけ自分の魂のエネルギーを浪費してしまっているのかと心配になる。魂は眠っている間に異なる次元や宇宙を認識し、目を覚ましたときにその情報を伝えることができるというのに。やはり、外部の音を通さず、電気の配線や電話のない寝室にする必要があるのかもしれない。とはいえ、寝室を望ましい空気で満たす必要があることまで考えると、都会でまともな睡眠をとることは不可能に近いのだろう。


私がタイガでの出来事を本に綴ると、アナスタシアは瞬く間に『ロシアの響きわたる杉』シリーズのヒロインとして扱われるようになった。さらに彼女は私の息子と娘を産んでくれた。すなわち、彼女は今、タイガに実在するのみならず、私の心と本の読者のイメージの中にも生きているのだ。

時おり、私はこの素晴らしい女性の美しさや知性、驚くべき能力のすべてを描写しきれているだろうかと思うこともあるが、そもそも、ありきたりの言葉で彼女を表現すること自体が不可能なのであろう。

今でこそ、私の目には身近で親しい女性として映るが、それでもやはりアナスタシアは神秘的な側面を多く持ち合わせているし、彼女には未来をも創造してしまう、我われの理解を超えたイメージを解き放つ力があるのだ。

彼女によるこの世界の実情についての解説、そして彼女が創造したロシアや地球全体の美しい未来のイメージは、社会に素晴らしい現象を巻き起こしている。行政による法整備や資金援助が待ちきれずに、自らが創造したイメージを具現化させようと行動に移しはじめた人々が何万人も現れたのだ。彼女が描いたロシアの未来については、本シリーズを順番に読んでいただければ全《ぜん》貌《ぼう》を理解していただけると思うが、その中でも主要な箇所を掻い摘んで説明しよう。彼女の考えは次のとおりだ。

各家庭は一ヘクタールまたはそれ以上の土地を入手し、未来永劫続く「一族の土地」「家族のための祖国」として、自給自足が可能な楽園へと変えていかなければならない。整備のされ方を見れば、所有者の人となりや大切にしているものがわかるような土地だ。また、家族が亡くなったときは、墓地ではなく、一族の土地に埋葬しなければならない。そうすることで、亡くなった人の魂が「自分の肉体は、家族が住む場所から遠く離れた、便所のような窪《くぼ》みの中にうち捨てられてしまった」と苦しむことはないし、彼らがそこに暮らす子孫たちを助け、護ってくれる。

現代の墓地に似たものは古代にも存在していたが、それは病気で死んだ動物たちか、身寄りのない犯罪者や異国の地で亡くなった戦士たちのためのものだった。

アナスタシアは、体の疾患を治したり病気を寄せ付けないようにするために、一族の土地をどのように整備すべきかについても説明している。

また、彼女は古代のならわしについてもいくつか説明をしており、特に非常に美しい結婚のならわしについては、かなり詳細に語っている。それによると、当時の新郎新婦は、婚礼の日までの時間を使って、これからふたりで築き上げる一族の土地についての緻密《ちみつ》な設計図を意識の中で創造していた。そして婚礼の日になると、その構想が、両親や親族、友人たちの参加のもと、わずか数分間でその場に具現化されていたのだ。私はこの婚姻のならわしこそが、この千年紀で最大の発見だと思っている。この方法なら、新婚夫婦が家と園が付いた一族の土地を、結婚式を挙げたその日のうちに手に入れることができるからだ。

アナスタシアは、そのような方法で創造された新婚夫婦の一族の土地から愛が離れていくことはなく、むしろ愛が年々強まるのだと断言している。その理由を「ふたりはお互いを見るたびに、ともに創造した美しい一族の土地と、そこに生まれてくるわが子を潜在意識に思い浮かべるようになるから」と説明している。そしてこの発言に疑いを挟む余地はない。なぜなら、誰にとっても、世界で一番心が落ち着く場所は自分の小さな祖国であるわが家だし、世界で一番かわいく誰よりも愛らしい子どもは、わが子なのだから。

さらに、アナスタシアはこうも言っている。「すべての人々または大部分の人々が一族の土地を創造しはじめ、そこを楽園のオアシスへと変えていったら、地球上に山積する問題のすべてが一掃される。地上には自然災害や戦争が起こらなくなり、人々の精神世界に変化が起きて、新しい知識と能力が開花してゆく。これにより、人間は地球で創造したものと同じような美しい未来を他の惑星にも創造することができるようになる」と。

補足すると、彼女は現代の科学的手段による宇宙開発はいずれ行き詰まり、地球に住む人々を危険にさらすことになると考えている。他の惑星を開拓する手法として最も理にかなっているのは、サイコ・テレポーテーションだと言うのだ。だから、まずは自分たちで地球を美しく整備し、言葉ではなく生き方で自分たちの精神性を表現して、己の精神世界に変化を起こす必要があるということなのだ。


公の場で批評を行う人たちは、本の内容やタイガの女世捨て人の発言に対して様々な態度をとるものだが、もはや彼らの意見はそれほど重要ではない。国民という名の、最も重要な批評家たちが、何万通もの手紙やEメールで彼女の発言を支持すると表明してくれているからだ。そして彼らは言葉だけでなく具体的な行動でも表明してくれている。その確固たる証拠として、すでに何百という大小の集落が生まれており、現在もロシア全土で増え続けているのだ。

ここで、未だに解明できない不可解な謎が浮かび上がる。これほど多くの人々の行動が、本に書かれたタイガの女世捨て人の発言によってのみ呼び起こされているとすれば、彼女の言葉には一体どのような力が隠されているのだろうか？　ひょっとすると、一つひとつの言葉の中に人々の意識のスイッチをオンにする何かが埋め込まれているのかもしれないし、言葉の組み合わせ方やリズムに何か重要な意味があるのかもしれない。

アナスタシアはたいてい相手の話し方に合わせようとするし、その人が使う語彙《ごい》や、フレーズの作り方を真似て話すが、特定の場面になると、突然話し方を変えて、断固たる調子とリズムでよどみなく話しはじめる。一つひとつのフレーズを非常に明瞭に発することで、聞き手が音から不思議なエネルギーをはっきりと感じ取れるようにしているのだ。その結果、そのときに話されたことは、まるで脳内にボイスレコーダーがあるかのように一言一句が記憶される。しかも、聞き手の目の前には生き生きとした映像が浮かび、彼女が言わんとすることが潜在意識に取り込まれるのだ。私自身が経験した例として、第四巻の『共同の創造』にあった、神と原初の人間との対話の場面を挙げる。

「この宇宙の果てはどこだ？　そこへたどり着いたとき、私がすべてを自らで満たし、意識したものを創造できたときに、私は何をすればいいのだ？」原初の人間が神に問いかけ、次のような答えを受け取った。「息子よ、大宇宙は意識である。意識によって夢が生まれ、夢の一部は具現化する。おまえがすべての果てに到達したとき、今度はおまえ自身が新しい始まりの意識となるのだ。おまえとおまえのほとばしる希求《ききゅう》、魂と夢を映しながら、無から新たな美しい意識が誕生する。私の息子よ、おまえは無限であり永遠、おまえの内に創造の夢がある」

アナスタシアの能力については諸説あるが、ここでは私の見解を書かせていただく。

アナスタシアの能力は一見普通ではないが、原初の頃の人間には備わっていたものだ。彼女の発言が多くの人々に影響を与えられたのも、人間には言葉をハートと魂で感受する能力が備わっているからだ。どうやら彼女だけでなく、現代人の遺伝子または潜在意識にも、人間が創造主と直接交信する方法を理解していた頃の記憶が保存されているようなのだ。

原初の人々の生き方は、現代よりもはるかに完成度が高いものだった。それはまさしく、人々が楽園というものを知っていた時代の生き方だった。その一方で、彼らの行為が宗教的な色を帯びているとはまったく思えない。それは現代に生きるこの本の読者たちを見てもわかることだ。

読者たちが整備しはじめた一族の土地は実に多様だ。二階建ての住居もあれば粘土造りの平屋もあるし、園や生垣、池の造り方に関しても、それぞれに独自性が見られる。

一般的に、宗教的儀式では行動や言葉に標準化した形式を持たせ、参加者全員が絶対的にそのとおりにすることが求められる。一方で、一族の土地に必要なのは、独創的な美しい区画の構想を具現化しようとする、一人ひとりの熱意と創造性だけだ。

多くの人がアナスタシアに感謝の気持ちを抱くのは、きっと、創造者であろうと希求する己の魂を目覚めさせてくれたからであろう。

タイガの小さな住人

　私がアナスタシアと出会ってから、もう十五年以上が過ぎた。彼女との間に息子を授かったと知ったとき、私はアナスタシアを拘束してでも都市部に連れてこようと、あらゆる策を練った。タイガでの出産など到底許容できるものではなかったし、社会的な教育システムがないところでは子育てができないと考えたからだ。それにタイガでのアナスタシアの暮らしは、控えめに言っても、奇妙なものに見えていた。

　しかし今では、現代の大都市に暮らす人々の暮らしの方が奇妙に思えるようになってきた。だから、第二子である娘をアナスタシアが身ごもったとき、彼女がタイガに居続けても純粋によろこぶことができたし、不安に駆られることもなかった。それは、この十年間で、私の価値観が激変したからだろう。反対に、あの時、もしもアナスタシアがタイガでは出産しないと言い出して

いたら、出産場所がたとえ国内最高峰の産院だったとしても、私は落胆と憂《うれ》いに苛《さいな》まれたはずだ。そして、我われの社会システムで育てられることになるわが子の将来について、心配していただろう。

このとおり、私の価値観に変化が起こり、人生観まで変わったのだ。

アナスタシアは、シベリアのタイガにある自分の草地で娘を産んだ。出産には誰も立ち会わず、現代的な医療設備もなかったが、私は安心しきっていた。一族の空間という、この世で最も安全で最適な場所で出産が行われることを知っていたからだ。

娘を出産したとき、アナスタシアは娘にどんな名前を付けたいかと私に尋ねてきた。私はためらうことなく「アナスタシア」と答えた。それはアナスタシアが息子に私と同じ「ウラジーミル」という名前を付けてくれたからではなかった。私にとって、アナスタシアという名前は賢明で勇敢な、それでいてとても優しい女性の代名詞となっていたのだ。私は純粋に、娘にそれらの特徴を受け継いでほしいと願っていた。私には、娘の教育者にふさわしい人がアナスタシア以外に思い浮かばなかった。彼女の教育方法は、多くの場面でまったく教育をしているようには見えないのだが、実はその逆なのだ。

これは実際にタイガで私たちの幼い娘に起こったことの一例である。

そのときアナスタシアは、どこかいたずらっぽさも感じる陽気なムードで私の来訪を出迎えた。今や三人が暮らしている通い慣れた草地に向かって私が歩いていると、突然彼女が微笑みながら現れたのだ。彼女はローマ時代のチュニックのような薄手のワンピースを着ていて、裸足で立っていた。〝そんなワンピースを一体どこで手に入れたのだろう？〟私は彼女の普段とは違う装いに見とれて立ち止まった。

〝なんと……これほどの年月が経っても、そして二人の子どもを産んでもなお、出会った頃と変わらず、並外れて美しい。俺はこんなにも歳をとったのに、彼女だけ時間が止まっているかのようだ〟

そのときふと、朝早く目を覚ました彼女が一日のはじまりをよろこび、メス狼と競争し、難易度の高い宙返りを繰り出していた様子を思い出した。〝彼女は今でも宙返りができるのだろうか？〟

まるで私の心の声が聞こえていたかのように、アナスタシアは助走をつけずに二連続で宙返りをしながら、私のそばまで来た。

「こんにちは、ウラジーミル」彼女の声が響いた。

私はアナスタシアが発する不思議な温もりと芳香にうっとりし、すぐに挨拶を返すことができなかった。彼女を抱きしめたいと感じたが、なぜか気が引けてしまい、彼女の肩に手を伸ばすのが精一杯だった。私はどぎまぎしながら答えた。

「きみにも、こんにちは、アナスタシア」

彼女は私にぴたりと寄り添って抱きつくと、こう囁いた。

「私たちの小さな娘は、賢くて美人さんよ」

そう言うと、アナスタシアは私を先導するように草の上を進んでいった。まるでランウェイを歩くファッションモデルのような足運びでおどけみせるその姿は、私を愉快な気分にさせた。

いつものように旅路の汗を流すために、私たちは湖に向かった。この水浴びの目的が、汗を流してさっぱりすることだけにとどまらず、本来タイガの草地にはない都会の匂いをできるだけ洗い流すことにあるということは、すでに私も知っていた。湖でひと浴びして草地に上がると、アナスタシアは私の髪や体じゅうに様々な草のペーストをこすり付けながら冗談を言った。

「お腹が少し膨れているわね。都会では消化によい食べ物が少なくなったのかしら？」

「細菌叢《そう》異常さ。医者にそう言われたよ。国民の九十パーセントくらいがそうらしい」私は答えた。

「あら、自制心が足りないんじゃないかしら？　あなたの言葉を裏返せば、十パーセントの人にはその細菌叢異常はないってことでしょう？」アナスタシアは笑って言った。

私は彼女に塗られた草のペーストが身体に馴染むまでしばらく待つと、それらをすすぎ流すために再び湖に潜った。湖から上がって身体が乾きはじめた頃、アナスタシアは自分が着ていたワンピースを脱いで、私に差し出した。

「今回はこのワンピースを着た方がいいわ」

彼女の露わになった胸は以前よりも大きくなっており、片方の乳首から母乳がしみ出ていた。

「今でも娘に授乳を続けているのかい？」私は訊ねた。

「少しだけね」アナスタシアは陽気に答えると、突然、両手で自分の胸を搾って私の顔にひとすじの母乳を浴びせかけて、笑った。そして、草のペーストと同じ要領で母乳を私の顔一面にこすり付けながら言った。

「腰でベルトを締めれば、このワンピースもシャツみたいに使えるわよ。娘が生まれた日から、私はずっとこの服を着ているの。この服は彼女のお気に入りで、これにくるまって寝ることもあるのよ。彼女はこの服の匂いや見た目に慣れ親しんでいるから、これを着ていれば、娘も早くあなたに慣れるはずよ」

「でも、きみは何を着るつもりだい？」

「これとそっくりなワンピースがもう一枚あるの。二枚を交互に着ていたんだけれど、今あなたに渡したものを着る機会の方が多かったから、それを着て。それと、私は髪の毛を草の紐で結うようにしていたの。今、あなたにも同じものを編んでくるから、しばらくの間、娘を観察しながら待っていてね」

「観察するだけかい？　触ったり、話しかけたりするのはダメってことかい？」

「もちろんいいわよ。でも、最初はやっぱり、しばらく観察した方がいいわ。彼女はとても幼いけれど、独立した人格を持っているから、最初は控えめに観察した方がいいと思う。彼女の癖や特徴を見つけて、彼女の世界を探究してみて」

「わかったよ。息子のときも、はじめは観察するだけだったからな。それで、どのくらい経ったら娘を抱き上げてもいいんだい？」

「その時がきたら、ハートが教えてくれるわ」

どうやら、アナスタシアは私が一人で幼い娘を観察し、何かを理解しようとすることを望んでいるようだった。そのために、彼女はわざと急ぎの用事を思い付いたのだろう。一方の私も、このようなアプローチに反対ではなかった。実際に、どのようなかたちであれ、子どもの行動を観察することは必要だ。ましてや、娘にとって私はただの見知らぬおじさんにすぎないのだ。誰だって見知らぬおじさんから、なんの前触れもなく突然鷲掴《わしづか》みにされたり、度を越してなでまわされたり、やりたい放題ぎゅうぎゅうと抱きしめられて幼児言葉であやされたら、たまったものではない。そう考えると、多くの子どもたちにとっては、見知らぬおじさんに限らず、大人が施すあらゆるあやしの手法は疎《うと》ましいものなのかもしれない。私はアナスタシアに訊いてみた。

「アナスタシア、俺たちの娘は今どこにいるんだい？　きみが草紐を編みにいってしまったら、俺はどうやって娘を見つければいいんだ？」

「この近くにいるわ」アナスタシアは穏やかに答えた。「探してみて。ハートがあなたに彼女の居場所を教えてくれるわ」

タイガの草地での暮らしについてはだいぶ多くのことを理解できるようになってきた私も、この発言には驚きを隠せなかった。

まさか二歳にも満たない子どもを、人里離れたタイガ、それも無数の野生動物が生息する森で自由に徘徊《はいかい》させるとは！　しかも、それを見守ることすらしないとは！

たしかに、以前、生まれたばかりの息子を観察した際に、メス熊が脚の間で彼を眠らせ、自然に目覚めるまで見守る様子や、狼が息子を護ったり、すばしこいリスたちが息子と遊ぶ様子を目撃したことはある。だから、この草地とその周辺に棲む動物たちが飼いならされたペットのようだということは十分理解していたつもりだ。何せ、ここの動物たちは縄張りの中では喧嘩すらしない。都会で飼われている犬が同じ家に棲む猫を攻撃しないように、タイガの動物たちも縄張りの中では互いに攻撃しないし、それが主《あるじ》の子どもともなれば、なおさらであろうこともわかっている。動物たちは縄張りの中で暮らす人間に敬虔《けいけん》な態度で接していたし、彼らにとって人間の子どもを護り、世話をすることが栄誉であることは明らかだった。

それでもやはり、幼子を森で一人にしておくとは異常な状況である！　たとえば、もし子どもが縄張りの外へ出てしまったらどんなことが起こるだろう。他の動物たちは、その子を自分たちの仲間として扱ったりしない。それに私だって危険だ。どうしてアナスタシアが娘は安全だと考えているのかがわからなくなり、私の中に異様な恐怖心が湧き上がってきた。

私は離れていくアナスタシアに問いかけた。

「娘を探している間に、俺が危険な動物に出くわしたらどうするんだ？　俺と動物たちは互いに知らない仲なんだぞ」

「そのシャツを着ていれば、動物たちはあなたに何も悪いことをしないわ。怖がらなくても大丈夫よ」そう言うとアナスタシアはほら穴に入ってしまった。

私は草地から出てみたものの、娘が見当たらなかったので、草地の周囲を探してみることにした。娘が近くにいるのなら、円の直径をだんだん広げながら周回すれば必ず見つけられるはずだと考えたのだ。

すると、一周目を終わらないうちに、裸足の女の子が茂みの中でスグリの枝をつかんで立ち、微笑みながら何かの虫を眺めている光景を目にした。私は低木の陰に隠れて小さなアナスタシアを観察しはじめた。

娘のナスチェンカ（＊アナスタシアの愛称）は丈の短いワンピースをまとい、髪を草紐で結んでいた。

娘は木の枝で起こっていることへの興味が満たされると、草地に向かって歩き出した。すぐに地面の小枝か草の根につまずいて草の上にばったりと倒れてしまったが、泣き出したりはせずに、黙って両手を地面について座った。それから四つん這いになって二メートルほど進むと、再び立ち上がり、ゆっくり足を踏み出した。

私は娘に気づかれないように、細心の注意を払いながら後を追った。すると、突然、娘が私の視界から消えてしまった。思いがけない出来事に私は一瞬凍り付いたが、すぐさま気を取り直し、ついさっきまで彼女がいたところへ駆け寄った。しかし、辺りを見回しても、彼女の姿はどこにもなかった。すぐそばにあった木の陰にも、茂みの中にも娘はいなかった。

〝幼子が、大人の視界から消えるほどの速さで走り去れるものだろうか？〟

焦った私は、彼女が消えたところの木を中心として、範囲を広げながらぐるぐると回って探したが、結局娘は見つからなかった。私はしばらくの間立ち尽くし、どうすべきかを考えたが、母親であるアナスタシアに助けを求めることにし、ほら穴の家へ急ぎ戻った。

アナスタシアは穏やかな様子でほら穴の入口に腰をかけ、髪に付ける草紐を編みながら、静かに歌を口ずさんでいた。彼女からそう離れていないところにはギンギツネがいて、愛らしい猫のように身体を木の幹にこすり付けていた。

「アナスタシア、娘が消えたんだ！」私は矢継ぎ早にまくし立てた。「俺は娘のほんの数メートル後ろを歩いていた。目を離したりはしていない。それなのに突然、一瞬で……まるで煙のように消えたんだ！　どこにも見当たらないんだよ」

アナスタシアの反応は驚くほど落ち着いていて、草を編む手も止めずに答えた。

「ウラジーミル、心配しないで。娘はキツネの古い巣穴にいると思うわ」

「どうしてそんなことがわかるんだ？」

「見て、そこの木にキツネがけだるそうに身体をこすり付けているでしょう」

「つまり？」

「キツネはああやって、あの子が自分の巣穴にいることを伝えているの」

「別の意味かもしれないじゃないか？」

「もし悪いことを伝えようとしているなら、キツネは動揺を表す動きをするわ。彼らが助けを必要とするときは、注意を引くために、私の前で行ったり来たりしながら巣穴まで誘導するの」

「でも、やっぱり娘の居場所について百パーセントの確信なんて持てないだろう。娘が消えたところにはキツネの巣穴なんてなかったぞ」

「ウラジーミル、わかったわ。私たちのいたずらっ子がどこに隠れたか、一緒に見に行きましょう」

幼い娘が煙のように消えた場所に着くと、アナスタシアは草をかき分けた。すると、そこには入口の崩れた巣穴があった。巣穴は窪んだ形状をしており、中を覗き込むと、穴の底には丸くなってすやすやと眠るナスチェンカの姿があった。

「おい、湿った土の上で眠っているぞ。それに、あそこからだと自力で出て来られないんじゃないか?」

「ウラジーミル、穴の底には乾いた草が敷いてあるから大丈夫よ。ぐっすり眠って目を覚ましたら、私たちの娘は、隠れ家からどうやって這い出るかを自分で解決するわ」

「どうやって解決するんだい?」

「気になるなら、しばらく観察してみるといいわ。私は戻って、やりかけていたことを終わらせてくるわね」

私はその場に残り、少し離れた場所から娘を見守ることにした。三十分ほど経つと、娘が目を覚ましたのか、穴の中からごそごそと音がした。彼女は穴から這い出ようとしているようだったが、それほど懸命な様子でもなく、自力での脱出が難しいとわかるとすぐに訴えるような「アーゴ」「エーガ」という音を発した。その声は泣き声というよりは応援を要請するような声だった。するとすぐさま、先ほどアナスタシアのそばをうろついていたキツネが現れた。キツネははじめ古い巣穴の縁《ふち》に立ち、中を覗いたり匂いを嗅いだりしていたが、くるりと背を向けて巣穴に尻尾を垂らすと、力一杯に踏ん張りながら、尻尾につかまった娘をゆっくりと引っぱり出した。娘は穴を出たところでさらに五十センチメートルほど引きずってもらうと、尻尾から手を離し、一度四つん這いの姿勢になってから両足で立ち上がった。ナスチェンカは周囲を見回すと、何かを思い出したかのように笑顔を浮かべ、ゆっくりと足を踏み出しながら湖の方へ向かった。私は娘に気づかれないように再び後をつけた。

周囲には動物の姿が一切なかったので、この森で私以外にこの娘を見守っている者はいないと思い込んでいたが、すぐにこの認識が誤っていたことに気づかされた。この直後に起きたことにより、娘だけでなく私までもがしっかりと見張られていたことが分かったのだ。

ナスチェンカはラズベリーの茂みを抜けて湖のほとりへ出ると、しばらくの間その滑らかな水《み》面《な》を見つめた。そしてワンピースを脱ぐと、足を注意深く運びながら湖へと歩き出した。水際まであと五、六メートルのところまで近づいた時だった。突然、茂みからメス狼が飛び出してきて、力強いジャンプを繰り出し、あっという間に湖とナスチェンカの間に立ちはだかったのだ。しかし、娘は驚くこともなく、狼の背をぽんぽんと叩いて毛皮を軽く引っ張ると、狼の顔に優しく触れた。狼もそれに応えて娘の足を一舐めしたが、両者の間で交わされた愛情表現はそこまでだった。どうやらナスチェンカにはメス狼と遊ぶつもりがないようで、彼女は立ちはだかる狼を迂回して進もうと、脇に三歩避けた。しかし、娘が前進しようとすると、狼は再び彼女の行く手を阻んだ。ナスチェンカは狼の脇腹を両手で押し退けようとしたが、狼は頑として動かなかった。ナスチェンカは草の上に腰を下ろし考え込んでいたが、妙案を思い付いたのか、這ってメス狼の脚の間をくぐり抜けようとした。しかし、その試みも狼が地面に伏せて邪魔をしたため、成就《じょうじゅ》しなかった。

ナスチェンカは、どうやら狼が彼女を水辺に行かせないつもりであることと、自分の力では狼を動かすことはできないことを悟ったようだった。彼女は草の上に座って何やら考えを巡らせると、その後、森の方に向かって這っていった。

しばらくすると、娘は小枝を手にして狼の前に戻ってきた。彼女は脚をふんばって立ち上がると、狼の顔の前で注意を引くように小枝を動かし、それを森へ向かって投げた。小枝は一・五メートルほどしか飛ばなかったが、メス狼は小枝を追いかけて跳躍し、口で上手にキャッチした。しかし、狼がナスチェンカの方を見ると、娘は湖岸を目指して懸命に走り出していた。出し抜かれたことに気づいた狼は、大きい矢のような跳躍を二回繰り出し、すんでのところで追いついて幼子の足元に突っ込んだ。

バランスを崩したナスチェンカは狼の背にあおむけで倒れ込み、頭だけ水面に触れた体勢になった。すると彼女はその体勢のまま両足で地面を蹴り、湖の中へ入ろうとした。間一髪のところで、メス狼が娘の片足をくわえ、落下を防止した。狼は幼子が痛みを感じないように気を付けたのだろう、強く噛んではいなかった。

ところが、ナスチェンカが素早い動きでもう片方の足を狼の鼻に押し付け、くわえられている方の足首を引き抜いてしまったため、その勢いで彼女は湖へ落ちてしまった。娘はすぐに浮かび上がってきたが、水深が一メートルくらいの場所で手足を懸命に動かしながら、なんとか水面にとどまっている状態だった。

私はとっさに茂みの陰から湖岸まで駆け出したが、いち早くメス狼が娘を救けるために湖に飛び込んでいた。水の中でじたばたしていた娘は、助けにきたメス狼の脇腹に身を寄せると、毛皮をつかんだ。そして、そのまま狼とともに岸辺に沿って泳ぎ、浅瀬までたどり着いた。ナスチェンカは足が湖の底に着くことを確認してから、メス狼をつかんでいた手を離した。

ずぶ濡れになったメス狼が岸に上がって身震いすると、無数の水滴が太陽の光を反射しながら辺り一面に散らばった。狼はその場にとどまって子どもを監視していたが、私を警戒しているのか、ちらちらと横目でこちらの様子を伺っていた。

一方のナスチェンカは微笑んでいて、腰まで水に浸かって立ちながら、狼を自分のもとへ呼び寄せようと懸命になっていた。しかし、水面を手で叩いたり、手を振ったりしても、狼は娘のもとへは行かなかった。体を濡らすことがあまり好きではないのか、湖で遊ぶのは危険だと感じたのだろう。

私の視線を感じたのか、突然、ナスチェンカが私の方を向き、はっと動きを止めた。私は娘から注がれる初めての眼差しに息を呑み、立ち尽くしていた。娘は私のことを、思いがけず自分のテリトリーに現れた何かよくわからない存在であると認識したようだ。

彼女は私をじっと観察していたが、しばらくすると体の向きを換えてゆっくりと水から上がり、草の上に寝そべっているメス狼のもとへ歩いていった。狼はワンピースをくわえて娘に差し出したが、ナスチェンカはそれを手にとっただけで着ようとはせず、そのままアナスタシアの草地の境界にある住処へと向かった。私は娘の後を追いながら、彼女の探検がどのような終わりを迎えるのか考えていた。

シベリアのタイガの奥深くにある草地を、幼い子どもが微笑みを浮かべながら歩いている。その子を脅かすもの、攻撃したりするものは何もない。それどころか、その子に何かあれば、森の獣たちがいの一番に駆けつけて救援するのだ。その幼子は、まるで自分が森の主《あるじ》であるかのように自信に満ちた表情で歩いている。その子は鳥やリス、虫たちがどのように生きているのかを観察すること、花々の匂いを嗅ぎ分けたり、草木に触れ、その実を味見してみることが、興味深くてたまらないのだ。

一方で、都会では同じ年齢の女の子が四方を壁に仕切られた部屋の中にいて、取り繕われた美しい空間とベビーサークルの中で、ペットのように行動範囲を制限されている。その子ができることと言えば、優しい親が山ほど買い与えたプラスチックのおもちゃを観察することくらいだ。

我われの世界では、何百万人もの子どもたちが、壁で仕切られた狭い部屋の中で、まるでペットのように成長していく。それでもなお、私たちはそういった子どもたちに、賢く、自由で、高潔な人間に育ってほしいと望んでいるのだ。

しかし、そのような環境で育った人間に、自分が自由であるということを想像することは不可能だ。自由とは、自由な意識で学び、生きた宇宙を感じることだからだ。

もちろん、自然については、少し大きくなれば学校で習う。当然、子どもは壮大な自然界の営みについて、そして宇宙についての情報をいくつか受け取るだろう。しかし、決して自分自身で体感することはないのだ。生まれた瞬間から大宇宙と調和した環境の中で暮らし、強制や圧力からではなく、自由な意識によって遊びながら培われた《感じ取る力》は、どのような学校のどのような授業でも代替することなどできない。

私は決してタイガに子どもを連れてくることを推奨しているわけではない。そんなことは馬鹿げている。しかし、それでもやはり、何かを変える必要があると感じるのだ。

娘は誰に似るのか？

夕方になると、アナスタシアはナスチェンカが眠る際に時々使うという小さなほら穴の前で、彼女に母乳を飲ませていた。私はそばに座って、その様子を静かに見守っていた。

その光景を見て、私は授乳の本来の目的が単に子どもの食欲を満たしてやることではないような気がしてきた。はじめのうちはナスチェンカも普通の幼児と同じように音を立てて母乳を吸っていたのだが、それが終わると乳首から顔を離し、母親の顔を見つめはじめたのだ。一方のアナスタシアも、私や周囲のものには一切の注意を払わずに、子どもへ眼差しを注いでいた。

授乳の間、母と娘はまるで一つの融合体のようになっており、言葉のない会話をしているかのように見えた。このような時間が二十分くらい続いた後、ナスチェンカは眠ってしまった。

アナスタシアは娘を抱いたままほら穴に入ると、干し草の上に敷かれた大きめの布に娘を寝か

せた。そして布の片端を眠っている娘に掛けてくるんでやると、干し草を体の周りに寄せて心地のよい寝床に仕上げた。彼女は外に出ると、入口の前で膝立ちになり、しばらくの間、眠る娘を見守った。アナスタシアが立ち上がって、やっと私に注意を向けたとき、私は訊ねた。

「アナスタシア、娘はきみと俺のどちらに似ると思う？」

「さあ、どうかしら。でも、ウラジーミル、あなたもほとんどの親と同じように、子どもは自分に似てほしいと望んでいるんじゃない？」

「おや、きみにも予測できないことがあるってことだな。もちろん、俺からも何かしらの要素は受け継いでいてほしいと思うよ。でも、女の子だし、きみのように美しく育つといいな」

「つまり、あなたは自分よりも私に似た方が美しくなると考えているのね？」

「そりゃ、そうだ。俺はね、俺だけじゃなく、世界的な美女コンテストの出場者たちを含めても、今まで見てきた人たちの中できみがナンバーワンと感じているんだ。テレビで観た出場者たちの美しさは、きみと比べると見劣りする。きみは誰よりも美しいよ」

「ありがとう、ウラジーミル。今のはお世辞かしら？　それとも、自分自身を納得させるための説明なのかしら？」

「きみを褒めてもいるし、自分自身への説明でもある。どちらかと言うと感嘆に近い感情かもしれないな」

「ありがとう。つまり、ナスチェンカは少しだけあなたにも似ているけれど、目やまつげや体型は私の方に似ているから、将来は髪の毛も含めて外見が私みたいになる、と私が言ったとしても、悲しい気持ちにはならないということね？

外見に類似点があるということは、能力や特性、そして魂の性質にも似たところがあることを意味するの。つまり、娘はあなたと私から受け継いだ能力や特性を持ち合わせているということよ。それにね、生まれてきた子の魂の性質を構成する要素は、必ず三つあるの」

「三つ？　じゃあ三つ目の要素は誰から受け継ぐんだい？」

「三つ目の要素は、百年前かもしれないし、千年前、百万年前かもしれない過去に肉体を持って転生したことがある魂から受け継ぐ。その際、この三つ目の構成要素が調和のとれた人にあった場合は、魂は肉体を離れた後もバラバラの粒子に分かれて散ってしまうことなく、完璧な状態で新しい身体を得る機会と瞬間を待つことができる。そして再び肉体を得たときには、取り巻く世界を目で見たり、耳でその世界の音を聞いたり、手で触れたりして、創造主から贈られたそれらの能力を堪能することができるの」

「ということは、もし俺たちの魂の要素が次の新しい生で一つになったのなら、逆に三つの要素を通してそれぞれの生がどのようなものであったかもわかるということかい？」

「もちろん、そう。そうでなければ三つの要素が融合し、一つの魂として存在することはできないでしょう」

「では、俺にも娘の過去生を見ることができるのかな？」

「もちろんできるけど、あなたがそれを感じたり見たりすることができるのは、自分の魂と調和し、周囲を取り巻くあらゆる歪曲した情報に惑わされずに意識を集中させられる場合だけよ」

「俺のことはよくわかっているよ。たしかに今の俺には難しいかもしれないだろうが、アナスタシア、きみなら娘の過去生について何か知ることができるんだろう？」

「ウラジーミル、私も娘の過去生をみて理解しようとしているけれど、彼女の直前の過去生はどこか特別な感じがするの。何千年も前の転生なんだけれど、肉体を持っていた期間は七年以内と、とても短い人生だったの」

「そうだな、そんなに短い人生だったのなら、わかることも少ないだろう」

「ええ、そうね。でも、極めて短い人生であっても、その後の数千年間に起こる出来事に影響を及ぼすような行いをしたの」

「興味深いね、子どもがどうやって、何千年もの間、人々に影響を及ぼすようなことを行えたんだろう？　アナスタシア、話せるかい？　いや、いっそ娘の過去生の光景を見せてくれないか？」

「ええ、いいわよ」

「じゃあ、頼むよ」

アナスタシアは、私たちの娘の過去生について、言い換えれば、幼いナスチェンカに宿る魂の粒子について、信じられないような話をはじめた。

異なる次元へ

ウラジーミル、あなたも知っているとおり、地球には氷河期が訪れたことがあったでしょう？　氷河が流れてくると、その地域の気候が変わる。以前は森林や果樹の園が広がり、豊かな草花に覆われていた場所も、寒冷化で多くの植物が成長できなくなり、次第に植物がまばらにしか生えない谷へと変わっていってしまうの。

それと同じ変化が、とある山麓《さんろく》の村にも急激に訪れていた。その村に住んでいた人々は、これまでのような暮らしを営むことはもはや不可能だと考えて、より暮らしやすい気候の地を目指すために自分たちの家を離れることを決断した。

村の男性たちは先に出発していて、その足跡を追って、村の長《おさ》であるヴドが各一族の女性や子ども、老人たちを率いて進むことになっていた。

百二十歳の白髪の老人ヴドは、たくさんの籠《かご》を積んだ十一頭のマンモスからなる隊列の先頭を歩いていた。いくつかの籠には小さな子どもたちを乗せ、残りの籠にはありったけの食糧を積み、いつまで続くかわからない旅路に備えていた。

隊列の中には、集落でともに暮らしていた動物たちもいた。ほぼすべての動物たちが、新しい地へ旅立つ必要があることを理解し、自らの意志で人間とともに移動していた。集落には植物たちだけがとり残され、死の運命を受け入れていた。

ヴドは、この事態が起きた理由を見極めようと、思考を巡らせていた。

この自然界の好ましくない変化は、なぜ起こったのだろうか？

この惨事は、誰の意志によって引き起こされたのだろうか？

この寒冷化は地上の他の地域にも波及するのだろうか？

これほど状況が悪化する前に、なんとかできなかったのだろうか？

人間の行動でこの状況を好転させることはできるのだろうか？

これらの問いへの答えを見つけられなければ、自分の子どもたち、ひいては末裔《まつえい》にまで悲しい結末が訪れてしまうと考え、ヴドは解決策を模索していた。列をなして歩いている大人たちは皆、自然界のこの変動を悲劇と捉え、悲しみと物思いに沈んでいた。子どもたちでさえ静まりかえり、辺りを警戒しているかのような表情で進んでいた。ただ一人、ヴドが目をかけている六歳のひ孫娘のアナスタだけが、隊列の先頭を行くマンモスの群れのリーダーと戯《たわむ》れていた。

ヴドはひ孫娘の遊びを横目で観察していた。彼女は七トンもある巨大マンモスの鼻先を自分の小さな肩に載せ、まるでマンモスの巨体を彼女が引っ張っているかのようなしぐさをしてみせていた。マンモスの方も彼女に調子を合わせて鼻を持ち上げ、軽く子どもの肩に触れるようにしてやっていた。アナスタは時おり立ち止まって一息つくと、かいてもいない汗を額からぬぐいながら「もう、あなたは大きくて重いのに、怠け者なんだから」と言ってみせた。

まるでそのとおりだと言うように、マンモスは首を縦に振り、耳をパタパタと動かし、鼻で額を拭くと、少女の助力なしにはその場から一歩も動けないかのように、鼻先を再び彼女の肩に置いた。彼らの無邪気な戯れは周囲の笑いを誘った。そのうちアナスタはまた別の遊びをはじめた。でも、それは危険を伴う遊びだったため、ヴドは好ましく思っていなかった。

アナスタが思い付いた遊びは、マンモスの助けを借りてマンモスの鼻を伝って頭へとよじ登り、しばらくおとなしく座ってから、突然「きゃあ！」とバランスを崩したふりをして、マンモスの鼻を滑り台にして降りるというものだった。一方で、マンモスもアナスタを誤って蹴ってしまったり、踏みつけてしまわないように、彼女が地面に落ちる寸前に鼻で捕まえるという敏捷《びんしょう》性を発揮しなければならなかった。

アナスタとマンモスの戯れは、そばで寒冷化の原因を特定しようと思考を巡らせているヴドの頭に、アナスタとの思い出ばかりを思い起こさせた。でもそれは、他でもないヴド自身がその思い出に浸っていたからだった。彼にとってそれらの思い出は、今起こっていることについての悲しい考えから気を紛らせてくれるものだった。

ヴドは、とある授業で、全員で導き出した答えに対してアナスタが異論を唱えたときのことを思い出して、笑みを浮かべた。彼の目にはそのときの光景がありありと浮かんでいた。

その授業はヴドが進行役だった。枝を広げた樫《かし》の木の下で、彼の前には様々な年齢の子どもたちと三人の大人が輪になって座っていた。ヴドは、次のように授業をはじめた。

蛇の仲介

皆も知っているように、我われの先祖は地上に暮らすすべての生き物の使命を定めることを目指していた。彼らは動物たちに使命を定めると、動物たちがそれを最大限に全うできるよう訓練を施した。動物たちは次第に人間に教わったことを次の世代へと教えるようになり、そのおかげで今ここにいる我われも、先祖代々受け継がれてきた偉大な贈り物を享受《きょうじゅ》することができている。もちろん、我われは生き物たちを活用することにとどまるべきではなく、今度は我われが、彼らが能力を最大限発揮できるように手助けする番なのだ。それに、我われには先祖たちが使命を定めきれなかった生き物に使命を定めてやるという課題もある」そう言いながら、ヴドはシャツの下からヤマカガシ（＊ナミヘビ科の爬虫類（はちゅうるい））を引っ張り出し、話を続けた。「たとえば、地を這う生き物はなんのために創造されたのか、どのようにして人間

の役に立つことができるのかを考える必要がある」

出席者たちは、ヴドの腕に巻き付いたヤマカガシを見て黙っていた。最初に挙手したのは、イゾルという名の五歳くらいの赤毛の男の子だった。ヴドが発言を許可すると、イゾルは話をはじめた。

「僕、見たんだ。それによく似た蛇がうちのヤギのところに這ってきて、ヤギの乳からミルクを吸っていたんだ。ヤギはぜんぜん嫌がってなかったから、きっとヤギもミルクをあげることにしたんだよ」

「そうだ、ヤマカガシや他の這う生き物たちは、牛やヤギのミルクを飲むことがある。イゾル、おまえが見たとおりだ。しかし、今は皆で課題について考えてみようではないか。人間はこの生き物が存在することでどんな恩恵が得られるだろうか?」ヴドが集まっている人たちに再び問いかけた。

「うん、課題はちゃんと覚えているよ」赤毛の男の子が続けた。「蛇がミルクを飲んでいる様子を思い出して考えたんだけど、尻尾に穴をあければいいんだよ。そして尻尾の先に水差しを置けば、蛇がミルクを飲んだときに水差しにそれがたまる。そうすれば、ママがヤギの乳搾りをしなくて済むんだ」

方々から、不出来なコーラスのように子どもの声が上がった。

「穴をあけるなんてダメよ……」

「穴なんかあけたら、蛇が痛がるよ！」

「蛇自身が望まなければ、穴からミルクは出てこないよ」

「穴をあけることに反対する主たる論点は、ヤマカガシが痛みを味わうということだな」ヴドは総括した。「人間は地上の生き物たちに痛みを与えるようなことをすべきでない。イゾル、おまえの提案は採用できないな」

ヴドは、次の問題に移ろうとしたが、赤毛の少年は諦めなかった。

「尻尾に穴をあけちゃいけないのなら、他の方法もあるよ」彼は宣言した。「蛇がヤギのミルクを吸ったら、どんどん太っていったんだ。それは身体にミルクがたくさん入ったからだよ。だから、ミルクを吸ったら家まで這ってきて身体にたまったミルクを水差しに入れるよう蛇に教え込めばいいんだ。そうすれば、人間は乳搾りのために水差しを抱えて牧場まで出て行ったり、動物たちを家に連れてきて搾乳しなくてもよくなる。何匹もの蛇が人間の家まで這ってきて、空っぽの水差しにミルクを満たすようにすればいいんだよ」

赤毛の男の子のアイディアに他の子どもたちは触発され、先を争うように補足をはじめた。

「確かにそれなら、家から遠いところにいる時にお腹が空いてしまっても、蛇たちからミルクをもらうことができるようになるね」

「蛇たちを草の中から探さなくてもいいように何か音を決めて、その音が聞こえたら、ミルクを飲んで人間のところに来るように教えるのはどう？　たとえば、手を叩いたり口笛を吹いたりしたら、蛇たちが競って人間のところに集まるの」

「でも、私は蛇が出したミルクは飲みたくないわ。もしかしたら、蛇の体から出た何かと混ざってしまうかもしれないもの」一人の女の子がおずおずと指摘した。しかし、皆がそれに反論をはじめた。

「みんなが飲む牛乳だって、牛の体から出てくるものじゃないか」

「蛇たちが自分の体でつくったものが足されるなら、もっと良いものになるんじゃないかな。蛇たちは地面を這っているけれど、いつも体を清潔にしているし」

「そうよ、蛇たちはいつもきれいだわ。私は泥で汚れた蛇なんて見たことないもの」

イゾルは、子どもたちが自分の主張の続きを話し合っているのを聞いていて、誇らし気だった。

「イゾル、おまえの二つ目の案は注目に値する」ヴドは少年を褒めると、加えて言った。

「おまえの二つ目の案についてては、次回にもっと詳しく議論することにしよう。それまでに、イゾルの案についての意見または蛇の活用の仕方について、各自で自分の案を話せるようにしておくように。

では、別の質問に移ろう。君たちがよく知っている動物たちの中で、すでに先祖たちによって定められた使命を知っているものがあれば、答えてほしい。誰が答えられるか……」ヴドが言い終わらないうちに、アナスタが手のひらを向けて挙手し、発言を遮った。このしぐさは、賛同できないことがあり、同席者たちに異議を唱える意志があることを意味していた。

「アナスタ、異議があるようだね？」ヴドは発言を許可した。

「私は、蛇たちからミルクをとる意見に反対するわ」

子どもたちは口々にアナスタに反論した。

「どうして？」

「暮らしを便利にすることを否定しちゃいけないよ」

「この生き物たちは今まで人間のために何もできていなかったんだ。これでやっと仕事ができるっていうのに」

「人間は牛の乳搾りよりももっと楽しいことに時間を使えるようになるんだよ？」

アナスタは、落ち着いてみんなの反論を聞き終えてから、話を続けた。

「もしも、蛇たちが牛のミルクを人間のところへ運ぶようになれば、人間が牛のようになってしまうわ」

「お嬢ちゃん、どういうことだい？　説明しておくれ」授業を聴きにきていた大人の一人が、こらえきれずに訊ねた。

するとアナスタが続けて答えた。

「人間が牛やヤギやラクダ、他の動物たちからミルクをもらうとき、人間はそのお返しにあたたかい眼差しと感謝の気持ちを動物たちに注いでいるでしょう？　だからもしも、人間が乳搾りをしなくなったら、牛は人間の眼差しを感じられないから、それはそんなに良いミルクにはならないの。それに、蛇からミルクをもらうことになれば、感謝の気持ちは牛ではなく蛇に向けられることになるでしょう？　それは蛇に人間と牛の間を仲介させることになるの。そうやってだんだんと、人間は蛇に他の生き物との仲介も任せるようになる。蛇はうっとりするような提案で人間を誘惑して、本来であれば他の生き物たちが受け取ることができるはずだった人間からの感謝の気持ちを、独り占めするようになるかもしれない。そうなれば、まるで乳搾りされる牛のように、人間は蛇から搾り取られることになる」

皆が考え込み、しばらくの間沈黙が続いた。

ヴドの頭には、突然ある光景が浮かんだ。

枝を広げたリンゴの木に実がたわわに成っている。木の前には二人の男女が立っていて、女性が言った。

「愛するあなた、見て、よく熟したとても美味しそうな実が一つあるわ。この木も私たちに実を贈りたがっているのよ。あの枝に手を伸ばして実をもいで」

男性は枝に手を伸ばしたものの、届かなかった。彼が熟した実の枝に向かってジャンプしようとした時、枝に蛇が現れた。蛇は、尻尾で枝につかまりそのリンゴの実をもぐと、枝にぶら下がって、いそいそと人間に差し出した。

「蛇よ、ありがとう」男はそう言って蛇をなでた。

男性と女性はリンゴの木に感謝を伝えないまま、リンゴの木から離れていった。二人は感謝の気持ちのエネルギーを蛇だけに与えた。リンゴの木は悲しみに震え、まだ熟していなかった実の半分を地面に落した。


ヴドは沈黙を破って言った。

「アナスタチカ（＊アナスタの愛称）、おまえの主張も注目に値する。そしてその点においてはおまえの意見が採用されるだろう。我われは、地上に生きるすべてのものたちと直接的につながる方法から、仲介者を挟む方法へと変更することの意味を、よく考えねばならない。このことが将来どのような結果をもたらすかを考えねばならないのだ。次回の授業で、またこのテーマに戻ろうと思う。では、これから……」ヴドは出席者全員を見回して言った。「先ほど話したように、皆の知っている動物たちにどのような使命があるのかを挙げてほしい」

家を建てるために重要な道具

「はーい、はーい！」われ先にと挙手する子どもたちの声があちこちから上がった。

「わかった、わかった」ヴドはうなずいた。「では、右回りで順番に話しなさい。動物の使命の発表は一度につき二つまでとしよう」

子どもたちは順番にその場に立ち上がると、次々と発言していった。

「牛やヤギの使命は人間にミルクを与えることです。人間にミルクを搾らせるために、毎日、彼らは草を食べて人間のところにやって来るんです」

「ロバや馬には人間を乗せて運ぶ使命があるのよ」

「鶏やアヒルは、あちこち歩きまわったり飛びまわったりするけれど、人間が卵を採れるように、ほぼ毎日家に帰ってきて卵を産むわ」

「マンモスは重たいものを持ち上げたり、運んだりするのに必要です」

……子どもたちの発表はすでに三周目に入っていた。最後に、ヴドはもう一つ質問を投げかけた。

「異なる種類の動物たちが協力して仕事をするのはどんなときだろうか？　そして人間はどのような方法でその動物たちを統率しているのか、答えられる者はいるかね？」

「僕が答えてもいい？」赤毛の少年イゾルが再び出席者たちに問いかけ、特に反対の声も上がらなかったので、少年はヴドの方を見た。ヴドはうなずいて発言を許可した。「動物たちが一緒に仕事をするのは人間が家を建てるときだよ。人間のあし笛に合わせて、動物たちは動くんだ。

　はじめに人間が招集のメロディーを奏でると、いろんな動物たちや鳥たちがやってきて座るんだ。これはね、僕たちの先祖がそうするように教えたんだよ。招集のメロディーが終わって、人間がお辞儀をすると、眼差しを注がれた動物たちはみんな嬉しそうに尻尾を振るんだよ。尻尾を振ることができない動物たちも他のよろこび方をするんだ。だって、すべての動物たちは、人間に優しく見つめられるときに一番の心地よさを感じるんだもの。

　次に、人間があし笛で別の音を出すと、動物たちの中から熊たちが駆け出してきて、人間があらかじめ枝で印をつけておいたところに溝を掘るんだ。そして溝がちょうどいい深さになったら、完了の合図の音で、熊たちはもといた場所に戻るんだ。次の合図の音が鳴ると、今度はマンモスたちがこの溝に石を置いていくんだよ。その間ずっと、すごくたくさんのツバメたちが、家を建てる場所の上で円を描いて飛びながら、自分たちにメロディーが奏でられるのを待ち焦がれているんだ。そして、人間があし笛でツバメたちへの美しいメロディーを奏ではじめたとたんに、ツバメたちはあちこちに飛んでいっては戻ってくるということを何度も繰り返して、その度にくちばしに小さな土の塊や藁、綿毛とかの、自分たちの巣を造るための材料をくわえて運んでくる。そして、それを家の壁が完成するまで石の上に載せていくんだよ」

少年は何かに気づいて突如黙り込んだ。ヴドはまたもアナスタが席から立ち上がって挙手しているのを目にし、アナスタに発言を許可した。

「ヴド先生、先生に質問があります。家を建てることはよろこびあふれるとても楽しい行いだと考えられていますよね？」

「そのとおりだ。人間にとって、家を建てることは活力がみなぎる創造的な行為だ」ヴドが答えた。

「ヴド先生、そんなに素晴らしいことなのに、なぜ子どもには禁止されているんですか？」

ヴドは、アナスタが自分の家を建てることに病的なほど執着していることを知っていた。彼女は食卓でも、いつもこの質問をしていて、その度にヴドは、なぜ子どもには家を建てることが許されていないのかを根気強く説明していた。それにもかかわらず、彼女は皆がいる前でヴドに再度同じ質問を投げかけた。〝また何か新しい屁理屈《へりくつ》でも考え付いたに違いない〟ヴドは身構えながら答えた。

「まだ宇宙の本質を理解しきれていない子どもがあし笛を吹くと、意図せずに旋律《せんりつ》を変えてしまい、建築を行う動物たちを混乱させてしまうからだ」

「ヴド先生、私の話を聞いてもらってもいいですか?」アナスタは訊ねた。

「さっきのおまえの質問に関係することならば、いいだろう」

「関係します」アナスタはそう答えると、突然歌い出した。彼女が紡ぎ出した子どもらしい、とても穏やかな旋律は、家を建てる際に大人たちがあし笛で奏でるものと同じ旋律だった。

「ひとつも狂いはなかったぞ」授業にきていた長老の一人が静かに言った。

「そうだな、間違ったところはなかった」もう一人の長老も同意した。

「この子は一度しかこの旋律を聞いていないはずだがね」一番後ろで倒木に腰かけていた長老がそう指摘し、加えて言った。「記憶力のいい少女だ」

アナスタは歌い終わると、ヴドに訊いた。

「ヴド先生、私の歌にどこか一カ所でも間違いがありましたか?」

「アナスタ、おまえは旋律を変えることなく、正確に再現していたよ」

「じゃあ、これで旋律に関する障壁はなくなったということですね?」

「そういうことになるね」ヴドは認めた。「だが、子どもが家を建てるためには他の条件も満たす必要がある。そのためには、自分が考えた家の設計について詳しく発表し、長老たちにその設計を画期的な案として認めてもらわなければならない。長老たちが認めれば、例外かつ模範として、おまえは家を建てることを許可されるだろう」

ヴドは子どもたちの創造の意識を活性化できる好機が生まれたことを感じて、全員に向けて言った。

「希望者全員が、今日から二回目の満月の後の授業で自分の設計を発表することにしよう。まず、私たち皆ですべての設計について話し合い、最もいいものを選ぶ。そして長老たちに審議を仰ぎ、その子が家を建てるべきか否かを決定してもらうのだ」

ヴドの見込みは当たっていた。とても幼い子どもから年長の子どもまで、皆が独自の設計を発表したいという意欲に燃えていた。子どもたちは、何世紀にもわたって築き上げられてきた家の建築方法に、自分たちがどんな新しさをもたらすことができるかを小声で話しはじめていた。あまりに子どもたちが夢中になっていたので、彼らの燃え上がった創造的探究の意識を切り替えるのは難しそうだった。ヴドはこれ以上授業を続けることは賢明でないと悟り、授業を終了して出席者を解放した。

その後二回の満月が昇り、子どもたちが心待ちにしていた授業の日が訪れた。多くの子どもたちがいつもより早くやって来て、大人たちの到着を待ちきれずに自身が考えた案についいて語り合っていた。授業が開始されると、子どもたちは緊張しながらも、一人ずつ順番に設計案を発表していった。

アナスタの順番は最後だった。彼女の出番までに発表された設計の中では、アランという名の少年の設計が一番優れていた。アランはアナスタよりも八歳年上の美少年で、歌がうまく、家畜たちからも大人たちと同じくらい慕《した》われていた。村の少女たちの多くが彼に憧れており、アナスタも例外ではなかった。アナスタは、自分ではなくアランが優勝を勝ち取ったとしても落胆しないくらい、彼に好意を抱いていた。〝他の人が優勝するくらいなら、彼が優勝すればいいのに〟アナスタはそう思っていた。

そしてついにアナスタが設計を発表する番となった。緊張を隠しながら、彼女は自分の案を話しはじめた。

「私の設計は、一見すると今ある家とそんなに変わりません。私の新しい案は壁にあります。南側の壁にくり抜いた丸太を設置して、そこにミツバチが巣をつくれるように工夫を凝らしたんです。ミツバチたちには巣が温まると、翅《はね》で風を送って巣を冷まそうとする習性があります。だから、丸太と家の壁の双方に小さな穴をあけてつなげておくと、ミツバチが風を送る際に巣の中にある花粉が舞い、花の香りが室内に入ってくるようになるんです」

彼女の発表が終わると、大人たちだけで話し合いがはじまり、アナスタの新案を中心に議論が交わされた。長引く議論の末、アランとアナスタの二つの案が長老たちの審議に提出されることになった。でも、アナスタは自分の好きな少年の競争相手にはなりたくなかったため、その決定を心からよろこぶことはできなかった。

長老たちによる審議は翌日の授業に行われることになっていた。その日の授業には、たくさんの村人たちも訪れていた。そして審議の結果、最も優れた設計と認められたのは、アナスタの方だった。厳格そうな白髪の長老がおごそかに結果発表を行った。

「アナスタ、きみの設計には実に興味深い新案が織り込まれており、注目に値するものだった。しかし、きみに家を建てる許可を出すことはできない。家を建てることを、子どもの遊びのようにしてしまってはならないからだ。家を建てることができるのは、家族を築こうと決意した夫婦だけであるという不動の決まりがある。この決まりには同意できるね？」

アナスタは黙っていた。喉に何かが詰まったかのように、声を発することができなかった。彼女は尋常ではない熱中ぶりで家の設計に取り組んできた。その間、意識の中ではすでにそこで暮らしていた。やわらかな寝床で眠りに就き、蜘蛛《クモ》の糸のように軽いカーテン越しに窓の外の美しい花々を眺め、ミツバチたちがもたらすこの上なく繊細な花の芳香で呼吸するほど、自分の小さな家をありありと感じていた……。

その時、突然、アランが席を立った。

「不動の決まりについて、発言してもいいですか？」アランはいぶかしげな表情を浮かべながら言った。「もちろん正当な決まりだと思うし、変えてはならないものです。でも、この決まりがアナスタにとって問題とならないようにすることはできます」

大人たちも子どもたちも、当惑したようにアランを見つめた。

「一体どうやって?」あちこちで質問の声が挙がった。

「やって見せてもいいですか?」アランは言った。

「やってみなさい」長老が許可した。

アランはアナスタの方へ近づくと、彼女の正面に立った。そして自分の首に掛けていた一族のペンダントを外すと、それをアナスタの首に掛けて言った。

「アナスタ、僕と結婚してくれ」

その場にいた全員が驚きの声を上げた。アナスタは突然の出来事に驚きながらも、その瞳を輝かせ、目の前に立つ青年をつま先から頭のてっぺんまで見た。

「同意するかい?」アランは問いかけた。

彼女は力強くうなずくと、素早く首に掛かっていた自分のペンダントを外して、アランに差し出した。アランは彼女がその美しいペンダントを彼の首に掛けられるように、少女の前に膝立ちになって身をかがめた。

人々は、驚嘆しながらその光景を見つめていた。

アランはアナスタの手をとると、白髪の長老に向かって言った。

「これで、アナスタの障壁がなくなりました。不動の決まりも、もう問題とはなりません」

「なるほど」いくぶんためらいがあるように長老は話しはじめた。「しかし、男女が互いに結びつくのは、家族を築くためだ。アナスタはまだ幼すぎて、子どもを産むことはできないではないか」

「はい」アランは同意した。「彼女はまだ幼いです。でも、毎日少しずつ大人になっていきます。そしていつしか完全に大人の美しい女性となる日がきます。僕はその日まで自分の決意を変えることなく、待とうと思います」

協議の末、長老たちは十一日後に取り壊すことを条件に、アナスタに家を建てることを許可した。この判断は、アナスタがまだ親と一緒に暮らすべき年齢であることと、家を無人のまま放置すべきではないことを考慮した上で下されたものだった。

指定された日、村のほぼ全員が丘に集まっていた。アナスタは花壇のすぐそばに立っており、その近くの地面には小さな家の外周を示す棒や枝が刺さっていた。アナスタは自分がこれから行うことにこれほど多くの人が注目していることを考えると、そして特に、その中にアランがいることを思うと、言い知れないほどの緊張感を覚えた。アランからのプロポーズを受けた後、彼女の中には何か特別な気持ちが生まれていた。

村の長がアナスタのもとへ歩み寄り、家を建てるための笛が収められた美しい小箱を開けた。少女は震える手であし笛を手にとると、小さな指でいくつかの穴を塞ぎ、笛に唇を当てた。ところが、彼女は緊張のあまり、音を出すことができなかった。アナスタは、はじめる前にどうにかして落ち着かなければならないと感じ、笛を胸に当て、丘に立つ人々を見回しながら、打開策を模索した。それでも、緊張感は高まる一方だった。

すると、人々の一団の中からアランが出てきて言った。

「僕もこの旋律を知っているから、きみの代わりに演奏するよ。きみの案が選ばれたんだし、どこに、どれくらいの大きさで家を建てるかを設計したのもきみだから、ここにはまぎれもなくきみの家が建つ。演奏は僕に任せておくれ」

少女は潤んだ瞳で目の前に立つ端正な姿の若者を見つめ、緊張に震える唇でささやいた。

「アラン、ありがとう。でも、私は自分で演奏したいの。これは自分でやらなきゃいけないことなの」

「アナスタ、それなら僕が言うことをよく聞いて。はじめる前に、お腹一杯息を吸い込んで止めるんだ。そしてできるだけ長く息を止めたら、一気に吐き出さずに三回に分けて吐くんだ。三回目に吐く時には、身体の中に残った空気が全部なくなるように吐き切るんだよ。その後はゆっくりとしたリズムで呼吸をする。とにかく呼吸に集中して、他のことはすべて忘れるんだよ。そうして気持ちが落ち着いたら、演奏をはじめるんだ。僕はきみの後ろに立って、丘に立っている人たちを見ておくよ。皆の眼差しや意識は僕が引き受けるから、きみは落ち着いて、自信をもって、素敵な家を建てるんだ」

アナスタはアランが教えてくれたとおりにして落ち着きを取り戻すと、唇にあし笛を当てた。彼女の演奏は空間を招集のメロディーで包み込んだ。

しばらくすると、森や草地から動物たちが集まってきた。十分な数の動物たちが集まると、アナスタは演奏をやめた。そして家を建てる場所を示す楕円の中央へ移動して、次なるメロディーの演奏をはじめた。

すぐに三頭の熊が動物たちの一団から離れ、アナスタが描いた楕円へと飛び跳ねてやってきた。彼らは匂いを嗅ぎながら楕円の周囲を一周すると、アナスタが枝で示した線に沿って溝を掘りはじめた。

熊たちが一生懸命に溝を掘っていると、突然、二頭の小さな仔熊が我慢しきれずに群れから飛び出してきて母熊が掘ったばかりの溝に飛び込んだ。突然の出来事にアナスタは動揺してしまい、演奏を止めてしまった。ところがすぐに、母熊が仔熊たちの首根っこをつかんで溝の外へ追い出し、警告のうなり声を発したため、叱られた仔熊たちは転がるように走り去っていった。母熊はアナスタの方に向き直ると、まるで指揮者のように前脚を振って演奏の再開を促した。アナスタはこれに同意して演奏を再開することにした。

溝が完成すると、アナスタはメロディーを変更した。空間には落ち着いたリズムの低音が響きわたった。すると、一頭また一頭と、マンモスたちが鼻に石を抱えて、溝に向かって進んできた。マンモスたちは繰り返し石を運んできては、溝全体が埋まるまでそれを敷きつめた。低いリズムの旋律が、今度は鳥のさえずりに似た音調に変化した。すると、家の建設場所の上空を旋回していた数えきれないほどのツバメたちが、合図を受けたかのようにさっと姿を消し、またすぐに戻ってきた。ツバメたちは、マンモスが敷いた石の上に止まっては、くちばしで運んできたものを広げていった。

羽の生えた大工たちがくちばしで運ぶことのできる建築資材はほんのわずかだったものの、たくさんのツバメが何往復もして、てきぱきと足並みの揃った仕事をしたので、みるみるうちに家の壁は仕上がっていった。

急いで大人になろうとするな

マンモスの隊列を率いながら、ヴドはひ孫娘のアナスタとの記憶を次々と思い出していた。とある出来事を思い出したとき、彼は思わず吹き出してしまった。

＊＊＊

ある日暮れに、ヴドが寝床に就くための身支度をしていると、突然子どもの泣き声が聞こえてきた。それはただの泣き声というよりは、もはや慟哭《どうこく》に近いものだった。ヴドが驚いて窓の外を見ると、遠くからアナスタがただならぬ様子で駆けてくるのが見えた。顔のあちこちには何かの黒い汚れが付き、ワンピースの胸元からは干し草が飛び出していた。彼女は脚を引きずるようにしてヴドの家までくると、一段高くなっている軒下の縁台に座り込み、両手で頭を抱えて嘆きはじめた。

「ああ、おじいちゃん、なんて悲しいのかしら。私の人生はもう終わりだわ」

アランにプロポーズをされてからというもの、少しでも早く大人になりたかった彼女は、日課であった早朝の水浴びを後回しにして、木の竿《さお》をものさし代わりに身長が伸びたかを何度も確認していた。そして小川の淀《よどみ》では、水に入る前に水面に映る自分の姿を見つめては、一体いつになったら大人の女性たちのように赤ん坊に授乳できる大きさの胸になるのかと考えていた。

「アナスタチカ、まずは水を飲んで落ち着きなさい。それから何があったのか話してごらん」

アナスタは水差しからごくりと水を飲むと、泣きじゃくりながら、悲しみの理由を話しはじめた。

「おじいちゃん、私、わかっていたの。わかっていたのよ……。女の子たちみんながアランに見とれているの。だって、彼が一番かっこよくて、一番賢いんだもの。私が大人になる前に、先に大人になった乙女の誰かがアランの気を引いて、彼がその気になっちゃったらどうしよう。乙女たちは彼の気を引こうとするに決まっているわ。さっきだって、乙女たちが山の方に向かって草地を歩きながら、私のアランのことを話していたのよ。それで、私、大人になるのを待ってなんかいられないんだってわかったの。今、どうにかしなきゃと思ったの。そう決めて、なんとかしようとしたの。

大人の乙女たちがやっているみたいに、炭を目の周りに塗ったわ。それから、ビーツの赤い汁をほっぺたと唇に塗り付けたわ。それに、あざだって粘土を塗って隠したんだから。ほら、おでこにある、このあざよ」アナスタは前髪を脇へよけると、額にある星の形に似たあざをヴドに見せた。

「おや、どうしてあざを隠そうとするんだい、アナスタチカ？　そんなことしなくても、おまえの美しい前髪がちゃんとあざを隠してくれているじゃないか」笑いを堪《こら》えながらヴドは訊ねた。

「隠してくれるけど、風が吹いたら見えちゃうわ」

「いいじゃないか。私はお星さまみたいに見えるおまえのあざがとっても好きだがね」

「うわーん！」アナスタは再び号泣しはじめた。「おじいちゃんは好きかもしれないけど、私は全然好きじゃないの！　だって、何かの印みたいなんだもん。ママのおでこにもお星さまはないし、パパにもないわ。ヴドおじいちゃんにだってないじゃない。誰が私のおでこにこの星を描いたの？　どうして私の顔を台無しにしちゃったの？　うわーん、うわーん！」

「アナスタチカ、誰もおまえのことを台無しになんてしちゃいないよ。その逆で、飾りを付けてくれたんだ。おまえが人々にとってよろこばしい行いをするのなら、人々は『これをやってくれたのは、おでこにお星さまがある女の子だよ』と言うだろう。一方でおまえが悪い行いをするのなら、人々は『これは額にあざのある少女がやったんだ』と言う。行いが素晴らしければ、どんな見た目をしていようとも、人々はおまえを美しいと思うんだよ」ヴドはひ孫の頭を優しくなで、彼女に訊いた。「ところで、アナスタチカ、一体なぜワンピースから干し草がはみ出ているんだい？」

「大人の女性になりたくて、干し草の塊を二つ、胸のところにリボンでとめたの。それに少しでも背が高くなるように、靴のかかとにも藁を敷いたの。その姿で若者が集まる草地へ行ったら、アランと青年たちが乙女たちのすぐ近くに立っていた。乙女たちは会話しながら、ちらちらと横目でアランのことを見ていたわ。そうしたらアランも、乙女たちのことをちらちら見たの」アナスタは、再び肩を上げてしゃくりあげはじめた。「おじいちゃん、私見たの。アランは乙女たちをちらちら見ていた！　それで私、彼らは今から輪になって、ホロヴォード（＊スラヴ民族の伝統的な円舞。参加者は順番に相手を代えながら踊る）をするつもりなんだって気づいたの。だから、私もその輪に入らなきゃいけないと思って、乙女たちのところに行ったの。

そうしたら、私をじろじろと見て吹き出した人がいたの。他の乙女たちも私を見て笑い出したわ。男の人たちもみんな笑っていたの。ああ、ヴドおじいちゃん、私、悲しいわ。なんて辛くて、苦しいのかしら。みんなが私のことを見て大笑いしていたの。そのうちの一人なんて、草の上を転げ回って笑っていたんだから」

ヴドは笑みを隠そうと顔を下に向けて、訊ねた。

「アナスタチカ、アランもおまえのことを笑っていたのかい？」

「ヴドおじいちゃん、アランは私を笑わなかったわ。全然笑っていなかった。アランは私をぶったの」

「ぶった？」ヴドは驚いて訊ねた。「ぶったってどういうことだい？」

「ぶったのよ、ヴドおじいちゃん。それにアランは私を抱え上げたの。それも小さな子どもを抱っこするみたいに」彼女はしゃくりあげながら話を続けた。「私……私はどうしても大人になりたかったのに……それなのに彼は……私を小さな子どものように抱き上げて、茂みの方へ連れていったの。彼は私を小道に立たせてこう言ったわ。『アナスタ、顔を洗って家に帰るんだ。もうこんな馬鹿な真似するんじゃないぞ』私は……私は帰らないって言ったわ。そして私の決意をはっきり伝えようと、何度か足を踏み鳴らしたの。そうしたら、彼は私の手をとって、お尻をぴしゃりとぶったの。ほら、ほら、こんなふうに。アナスタは自分の太ももを叩いて見せながら、吐き出すように嘆いた。「だから私はもう、叩きのめされて捨てられた、不幸せな独り身なんだわ」

「おや、彼がおまえの首からペンダントを取り上げてしまったのかい？」ヴドは訊ねた。

「ううん、取り上げてないわ」

「じゃあ、おまえはまだ結婚しているじゃないか」ヴドがたしなめるように言った。

「でもやっぱり、まだ結婚しているとしても、叩きのめされた不幸な女よ」

「おや、アランがおまえを叩いたとき、そんなに痛かったのかい？」ヴドが訊いた。

「わからないわ、おじいちゃん、わからない。痛みなんて全然感じなかった。どんな痛みよりも、悲しくて辛い方が強かったもの」

「アナスタチカ、落ち着きなさい。アランはおまえのことを愛しているから、おまえがこれ以上みんなから笑われないようにと思って叩いたんだよ。つまり、彼はおまえが今後みんなから笑われないように護ったんだ」

「愛しているから？　愛しているのにあんなふうにぶつの？」

「まあ、もちろん最適な方法じゃないが、もしかしたら、アランはその時、他に良い方法を思い付けなかったのかもしれん。アナスタ、いいかい……」ヴドは話を続けながら、リボンの結び目をほどいて彼女の胸から干し草の塊を外した。「そんなに頑張って大人になろうとしなくてもいいんだよ。なんにもしなくたって、おまえは大人になるんだから。私のかわいいひ孫娘よ、今のおまえが意識を向けるべきことは他にあるんだよ」

「どんなこと？　おじいちゃん、私はどこに意識を向ければいいの？」

「アナスタチカ、私の膝に頭をのせて、横になってごらん。歌を歌ってあげよう。おまえの大好きな、詞のない歌だよ」

アナスタはヴドの膝に頭をのせて数回すすり泣きをした。でも、なじみのメロディーが聴こえてくると、最初のいくつかの節で彼女は眠りに落ちた。

翌日、アナスタは嬉しそうに、そして興奮した様子でヴドのところへ駆けてきた。まだ走っているうちから、彼女はヴドに告げた。

「アランがね、私の小さなお家にきたの。窓から彼がやってくるのが見えた時にね、留守なんだと思われるように、はじめは隠れていようと思ったの。でも、やっぱり静かにじっと座っていることにしたの。アランは家に近づくと、戸口のそばに座ったわ。ヴドおじいちゃん、彼はこう言ったの。『アナスタ、きみが中にいるのはわかっているよ。きみはとても賢くて飲み込みの早い女の子だ。いいかい、僕はきみが美しい娘に成長するまで待てるんだ。本当に待てるから、もう急いで大人になろうとしなくていいんだよ』私は座ったまま、黙って聞いていたわ。私、もう全然怒ってなんかいなかったの。それどころか、外に出て、大人がするみたいに、彼を抱きしめてほっぺにキスしたいくらいだった。でも、急いで大人になろうとせずに、じっと静かに座っていることにしたの。

アランは黙ったまましばらく座っていたけれど、その後立ち上がって行ってしまったわ。それで私、このことを話したくておじいちゃんのところに走ってきたの。それにね、おじいちゃん、アランは家の前に座っている間に、壁に三つのお花を描いてくれたの。一つは大きくて、もう一つは少し小さくて、三つ目はとっても小さいお花よ。彼が去った後に見つけたの。とってもすてきな絵よ」

　ヴドはアナスタを抱きしめて訊ねた。

「そうかい、じゃあおまえはもう不幸じゃないし、辛い悲しみももうなくなったんだね？」

「今はよろこびでいっぱいよ。私ね、みんなが『とても美しい、すごい、いいことだ』って言ってくれて、アランも私のことを誇りに思うような、何か特別で素晴らしいことをしたくなったの」

「アナスタチカ、今おまえに生まれた意識は本当に素晴らしい。インスピレーションの高まりの中で、美しいものを創造しておくれ。それこそが、人々の愛を得ることができる唯一の方法なんだよ」

＊＊＊

考えることの大切さ

　思い出に浸るのをやめて、ヴドは隊列の先頭でマンモスと新しい遊びをはじめたひ孫娘に向かって言った。
「アナスタチカ、おまえの遊びはマンモスをひどく緊張させているんだよ。罪のない、優しい動物にそのようなことをさせてもいいのだろうか？」
「ヴドおじいちゃん、私はマンモスの寂しさを紛らわせて、心地よい緊張感を与えているの。ほら、おじいちゃんの憂鬱《ゆううつ》な考えからも、気を紛らわせてあげているでしょ」アナスタは早口でしゃべりはじめた。
「確かにそのとおりだ。今は皆が憂鬱なことを考えている。だが、こんな状況だからしかたあるまい。アナスタチカ、おまえはまったく悲しくないのかい？」

「うん、悲しくないわよ、ヴドおじいちゃん」

「つまり、大人たちがどうして憂鬱なのかがわからないということかい？」

「おじいちゃん、わかっているわ。冷たい氷河が迫ってきたから、みんなは憂鬱になっているの。たくさんの植物たちが寒さで枯れていってるし、どの村でも人々が一族の土地を離れることになってしまったわ。それなのに一体どこへ行けばいいのか、いつまで歩き続けなければいけないのかもわかっていないの」

「そのとおりだ……」そう相づちを打ち掛けたところで、ヴドはいくぶん驚いた様子になり、ひ孫娘に訊ねた。「アナスタチカ、ひょっとして、おまえは一族の地に別れを告げたことが寂しくないのかい？」

「私、寂しくないわ。寂しいお別れの気持ちが芽生えた時に、私はすぐにそれを拒否したから、その意識はもう私の中にないの」アナスタはマンモスの鼻の上で揺られながら、陽気にしゃべりたてた。利口なマンモスは少女が曾祖父の横で会話できるように、ヴドの隣をぴったりと歩いていた。

ひ孫娘の答えはヴドを驚かせ、興味をそそった。〝一体どのような不思議な方法で、彼女はこの寂しさを克服したのだろう？〟彼は訊ねてみた。

「アナスタチカ、どんな方法で寂しい気持ちを拒否したのか、教えてくれないかい？」

「簡単よ、ヴドおじいちゃん。私、一族の地に残ることにしたの」

「残ることにしただって⁉ でも、おまえはこうしてみんなと一緒に一族の地から離れているじゃないか」

「今は、遠くへ旅立つみんなを見送るために一緒に進んでいるだけなの。でも、あそこに見える丘に登る頃にはお昼になるから、私はきた道を戻らなきゃ。そうすれば夕方には一族の地に帰れるわ。朝がくれば、私がいることを知ってきっと祖国の空間がよろこぶわ。想像するだけで嬉しくなっちゃう」

ヴドは少しの間考えていた。それはひ孫娘への返答に困窮《こんきゅう》したからではなく、彼女が冗談を言ったのか、それとも寂しい意識を追いやるために現実逃避しているだけなのかを判断しかねていたからだった。とりあえず利口な少女に調子を合わせてみようと、彼は言った。

「そうだね、おまえが戻ったら、一族の土地全体が大喜びするだろう。しかし、たった一人であそこに残ってどうするんだい？」

「まず、私の花壇のそばに土と草でお山をつくるわ」アナスタはよどみなく話しはじめた。「私の一番のお気に入りの花に、氷河から吹いてくる冷たい風が当たらないようにするの。あの花が開く時には、私がそばにいてあげなきゃいけないの。だって、誰もいなかったら、お花はすごく寂しがるもの。

きっと『僕はなんのために花を咲かせたんだろう。僕の美しさをよろこんでくれる人間が誰もいないのに……』って思ってしまうわ。だから、私がそばにいてよろこんであげるの」

「アナスタチカ、花はしおれてしまうよ。これまでになかったほどの寒さがくるんだ。ほとんどの植物はそんな寒さの中で花を咲かせることなどできない。私たちの一族の地にも、とてつもなく大きな寒波が氷河とともに押し寄せることだろう」アナスタが話していた丘に登りながら、ヴドは物思いに沈んだ様子で言った。「そうだ……氷河が押し寄せてくる……」「ヴドおじいちゃん、私、氷河を止める！」そう言うと、彼女は突然、マンモスの鼻から飛び降りて、熱心に話しはじめた。「どうすればいいのかはまだわからないけど、絶対に止める。祖国に帰れば、きっと何かが私に方法を教えてくれるはず。そう感じるの。そして私にはそれができるって、とっても強く感じるの。

きっと、祖国には何か手がかりがあるのよ。あるのに、それが何かを考えずに、みんなは離れてしまったの。だからもう手がかりを教えてあげる相手がいないんだわ。みんな、寒さからどうやって逃げるのか、どの方向に逃げるのかは考えていたけど、その手がかりをもとに寒波を防ぐ方法を考えようとしなかったの。ヴドおじいちゃんも、考えることが大切だって、いつも授業で言っていたじゃない」

ヴドが凍り付いたように立ち止まると、並行して歩いていたマンモスも歩みを止め、後に続いていたマンモスたちも続々と止まった。

白髪の長はひ孫娘をじっと見つめながら黙っていた。

少しの沈黙の後、ヴドはマンモスの隊列の両脇を歩いている人たちにそのまま進み続けるよう合図を送った。そしてアナスタの方を向くと、自分自身ですら理解ができず、他人に説明することなどできないようなことを言った。

「隊列の最後尾に、脚を引きずっているマンモスがいるだろう。先ほどまでお前が乗っていたマンモスの息子で、おまえがよく可愛がっていたマンモスだよ。アナスタ、あのマンモスは誰よりもおまえの言うことをよく聞くから連れて行きなさい。だが、寒さがひどくなったら、必ず彼に乗って私たちの後を追いかけてくるんだよ」

「ありがとう、ヴドおじいちゃん！」少女は嬉しそうに声を上げ、老人の脚に抱きついた。

「ありがとう！」

「おまえの両親にどう説明したらよいだろう？」

「みんなが戻ってきたときに伝えるから、今は何も言わなくていいわ。さようなら、ヴドおじいちゃん」


目の前で起こっていることに理解が追い付かないまま、ヴドは最後尾の方へ飛び跳ねるように去っていくアナスタを見送った。旅路を進める間、彼の頭は真っ白だった。数時間経ってからようやく、彼は自分自身に問いかけることができた。〝一体なぜ、私は彼女が戻ることを許してしまったのだろうか？ ……『考えることが大切』『止める方法を誰も考えなか

った』……そうだ、誰一人考えなかった。考えようとしたのはアナスタだけだった〃
その後、彼は声に出して言った。
「彼女を行かせた私の判断は正しかった！」

マンモスのダン

ヴドがアナスタに一緒に連れていくように勧めたのは、ダンという名のマンモスだった。彼の体つきや力強さは、マンモスたちのリーダーである父親譲りだった。
三年前、幼いダンが崖から落ち、大岩で脚を傷めてしまったことがあった。骨がまっすぐにくっつくようにと、村人たちが脚に添え木を結び付けてやり、傷が癒えるまでの間、ダンは独りきりで横になって過ごさなくてはならなかった。ダンと三歳のアナスタ、そして彼女が連れてきた子ネコとの間に微笑ましい友情が生まれたのは、その頃のことだった。
幼いアナスタは、脚に添え木を結び付けられて横たわっているダンのもとを頻繁に訪れては、お菓子をあげたり優しく話かけたりしていた。さらに彼女は、寝たきりのダンに寄ってくる虫やハエを追い払えるよう、子ネコをダンの脇腹の上にのせてやった。

彼女がいろいろと世話を焼いた中でも、後に特に大きな意味を持つことになったのは、ダンと子ネコに人間の言葉を教えたことだった。

アナスタは子ネコとマンモスの前に立つと、小さな指で空を指し示し、眼差しを上に向けながら、「空」「雲」「おひさま」といった言葉を発音したり、膝をついて草花をなでながら、優しい声で「緑の草」「いい匂いのお花」と言ったりした。

マンモスと子ネコはアナスタの言動を熱心に観察していた。それが数日続くと、驚くべきことに、マンモスと子ネコはアナスタの「空」「雲」という言葉に反応して、視線を空に向けるようになっていた。そして「草」という言葉のときには草に視線を向け、「いい匂いのお花」という言葉のときには、子ネコがダンの脇腹から地面に飛び降り、アナスタの真似をして花の匂いを嗅ぐようになっていた。

アナスタによる授業はダンの傷が癒えた後も続いた。彼女は大人たちから新しいことを学ぶたびに、それを友である動物たちに嬉々として教えていた。一方のマンモスと子ネコも、優しい少女から日々相手にされることが嬉しかった。彼らはまるで規律正しい生徒のように、毎日、昼になるとアナスタの花壇にやってきた。そして何かの理由でアナスタが現れないときは、ダンたちは何時間も待ち続けるか、友人であり教師でもある彼女を探しにいった。

アナスタが六歳になる頃には、ダンは大人のマンモスと遜色ないほどの大きさまで成長していた。でも、成長した彼の立ち居ふるまいは、他のマンモスたちと著しく異なっていた。

ダンは人間の話を理解できるようになっていた。そのことに最初に気が付いたのはヴドで、彼がその結論に至ったのは、次の出来事があったからだった。

それはヴドが木陰に座り、細枝でベリー摘みに使う籠を編んでいたときのことだった。彼のそばには曾祖父とのおしゃべりが大好きなアナスタもいた。そもそもヴドが籠の制作に取り掛かったのは、探究心旺盛なひ孫娘から、集めたベリーを美味しくするためには美しい籠が必要なはずだとせがまれたからだった。

アナスタの話を聞いているとき、ヴドは十歩ほど離れたところに立っていたマンモスのダンが、こちらをじっと見つめながら、まるで会話の意味を理解しているかのように聞き入っていることに気が付いた。〝少女の声のイントネーションや、彼女から放たれるエネルギーを気に入っているのだろう〟ヴドははじめ、そう考えていた。ところが、籠を編むための細枝を浸す桶に水を補給しなければいけなくなったときに、その考えが誤りだと気づくことになった。ヴドがひ孫娘に水を汲んできてほしいと頼むと、アナスタはいつもなら張りきって手伝いをするのに、このときはなぜかマンモスの方を向いて「ダン、泉からお水を運んできてちょうだい」と早口で告げるだけだった。そして、何事もなかったかのように、ベリーと籠について、創造の意気込みに燃えたアイディアを話し続けた。

すると、次の瞬間、マンモスがゆっくりと向きを換え、迷いのない様子で泉の方へと歩きはじめた。さらにアナスタが「ダン、急いでね」と声を掛けると、マンモスは突然駆け出していった。

このとき、ヴドはダンが他のマンモスたちのように決まった指示をいくつかこなせるだけではなく、人間の言葉を他の動物たちよりも多く覚えていることに気が付いた。実際、ダンは単語の意味にとどまらず、文章全体の意味をも理解していた。

ダンは少女の指示どおりに少量の水を鼻にためて戻ると、細枝の入った桶に放水した。「ありがとう」アナスタはマンモスを褒め、加えて言った。「夕方に、私たちのお花に水をあげるのを忘れないでね。今は森に行って食事をしておいで。見てのとおり、私は今忙しいの」マンモスは少女に応えてうなずくと、森へと歩きだした。

〝動物たちは、一体どこまで人間に奉仕できているのだろうか？〟ヴドは考えた。〝人間は、動物たちの能力をどれほど引き出せているだろうか？　最近になって人間は車輪という道具を考えだし、皆がそれを称賛して様々な使い道を模索しはじめた。しかし、創造主が熟考の上に創造した生き物たちの方が、車輪よりも格段に完成度が高いはずだ。それなのに、我われは生き物について探究することを完全にやめてしまった……。我われは道を踏み外してはいないだろうか？　このまま人間が自然の多様な可能性とその役割を知らずにいたら、一体どんな未来が待ち構えているのだろう？〟

そう考えを巡らせていると、ヴドは心に早鐘《はやがね》が響くように感じた。

祖国よ、諦めないで！　私がついている！

遠くから走ってくるアナスタに気が付くと、隊列の最後尾にいたダンは嬉しそうに頭を揺らし、耳をはためかせて立ち止まった。ダンが鼻を伸ばして少女の肩に軽く触れると、アナスタは両手でその鼻先をつかまえ、頬を寄せて優しくなでた。それから一族の地へ戻る方向へと楽しげに跳ねるように走りながら「私についてきて！」と指示した。

ダンは慌てて向きをかえると、アナスタを追って走り出した。アナスタは走り疲れるとダンに止まるよう合図を送り、彼の鼻を伝って頭へよじ登った。マンモスの背中までたどり着くと、そこにはあの仲良しの猫がいた。その猫は成長して大人になってからも、相変わらず「子ネコ」と呼ばれていた。子ネコはアナスタの足元に寄ってくると、喉を鳴らしながら身体をこすり付け、よろこびと忠誠を表現した。

アナスタたちが空っぽになった一族の村に戻ったときには、夜も深く真っ暗闇になっていた。彼女はダンを牧草地に行かせてから自宅に帰ると、干し草の香りを頼りに寝床までたどり着き、すぐ眠りに落ちてしまった。

翌朝、アナスタは夜明けとともに目覚めた。彼女は家を飛び出すと、優しくなでるような暖かい光に目を細め、しばらくの間、両手を広げて全身で光を浴びた。日光浴が済むと少女は小川を目指して走り、淀《よどみ》に到着するや否や、勢いそのまま、透き通った水の中へと飛び込んだ。

川の水はとても冷たくて皮膚がひりひりと痛むほどだったのに、少女は何度も水をはね返すように浴びて感喜の声を上げた。彼女は水から上がると、川辺でジャンプしたり、ぐるぐると回ったりした。そして、自分の内にみなぎる不思議なエネルギーを持て余すかのように、今度は丘の上を目指して駆け上がった。

丘の上には冷たい風が吹いていた。アナスタは腰にショールを結びつけ頭からかぶると、つい最近まで彼女の一族が暮らしていた土地を静かに眺めた。

以前はたくさんの鳥のさえずりや虫の音《ね》が絶え間なく聞こえていた祖国の地は、今や命運が尽きたかのように沈黙を保っていた。夜の冷え込みで草が生気を失ってしまったところもあった。庭園の木々や低木たちは花を咲かせず、その小さな葉も丸まって縮み、もはやなすすべのない様相を見せていた。

重苦しい静寂に包まれた祖国の地は、色あせながらもまだ生きている多様な植物たちを懐に抱きながら、どうしてこのような寒さが訪れているのかも、どうして人間たちが去ってしまったのかもわからないまま、小さな女の子にじっと耳を傾けていた……。すると突然、重苦しい静寂を、凛とした、それでいて確固たるよろこびに満ちた叫び声が暖かな光線のように貫き、周囲のすべてを震動させた。

「おーい！　おーーーい！」アナスタは陰鬱《いんうつ》な静寂に逆らって叫んだ。「祖国よ、諦めないで！　私よ、アナスタよ。私がついているわ！」

彼女は矢のように丘から駆け下りながら、木々の幹や低木たちの葉に触れ、花壇に向かった。

「おーーーい！」彼女は再び叫びながら、葉の輝きを失った大きなリンゴの木の周りを走った。

少女のよろこびあふれる声は高らかに響きわたり、祖国の地にのしかかる陰鬱な静寂を打ち破った。すると突然、低音の力強い声がそこに加わった。それはアナスタの叫び声に気づいて、牧草地から駆けつけてきたダンの鳴き声だった。ダンは走りながら、力いっぱい雄叫びを上げていた。

また、すぐそばでも「ニャー、ニャー、ニャー」と大きく鳴く声が聞こえてきた。子ネコが彼女に加勢する声だった。

アナスタは自分の花壇の前まで来ると、立ち止まった。この村では親たちが子どもたちのために花壇をあてがっており、アナスタにも世話をしていた花壇があった。

その花壇も今や草が色を失い、花たちもしおれ、彼女のお気に入りの花に蕾《つぼみ》が一つ残っているだけだった。残った蕾も、まるで花を咲かせるか否かを思案しているかのように、地面に向かって頭を垂れていた。ところが、それを目にしてもアナスタはまったく悲しんでいなかった。それどころか、彼女はお気に入りの花があらん限りの美しさで花を咲かせている姿を想像して微笑んでいた。

枯れようとしている花の前にしゃがみ込むと、少女は小声で優しく話しかけた。

「お花さん、ほら、私が来たわよ。目を覚まして」

そう言うと、アナスタは人差し指を口にくわえて湿らせ、それを頭上に突き出して風がどの方向から花に当たっているのかを調べた。風の流れがわかると、彼女は冷気を遮ろうと風が吹いてくる方向に背を向けて花を護るように横たわった。ところが、冷気はアナスタの小さな体を迂回し、蕾が頭を持ち上げるのを阻むかのように、花に当たった。その時突然、冷たい空気の流れが止み、アナスタは背中に温もりを感じた。アナスタが振り返ると、マンモスのダンがごろりと横たわり、巨体を盾にして冷たい風から彼女と花壇全体を護っていた。

「ダン、すごいわ！　賢い子ね！」アナスタは感嘆の声を上げた。

彼女は毛皮につかまりながらダンの背中へよじ登ると、冷たい風がやってくる氷河の方を向いて、勝ち誇ったように、お得意の「おーい！」の声を上げた。冷たい風は止むことなく、一層強く吹き付けた。少女は少しの間考えを巡らせると、氷河の方向に背を向けて、大きな呼び声を上げながら、まるで目に見えない誰かを招くかのように両手を振った。マンモスのダンも、鼻を高く上げて呼び声を鳴らした。子ネコも必死に鳴き声を上げた。

しばらくすると冷たい風が止み、今度は別の方角から暖かな空気を含んだ風が流れてきて、花や少女たちを優しくなでた。

命を吹き込む暖かい空気に、鳥たちの歓迎の鳴き声がまばらに響いた。

この調子で、アナスタは氷河から吹き付ける冷たい風と数日間戦った。彼女は冷たい風が吹くたびに、すぐに花壇へ駆けつけた。すると毎回きまって、ダンが冷たい風の通り道を遮って花壇を護るようになった。

そしてついに、息を吹き返した花が咲く日が訪れた。花壇まで駆けてきたアナスタは、花の前で膝をつき、橙色《だいだい》の花びらに唇で軽く触れるように口づけした。それから二歩ほど後ろに下がると、彼女はその素晴らしい奇跡、類まれな美しさの創造物に見とれた。

わくわくするエネルギーが、体の内側から湧き上がってくるのを感じ、アナスタはじっとしていることができなくなった。そして、その場で飛び跳ねはじめると、次第にその跳躍は燃えるような即興のダンスへと移り変わっていった。マンモスのダンも、調子を合わせて踊ろうと足踏みをした。子ネコもくるくる回ったり、寝転んでは飛び起きるということを繰り返して、全身を躍動させた。そして橙色の花も、暖かい風の中で花びらを生き生きと揺らして彼女たちに手を振っていた。

その時、突然、アナスタが何かに気づき、動きを止めた。彼女の視線の先には、丘の上に立つ二人の青年がいた。

相反する本質の兄弟

丘の上に立つ二人の青年は同じような背格好で、運動選手のような体つきをしていた。二人の顔かたちはそっくりで、瞳と髪の色だけが異なっていた。一人は金髪で青い瞳、もう一人は黒髪に黒い瞳をしていた。

二人の青年は、突然現れた自分たちの存在に慣れる時間を与えるかのように、じっとその場にとどまっていた。そしてしばらく経つと、ゆっくりと彼女の方へと歩いてきた。

「やあ、お嬢ちゃん！」黒髪の青年が開口一番言った。「もっと急いだ方がいいぜ。お嬢ちゃんは氷河を止めることができると、自分には創造主のプログラムを変える力があると直感的に感じたんだろう？　もちろん、そんなことは不可能だが、俺がそう言ったところで、お前さんは諦めないだろう。まぁ、俺としては人間についてより多くのことを学べる機会になるからまったく構わないけどな。なんなら、この世の仕組みについて話してやるぞ。どんな質問にも答えてやろう。ただし、お嬢ちゃん、ぐずぐずせずに行動を急ぐことだ」

アナスタが返事をする前に、もう一人の青年が話かけてきた。

「こんにちは、美しさと感じ取る力を兼ね備えたお嬢さん。君はこの偉大なる地球という惑星に生きる、数多くの奇跡のような創造物たちと同じように素晴らしい。確かに僕の兄はこの世の仕組みについて多くのことを知っているけれど、今は何よりもまず、自分の声に耳を傾けた方がいいと思うよ」

「あなた方に心地良い一日と、光あふれる意識をお祈りし……」やっとアナスタが挨拶をしようとした時だった。

「待て待て」黒髪の青年がアナスタを遮った。「また人間たちお決まりの、紋切り型でなんの思慮もない挨拶か？　聞くのも腹立たしいね。ここにいるのはそいつだけじゃないんだぞ。俺は闇なんだ。その俺に光あふれる意識を祈るなんてどういうつもりなんだ⁉

俺の意識は暗くて攻撃的だ。それが俺の性質だし、創造主のプログラムにある俺の役割なんだよ！」黒髪の青年はだんだんと興奮していき、声を荒げた。「もしも俺が弟のように幼稚で、光あふれるおめでたい考えの持ち主なら、俺は俺でなくなる。その時点で俺は消えてなくなるのさ。お嬢ちゃん、わかるか？　お前の前には光のまぬけがぽつんと立っているだけになる。でも、ここには二人いるんだ！　わかったか？　だから光のことだけを話すべきじゃない。お前のさっきの言葉がオウムのように覚えた音を発しただけならともかく、お前の意識にもとづく言葉であると言うなら、その意識をただちに取り下げろ」

「私の挨拶があなたを怒らせてしまったのなら、さっきの言葉をただの『こんにちは』に変更するわ」アナスタが答えた。

「その方がまだましだ。あなた方に光あふれる……よりはな」

「それよりも、あなたたちは誰？」アナスタは興味深そうに尋ねた。「どこの一族なの？これまで一度も見かけたことがないわ」

「もちろん、見かけたことなどないだろう。俺らを見たことがある奴などいない。だが俺らは、人間にかかわるすべての瞬間に事象として現れている」黒髪の青年は早口でまくしたてた。

「そう、すべての瞬間にだ。もちろん、俺が現れる回数の方が多いし、規模も大きい。大昔からずっと、ほぼすべての人間が俺のエネルギーを優勢にしていて、だからこそ人類は何度も大災害の中で人生を終える羽目になっているのさ」

「闇であり才能あふれる僕の兄よ、その辺にしておこう」金髪の青年がたしなめるように言った。「まだ自己紹介もしていないじゃないか」そして少女の方へ向き直ると、話を続けた。

「アナスタチカ、僕の言うことを理解しようとしてみてくれ。僕ら兄弟は、それぞれが大宇宙に存在する無数のエネルギーからなる複合体なんだ。果てしなく広がる大宇宙の空間は無数の本質たちのエネルギーで満たされている。その中でも神と呼ばれるエネルギーは、すべての本質からエネルギーを同量ずつ抽出し、未知なる方法を使って自身の内で調和させ、それを自身の創造物である人間に与えたんだ。つまり創造主は、これらすべてのエネルギーが調和している存在として人間を創り上げたんだ。

それが起こった時、本質のエネルギーたちは皆、人間こそが大宇宙で最も強い存在なのだと理解した。だからこそ、君たちはもはや「本質」という名ではなく、「人間」と名付けられている。しかし、人間の力とはなんなのか、人間の可能性がどれほどのもので限界はあるのか、そしてその力がどのような場面で最大限に発揮されるのかは、未だに大宇宙の誰一人としてわかっていない。僕ら本質のエネルギーはあらゆるところに存在しているというのに、誰にもわからないんだ。肉眼では見えないが、本質たちのエネルギーはそれぞれが水や動物の中に存在し、イモムシの中にすら存在している。ましてや、人間にはそのすべてのエネルギーが内包されている。それなのに、誰にもわからないんだ」

「あなたは目に見えないと言ったけど」アナスタは驚いて言った。「私には見えているわ！」

「そうだよ、君が見慣れている人間の姿にエネルギーを凝縮させているから、君には僕らが見えるんだ。たとえば、ほら、雲だって空気中の水蒸気が凝縮したものだろう。それと同じように、僕たちは自分を好きな形に凝縮させられるんだ。顔や体を特定の誰かに似せることもできるし、動物に似せることもできるよ。人間の肉体の大部分は、様々な濃度で凝縮された水で構築されているけれど、なぜ凝縮されているのかや凝縮の比率を知っているのは、おそらく創造主だけだろうね。つまり、この姿は見掛け倒しなのさ。そして、黒髪の彼はこの世に存在する闇の本質のすべてを、僕は光の本質のすべてを表す存在なんだ」

「それなら、どうしてあなたたちは人間の姿で私の前に出てきたの?」アナスタが訊ねた。

「君をびっくりさせないためさ。僕らの声だけが聞こえてきたら、君は声の主を探す方に意識のエネルギーを無駄遣いしてしまうだろう?」

「でも、どうして私と話をしたいの?」

「君によって自然の摂理に反する現象、より正確には、地球の大惨事に対抗する現象が起こったからさ。君はこの大惨事を止められるという確信を胸に、一人で立ち向かおうと村に戻った。だが、僕たちはそんなことは不可能だと確信していた。人類が破滅の道に向かう場合に大災害が起きることは、創造主のプログラムによって定められているからね。実際、そうやってこれまでにも何度も大災害が起こってきた。だから、今回の君の努力にもさして注意を払わずにいたんだ。でも、君は花壇の花を咲かせた!　宇宙のすべての本質たちに激震が走ったよ。なんせ、創造主のプログラムでは枯れるはずだった花が、咲いたんだからね!」

「花は、ダンが冷たい風を遮ってくれたおかげで咲いたのよ」

「マンモスの行動は、君がつくり上げた連鎖《れんさ》の一部をなしているにすぎない」

「私は何もつくったりしていないわ」

「君の意識がつくったんだよ、アナスタチカ」

「ということは、さっきの人間の中にもあなた方の粒子があるという話は本当なの？」考え込むようにアナスタが訊ねた。「でも、私はあなた方二人の粒子をまったく感じないわ」

「それは今、君の内で僕たち兄弟の相反するエネルギーの調和がとれているからかもしれない。もし、すべての粒子の調和がとれたら、第三のエネルギーが生まれる。そしてその第三のエネルギーは、大宇宙において唯一人間だけが生み出せるエネルギーなんだ。そのエネルギーは、僕らが完全に調和した時にのみ発現し、どんなことでもできるようになる。新しい世界を創造することだってできるんだ。これは明白なことなんだよ。そのエネルギーを使いこなせる人間は、大宇宙を支配する者、つまり創造者となる。そしてその人が創造するものは、他の存在が想像も理解もできないほどに壮大なものになり得るんだ」

「でも、氷河を止めることができていないんだから、きっと私の中ではあなた方の粒子が全然調和していないのね」アナスタはため息をついた。「お花は咲いたけれど、私たちの一族の地では周囲のすべてが枯れて、死んでいってるもの」

「アナスタチカ、君はまだ統合の道の途中にいるんだ。だが、次の一瞬で統合に至ることができるかもしれないし、千年紀が何千回も過ぎた後になるかもしれない。だからこそ、この機会を逃すまいと、大宇宙のエネルギーたちが人間についての偉大なる神秘と自分たちの運命を懸命に知りたがっているんだ」

「あなたがしてくれた、相反するものの調和をとって統合した時に現れる並外れた力についてのお話は、とっても興味深いわ。でも、あなた方はその力の存在を知っているのに、どうして二人で統合するように話し合わないの？」

兄弟は顔を見合わせた後、各々がアナスタの一族の地へと視線を投げた。そして、最後には互いにそっぽを向いてしまった。二人は説明するための言葉を吟味している様子で、しばらくの間、黙り込んでいた。その間、少女は我慢強く待っていた。

そして、ついに金髪の青年が口を開いた。

君に生きるプログラム

「それは無理なんだ。僕ら兄弟のプラグラムは相反しているからね」金髪の青年が言った。

「実際、すべての本質のプログラムはそれぞれ異なる。しかし、僕らは人間の内でなら、自分のプログラムを遂行しながら協力し合い、人間にしか発現できない新しいエネルギーの粒子になることができるんだ」

「それぞれが異なった、しかも相反するプログラムで働きながら、同時に協力し合うことなんてできるの？」アナスタが関心を示しながらもいぶかし気に訊ねた。

「できる。常に互いがちょっとずつ相手を追い超すようにするんだ。例えば、歩くときは、二本の足が互いに競争しているみたいに交互に前に出ていくだろう？　そうやって、二本の足は互いに競い合いながらも協力して身体を前進させている」

「へたな例を挙げたもんだ、笑わせるなよ」黒髪の青年が会話に割り込んだ。

「二本の足に例えるのなら、お前はひどく短足で、俺はとても長い足ということになる。俺の一歩は山をも越えられるが、お前の一歩は前進しようにも、かろうじて小石をまたぐ程度さ。今、俺は自分のプログラムを遂行し、人類を五回目の大規模災害に導いているところだ。いずれ創造主の意識によって人類が再興してきたとしても、俺がまた地球規模の大災害を『ドーン！』とやることになるだろう。人類が馬鹿なおふざけを続ける限りはな」

「そうだね、才能あふれる兄さん。実際に兄さんは、この惑星の生命体にとって致命的な大災害を何度も誘発してきた。でもね、大災害は、兄さんには新しい発見や知恵をもたらさないし力も授けてはくれないけれど、人間にはいつも新しい知恵を授けているんだ。そうやって人類は再興してきた」

「だが結局は、毎回、得たすべての知恵とともに、もがき苦しみながら滅んでいるじゃないか」

「僕ら兄弟には、創造主のプログラムがどんなふうに組まれているのかなんてわからないよ。ひょっとすると、あとほんの一瞬で大災害に至るという時に、人類がそれを阻止し、人類の意識が創造の希求に燃え上がるようなことが起こるかもしれないじゃないか」

「鼻ったれの光の弟よ、お前のお花畑のような夢には飽き飽きなんだよ。お嬢ちゃん、いいかい、こいつの話に耳を貸すんじゃない。俺の話だけに耳を傾けるんだ」黒髪の青年がアナスタに向かって言った。「お嬢ちゃん、俺が持つ力のすべてをわかりやすく説明してやろう。俺の弟は、少しだが正しいことも言っていた。確かに、人間の意識には膨大なエネルギーがあり、俺のエネルギーにも匹敵するほどだ。ましてや弟なんかのエネルギーではなおさら足元にも及ばないだろう。実際にこのエネルギーをうまく利用できるなら、人間一人で世界を変えることだってできる。

しかし、もう一つ知られざる絶大なエネルギーを持つ意識がある。それは集合意識といって、個別の人間の意識が融合したものだ。もしも全人類が一つの共通意識を持ったら、その前では俺ら兄弟の力なんて、虫けらみたいなものさ。

でも俺は、人類全体による共通意識を生み出させない方法を見つけたのさ。人類に様々な異なる哲学的思想や観念をばら撒くことにしたんだ。そうすれば、たとえば十億人の集団が一つの考え方を持つ一方で、他の人間たちは別の考え方をしてその十億人を否定するようになる。お嬢ちゃん、このとおり、この世に闇のエネルギーを具現化させているのはすべて俺の仕業なのさ。そして君が俺と協力するのなら、俺たちは無敵の力を持てるだろう。俺には秘密の計画がある。君がその本質を理解すれば、俺に手を貸したくなるはずだ。

俺と一緒にすべての人間たちをおもちゃにして楽しもうじゃないか。人間たちの理性で遊ぶんだ。俺が君を人類の支配者にしてやろう。そしていつの日か君は俺に言うのさ……」

「そんな計画は気に入らないわ」アナスタは遮るように言った。「私はそんな計画には絶対に加わらないし、その計画に加わりたい人なんて誰もいないと思うわ」

「加わらないだって？　お嬢ちゃん、君はまだこの遊びの面白さをわかっていない。人々の意識が向く先を思いどおりに操れるんだぞ。

それに、他の人々も俺の計画には従わないかのような答えは性急すぎるね。すでに車輪が発明された。今のところはまだ原始的なものだが、後に人々は複数の車輪を棒で連結させるだろう。それこそがまさに俺のプログラムに沿った行動なんだよ。俺の天才的な計画のね」

「車輪の何が悪いっていうの？　マンモスのダンが怪我をしたとき、車輪の付いた台車が餌運びに役立ったのよ」

「そうさ、お嬢ちゃん、そのとおり、車輪はとても素晴らしい発明なんだ。これから車輪はどんどん改良されていくだろう。そして無数の車輪が偉業を成し遂げる。人々は凸凹していたり背の高い草が生い茂る大地の上では、車輪が走りにくいことを知る。そして、車輪が滑らかに走ることができるようにと、地面の大部分を石で蓋をするようになるんだ。

それから人間たちは蓋をされてうめき声を上げる大地を増やしていくことによって行動範囲を広げ、他の地域を侵略し、そこに生きる人間や動植物を蹂躙《じゅうりん》してゆくだろう。

お嬢ちゃん、人々を破滅へと導くことのできる力よりも強いものが存在すると思うかい？　この問いに答えられないのなら、俺の偉大さを認めることだ」

アナスタは考え込んだが、自分の内に答えを見つけることができず、再び金髪の青年を見つめた。少女の無言の問いかけに、金髪の青年が答えた。

「アナスタチカ、兄が君に話したことは、彼がかたどった憂鬱《ゆううつ》な未来だ。でもそれが兄の役割だから、彼はそれを忠実にこなしているだけなんだ。君の眼差しからは、僕のプログラムにも何か計画があるのかという疑問が読み取れるね。そのとおりだ、あるよ。そして僕も、君に僕のプログラムを提案したいと思っている」

「あなたのプログラムはどういうものなの？」

「僕のプログラムは、人間こそが創造主の偉大な創造物だということを理解しようとしている。そして、人間によって未来に成し遂げられることの壮大さを把握しようとしているんだ」

「地上には、すでにすべてが創造されているんじゃないの？」アナスタは驚いて訊ねた。

「アナスタチカ、こういうことだよ……今、君の目の前には美しい花が咲いている。どんな植物も動物も、それ自体が完全であると同時に、すべてのものが互いに関連し合っているんだ。それは一見、創造主が見事に調和した完璧な地上の世界を創造することができたようにも見える。でもこの世界は、まだまだ磨き上げることができるんだよ。

　大いなる存在が創造したものは、想像を絶するほど美しく磨き上げられた暮らしのために用意された材料にすぎない、と捉えることができるんだ」

「でも、完璧なものをさらに磨き上げることができる存在なんているの？」アナスタは驚いて言った。

「完璧な存在から生まれた存在だよ。偉大なる親である創造主から生まれた息子や娘。たとえばアナスタチカ、君だよ」

「私？　でも、すでに完璧に創造されたものを変化させるだなんて、私には想像もつかないわ。たとえば、私はそこの花壇で蕾を開いてくれたお花のことを、ほんのわずかでも変えたいとは思わないもの。せっかくの完璧さを崩さないために、絶対に変えたりしちゃいけないって思うくらいよ。それに、子ネコを変える必要がある？　マンモスのダンをこれ以上完璧なものにすることなんてできないわ。ダンの鼻の形を変えるの？　耳？　一体なんのために、どんなマンモスに変えるというの？」

「でも、アナスタチカ、君はすでにマンモスのダンを変えたじゃないか」

「えっ？　私はダンを変えたりなんかしていないわ」彼女はびっくりしたように反論した。

「そうだね、たしかに見た目は変化させていない。でも、ダンはこれまで地上に生きていた他のマンモスたちよりもずっと多様な人間の用事をこなすことができるし、同じ用事を頼まれたとしても、ダンは他のマンモスたちよりもずっと深く理解した上で行動している。他のマンモスたちと比べてみれば、君もこのことには納得できるはずだよ」

「うん、確かにそのとおりだと思う！　私もダンは他のマンモスたちよりも賢いと思うもの。でも、今までこのことを深く考えたことはなかった」

「ほらね、外見や体の構造だけに意味があるのではないということがわかっただろう。内在するものと使命の方が重要なんだ。ダンの内にあるものを創造し、使命を定めてやったのは紛れもなく君だ。だからダンは、大いなる存在により創造された他のマンモスたちと異なるマンモスに変わったんだ。そうなった以上、ダンは創造主と君との共同の創造物だ。でも、創造主と君のうち、どちらがより大きくその創造に作用したのかはわからない。だってマンモスのダンは、人間の暮らしに必要なたくさんの指示を遂行するという能力面だけが変わったわけではないからね。ダンに起こった変化は、頭の回転の速さ、献身的な姿勢、感受性の高さにある。

思い出してごらん、いつだったか、君が背の高い木の下で眠りこけてしまったことがあっただろう。そして目が覚めると、マンモスのダンが君に覆い被さるようにまたいでじっと立っていた。ダンからはなんだかとても不快な臭いがしたので、君はダンが自分を起こすためにわざと悪臭のする何かを体じゅうに塗りつけてきたのだと思い、腹を立てた。君は起き上がり、家へ向かって濡れた草の上を歩き出したけれど、その前にダンに向かって不満げに言った。『ダン、あなたはいつもいつも自分勝手に群れから離れて、呼ばれてもいないのに私のところに来るようになったのね。早く群れがいる牧草地に帰りなさい』

そう言って君は、一度も振り返ることなく裸足で草の上を歩いて帰った。アナスタチカ、あのとき草が濡れていたことを覚えているかい？」

「覚えているわ」

「じゃあ、どうしてダンからあんなに嫌な臭いがしていたのかわかるかい？」

「わからない」

「君が眠っている最中に雷雨があったんだ。高い木に雷が落ちやすいことは、人間だけでなく動物たちだって知っている。ダンは、君が高い木の下でうとうとしているのを見ていた。だから雷が鳴りはじめたとき、不安に駆られて群れから離れ、君のところに駆けつけたんだ。でも、君を起こすことはせず、君の真上に立って雨よけになっていたんだ。すると君が眠っていた木に雷が落ちた。一本の大きな枝が燃えだし、君の頭上に落ちるところだったけれど、ダンがなんとか鼻で受け止めて放り投げたんだ。その後もう一本の枝が燃えはじめ、ダンはそれも受け止めて放り投げたけれど、枝の火がダンの頭の毛に燃え移って不快な臭いを発しながらくすぶりはじめたんだ。火傷は耐えられないほどの痛みだったけれど、ダンは眠る君の上にじっと立ち続けた。君が彼をしつこく非難しながら帰っていくときだって、彼は気分を害することもなく、火傷の痛みすら忘れていたんだ。ダンは君が無事だったことをただただよろこんでいて、その後火傷を癒やしている間も、優しい気持ちで君のことを想っていたんだよ」

そこまで聞くと、アナスタは飛び上がって、少し離れたところに立っていたダンのもとへ駆け出した。ダンは嬉しそうに頭を上下に揺らした。アナスタは小さな手をダンの鼻先に伸ばすと、鼻を優しくなでながら頬を寄せ、口づけした。ダンはよろこびのあまり凍り付いたように動けなかった。ダンは、アナスタが再び金髪の青年のもとへ戻っていってしまっても、目を細めたままでじっとその場に立っていた。

「私、納得したわ」アナスタが金髪の青年に言った。「ダンは、変化したマンモスだわ。自然にそうなったのかもしれないし、私が何かその助けになるようなことをしたのかもしれない。いずれにしても、ダンが他のマンモスとは異っていることは確かだわ。

つまり、人間にはそんな権利が……創造されたものを磨き上げる権利が与えられているということなのね？」

「そう、与えられている」そう答えると、金髪の青年は続けて言った。「じゃあ、この権利はどんなプログラムであればうまく機能すると思う？」

「善《よ》いプログラムだと思うわ」

「それなら、善いプログラムを具現化したらいいんだ。選んだプログラムに沿った創造をするんだ」

「つまり、創造主は人間が従わなければならないプログラムなんて定めていないということね？」

「僕はね、創造主は人間にたくさんの選択肢を提示しているだけだと思うんだ。でも、そうでありながらも、創造主はたった一つのことを夢見ているんじゃないかな」

「どんなことを夢見ているの？」

「その答えを見つけることができるのは、人間だけだよ」

「どこを探せば見つかるの？」

「自分の内側だよ。まずは意識を使って、地上にある様々な暮らし方を比較して分析してごらん」

「それをしなければいけないということは、人間は、創造主のプログラムや夢について何も知らないまま暮らしているということなの？」

「人間には、生き物の能力を磨き上げるための偉大な知恵が授けられている。その一方で、人間は生き物の持つ能力を科学技術に置き換える自由もある。つまり、生き物の奥深くに秘められた能力を引き出して磨き上げるのか否かは、人間次第なんだ。たとえば、目の前に樹木があったときに、それを環境のバイオリズムに順応しながら実りをもたらしたり、空気を綺麗にしてくれる生きた樹木として活用するのか、それとも加工を施し、何かの材料として生命が宿っていない表面的な資質だけを利用するのかは、人間の選択によって変わる。人類は何度も、表面的な資質だけに着目して、科学技術による発展の道に踏みだし、武器の材料や燃料、建築資材として利用してきた。

なぜか人々はいつの時代も科学技術の道を選んでしまうんだ。でも、その道の行き着く先は大災害だ。そんなことが何度も繰り返されてきた。そもそも地球規模で起こるすべての大災害は、人間の意識によって創造されているものだ。意識とそれに続く行いによってね」

「でも、私たち一族を祖国から追い出すような氷河なんて、誰も創造してないと思うわ」

「アナスタチカ、君の一族はすでに科学技術の道に立ってしまった。だから生命の営みのプログラムが崩れて、氷河が一族の家々に襲い掛かってしまうんだ。でも命は再び生まれる。そして人間の知性に対する次なる希望が生まれるんだ。仮に今回、氷河を止めることができたとしても、君の一族は科学技術の世界で生きることをやめないだろう。すると遅かれ早かれ、一族は大災害に見舞われることになる。たしかに、氷河を止める方法を見つけた人間、つまり一つの大災害を防いだ人間が、次に起こる大災害も防ぐ可能性はある。迫りくる大災害よりも少し早い時期に人々の魂を照らし、それまでの選択が間違っていたことを理解させて大災害を防ぐ可能性だ。君の一族が、自分たちの発明が死をもたらすということを認識すれば、その発明を少しずつ慎重に廃棄しながら、新しい道を選ぶこともできるだろう。でも、科学技術の世界に生きる人々の魂を照らすのは難しいんだ。

なぜなら、科学技術を軸にした生活を送っていると、人々は自分が賢明なる存在であることを忘れてしまうからだ。だから、彼らの理性に訴えかけるのではなく、気持ちに訴え、気持ちをとおして彼らに創造主のプログラムの本質を伝えるしかない。そのためには語り手自身がプログラムの本質を感じ、深く理解した上で伝える必要があるんだ」

「でも、あなたは深く理解できているんじゃないの？」

「完全にはできていない。というよりも、それを完全に理解することなどできないと思う。僕は兄のプログラムなら完全に理解できるだろうが、創造主のプログラムに関しては、その本質を完全に理解することはできない……完全に理解するには、どこかの地点で創造の動きが止まってくれないと、すべてを把握することができないからね。けれど、僕には、たとえば君のマンモスに秘められた能力の限界が見えない」

「他の動物たちはどうなの？」

「他の動物たちも同じだよ。アナスタチカ、どんな動物たちでも、子孫たちは親の習性や獲得した能力を真似するものだろう。つまり、各世代が前の世代よりも少しずつ能力を高めているんだ。だから、もしも君たちがともに暮らす動植物たちの使命を正しく定めてやり、君の子孫たちも彼らの能力を磨き上げ続けるならば、人間の意識は日常生活の煩《わずら》わしさ、せわしなさから解放され、より重要なことを成し遂げるために意識を使えるようになる」

「動物たちなら磨き上げることができるかもしれないわね。でもほら、私はこのお花を改良したいなんて絶対に思わないわ。すでにとっても完璧なんだもの」

「僕もそう思うよ、アナスタチカ。でも、やはり君のその美しい花は、創造主が自分の娘のために提供した絵の具にすぎない」

「どうして絵の具なの？　生きたお花じゃない」

「もちろんそうさ、その花は生きていて、自己充足している。でもやっぱり、花は生きた絵画を彩ることのできる、大いなる美しさの分子の一つにすぎない。

花壇を見ると、今は君のお気に入りの花が最も美しく見えているね。でも、もし君がそこにあと二つか三つ同じ花を植えたら、花壇の景色は変わる。その後でさらに違う種類の花々を加えたら、花壇の景色はもっと変わるだろう。

そうやって色とりどりの花を様々な配置で植えれば、生きた絵画として磨き上げることができるんだ。磨き上げることには限界がない。磨き上げる動きは、創造主のプログラムに合致しているんだ」

「つまり人間は、周りのものすべてを常により美しくしていくために創造されたということ？　創造主によって贈られた世界をより磨き上げること、それが人間の役目なの？」

「奇跡のように見事な生きた絵画を創造すること、動物たちの世界を深く理解し、さらに磨き上げ続けること、もちろんこれらは人間の重要な役割だよ。でも本当に重要なのはそれではない」

「じゃあ、何が本当に重要なの？」

「人間が創造主の創造した世界を磨き上げることによって、同時に人間自身が磨き上げられることだよ。そこには限界がない。そして、それが洗練されていくにつれて、より大きな可能性がその人の前に拓《ひら》かれていくんだ」

「でも、人間がどう磨き上げられていくというの？　動物たちと違って、人間には教えてくれる存在がいないでしょ？」

「アナスタチカ、君が美しい花壇を創造できたのは、君の培ってきた経験が、どうすればいいのかを教えてくれたからだ。次の年になれば、きっと君はこの花壇をより良くしようとするだろう。そして、これまでの経験と気持ちをもとにそれを実現する。つまり、一度でも創造を経験すれば、君はそこから知識と感覚を得て、もっと磨き上げられたものを創造できるようになるんだ。言い換えると、君の創造自体が君に教えてくれるということだ。

生きた自然を享受しながら行う創造は、創造者自身を磨き上げるんだ。

そのような偉大な創造には終わりや頂点などなく、無限なんだよ」

「創造する人と創造されたものたちがお互いに磨き合うことですべてが無限に美しくなり続けるなら、そんな素晴らしい世界で暮らしてみたいわ。私のパパやママ、お兄ちゃんたち、ヴドおじいちゃん、それに一族のみんなにも、そんな世界で暮らしてほしい」アナスタは目を輝かせて言った。「私、早く氷河を止めなきゃ。どうすればいい？　ねえ、どうすればいいの？」

「人間の意識は大宇宙のエネルギーの中で最も強力で、その可能性は無限だ。そのエネルギーを適切に使いこなせるようになることが重要なんだ。でも、どうすればいいのか、何を使えばそれができるのかは僕にはわからない。その偉大な力を発見できるのは、人間だけなんだ」

「きっと、私の意識はまだとっても小さくて、弱いんだわ」アナスタは悲しそうにため息をついた。「氷河の侵食を止めたいのに、どんどん近づいてくるし、寒さも日に日に強まっているんだもの。私の意識が小さすぎるということなんだわ。

ダンが氷河のことを意識できればいいのに……。そうだ！　マンモスの頭は大きいから、意識だって大きくて強いかもしれない」

アナスタは興奮してマンモスの方へ駆けていくと、自分の方へ伸ばされた鼻を鼓舞しながら言った。

「ダン、あなたは大きな頭をしているから、その中に大きな意識が入っているかもしれないわ！　あなたの意識を使って氷河を止めてほしいの。これからは私の言うことを聞くだけじゃなく、自分でも考えるのよ。ほら、あなたのご飯だって減ってきているわ。牧草地かどこかで探しておいで」

マンモスのダンは鼻先で少女の頬と髪をなでると、ゆっくりと向きを換えて彼女から離れていった。するとそばにいた子ネコも、走るマンモスの脚に跳び移り、毛皮にしがみつきながら背中までよじ登っていった。

「アナスタチカ、君も君の友達も、そろそろこの場所を離れた方がいい」金髪の青年が少女に話しかけた。「巨大な氷の塊がもうこの山の向こうまで押し寄せてきている。それはこの山を崩して、谷底にある君たち園や家を押し流してしまいかねないほどの勢いだ。それに、氷河が運ぶ寒気で日に日に気温が下がっている。氷河が流れ込んでしまうと、ここら一帯の山はゆっくりと削られていくだろう。これはあと数日以内に起こることだ」

「私はここを離れないわ。その大きな氷を止める方法を考えなきゃ。先ずはそれを見にいって、なぜ氷が私たちの土地に向かって動いてくるのかを理解しなきゃ。明日の朝、山に登って様子を見てくるわ」

「アナスタチカ、意識が君に幸運と狂いのない考えをもたらしますように」少女にお辞儀をし、別れを告げた金髪の青年は、兄に向かって言った「行こう、兄さん、邪魔をしないように彼女の視界から離れよう。もしかしたら、彼女は意識を使いこなす方法を識《し》ることができるかもしれない」

「ああ、もちろん行こうじゃないか。邪魔をしているのは俺じゃなく、むしろお前の方だ。まったく、哲学にふけって、おしゃべりに夢中になっていたくせに」

「あ、待って、待って！」アナスタが突然思い出したようにまくし立てた。「あなたたちは自分たちのプログラムについて話してくれたけれど、つまりそれは、私にもプログラムがあるってことなの？　私はそれについて一度も考えたことなんてなかったから……。それとも、私のプログラムなんてないってことかしら？」

「お嬢ちゃん、もうお別れの時間なんだ。怠けずに、自分の意識を速めて考えな。嬢ちゃんに残された時間はわずかだ。太陽が二回昇るまでしかない」黒髪の青年がそう告げると、兄弟は去っていった。

意識を使いこなすのは誰か

アナスタは一人きりになった。ついこの前まで一族が暮らしていた谷、今や完全なる静寂が訪れてしまった谷を歩きながら、どうすれば意識を使いこなすことができるのかを理解しようと考えを巡らせていた。

〝意識が最も強いエネルギーなら、それを操ることなんてできるのかしら？　それに、もしも意識が私の中にあるのだとしたら、意識すらも操ることができるさらに強い何かが私の中にあるということ？　こんなに大切なことなのに、賢い長老たちが何も教えてくれなかったのはなぜ？　長老たちもこのことを知らなかったのかしら？

どっちにしても、最強のエネルギーが野放しになっているということだわ。たとえ私の中にそのエネルギーがあったとしても、制御できなければ、それを自分のものとは言えないもの。それに、もし私の意識をそそのかして、そのエネルギーを弄《もてあそ》ぶことができる存在がいたとしたら、どうなるの？　私は操られていることに気づくことすらないんだわ〟

アナスタは夕闇が訪れても、寝床に就く間際になっても、意識の力について熱心に考え続けた。

翌朝、アナスタは目を覚ますと、マンモスのダンが近くにいないことに気が付いた。いつもなら、朝方は家のそばにいるはずのダンがこの日はどこかに行ってしまっていた。アナスタが小川の淀で水浴びをし終わっても、彼女が牧草地に向かって「ダン、ダン！」と大声で呼んでも、ダンは一向に現れなかった。ダンだけでなく、子ネコも前夜から行方不明になっていて、朝になっても戻らなかった。

アナスタは、ダンと子ネコが遠くへ行ってしまったのだと理解した。この谷ではマンモスが生きていけるだけの量の食べ物が採れなくなってきていたため、〝ダンは飢え死にしないように、食べ物を求めて遠くへ行ったんだわ。子ネコもそれに付いて行ったのね〟と彼女は考えた。〝でも、私はここを離れたりしない！〟アナスタはそう誓うと、草の繊維で編んだショールを肩に掛け、意を決したように氷の世界が迫る山へと向かった。頂上へと山道を登っている間、アナスタは再び、人間の意識という最も強いエネルギーがどのように働いているのかを理解しようと熱心に考え続けた。〝一体どうすれば、氷河を止めることができるんだろう？〟

彼女は山頂まで登り着くと、ショールを巻き直し、全身に風を受けて立った。方々から刺すような冷気の筋が彼女の髪を吹き付け、額の星型のあざを露わにしたり、隠したりしていた。でも、少女は冷たい風を気にもとめず、氷河に飲み込まれ、緑が消え失せてしまった山麓に何が起きたのかをじっと観察していた。彼女の目の前には、辺り一帯を覆い尽くす氷河が地平線まで続いていた。

氷河はいくつもの巨大な氷の塊を伴ってアナスタの立つ山へと忍び寄っていた。その氷河でさえ、背後に控えるより広大な氷原に押し流されているだけにすぎなかった。アナスタの立っている山が、そのような巨大な氷の塊に耐えられないことは明らかだった。

山の片側はすでに寒気のせいで植物が絶えており、反対側もそうなるのは時間の問題だった。まるでアナスタが思ったことを裏付けるかのように、どろどろとした氷の塊と氷片混じりの水がきしむ音を響かせながら地面を掘り起こし、倒れた木々を押しのけて山へと近づいてきていた。

一番大きな氷の塊に視線を走らせたとき、アナスタはその光景に震えあがった。彼女の視線の先には、今朝どこかへ旅立ったはずのマンモスのダンが、頭を巨大な氷の塊に押し付けて踏ん張っていた！　それでも、その氷の塊はマンモスの体でさえも小さく見えるほど、巨大だった。

その瞬間、アナスタは彼女が光と闇の兄弟たちと会話をしていたときに、ダンがそばで注意深く聞いていたことを思い出した。そして、自分がダンの大きな頭にはきっと大きくて強い意識の力があるはずだと言ったことも思い出した。〝きっとダンは自分なりに私の言葉を解釈して、大きな意識の入った頭を氷塊に押し付ければ、その進行を止めることができるかもしれないと判断したんだわ〟

アナスタは頂上から飛ぶように駆け下りると、麓へと続く小道を一目散に走ってダンのもとへ向かった。

雪の結晶が混じった風が刺すように激しく吹き付け、ショールをはぎ落としても、彼女はそれを拾おうとはしなかった。前方の石に飛び乗ろうとした時につまずいて転がり落ちても、彼女はすぐに立ち上がって再び走り出した。

そしてダンの足元までたどり着いたとき、アナスタはダンの頭が接して解けた小さな窪みから、冷たい水が彼の鼻を伝って地面にしたたっているのを目にした。

ダンは寒さに震えていた。そしてその足元でアナスタが目にしたのは、寒さに震える子ネコだった。子ネコもダンと同じように頭を氷に押し付け、氷河の前進を阻止しようとしていた。

「やめてー！」アナスタは叫んだ。「やーめーてー！」

しかし、ダンも子ネコも彼女の声に反応しなかった。少女は寒さに震える子ネコを抱き上げて自分の肌に押し当てると、猫の体をさすって温めようとした。猫の体がわずかながら温まると、アナスタは猫をダンの背中によじ登らせた。子ネコは力を尽くして登ろうとしたものの落ちてしまい、二回目の試みでやっと背中までたどり着いた。

アナスタは少しでもダンの耳に近い距離で話しかけようと、すぐ横にあった岩の上によじ登って言った。

「ダン！　私の誠実な友達、ダン、聞いて。あなたは本当に賢くてよく尽くしてくれる優しい子。あなたは自分で考えることができるのね。でも、まだ全部を正しく考えられているわけじゃないから、私が少しアドバイスしてあげるわね。意識はね、頭の中だけにあるんじゃないの。意識はどこにでも存在できるから、あなたがここにいなくてもいいの。だからダン、山の反対側へ行きなさい」ダンは立ち尽くしたままで、時おり痙攣《けいれん》のような震えが体に走るとき以外は動かなかった。アナスタは再び話しかけた。「私よ、アナスタよ！　ダン、私の声が聞こえる？　あなたが動かないなら私もここから動かないんだから。ダン、私の方を向いて」

ダンはゆっくりと氷から頭を引き離すと、少女の方を向いた。額の毛皮はびっしょりと濡れていて、ダンは力を振り絞るように瞼《まぶた》を持ち上げて少女を見た。それからさらに力を振り絞って鼻を持ち上げると、鼻先でアナスタの肩に触れた。ダンの鼻は冷え切っていた。アナスタはダンの鼻を両手で抱えると、マンモスの巨体を温めようと懸命にこすったり息を吹きかけたりした。でも、実際には彼女の息だけでなく、何かもっと温かくて重要な意味があるものが、ダンのことを温めていた。しばらくすると、ダンはアナスタの言うことを聞いて彼女と一緒に歩き出した。まるで彼女の手に鼻を引かれて進んでいるかのように、やっとのことで足を動かし、なんとか山の頂上までたどり着いた。山頂に着くと、疲れきった少女は倒木の幹に座り、今登ってきた斜面とは反対側にある、まだ緑が残っている方の斜面を指差して言った。

「ダン、山を下りて牧草地に行きなさい。よく休んで、力をつけるの。あそこならまだあなたの食べ物が見つかるわ」そして強い口調で加えて言った。「ダン、早く行きなさい！」

ダンは、アナスタの言葉を素直に聞き入れ、まだ緑の残る谷へと山道をゆっくり下っていった。十歩ほど進んだところで、ダンはアナスタの方を振り返った。そして鼻を高く持ち上げると、アナスタが谷を走りながら祖国に諦めないでと懇願し、静寂を打ち破る「おーーーい！」という励ましの叫びを上げた光景を思い出したかのように、高らかな雄叫びを上げた。ダンの雄叫びに呼応するかのように、アナスタがダンに手を振りながら「おーーーい！」と力一杯声を上げると、ダンはゆっくりと山を下りていった。

少し休みながらその様子を見届けると、アナスタは岩の上に立ち、もう一度目の前に広がる、地を覆い尽くす氷河をじろりと見やった。そして大声ではなく、断固とした口調で言った。

「私は人間！　私の意識は強い。氷河よ、私はおまえに対抗する意識を放つ。前進をやめ、後ろへ下がりなさい。私の意識によってそう命じる！」

山の麓に再び氷のきしむ音が響きわたり、氷の塊がさらに山に向かって前進した。冷たい風はまるで足元から崩そうとするかのように山の裾にぶつかって上昇し、少女の胸に強く吹き付けた。

「下がれ、氷河よ、私が命令する。下がりなさい！」

それでも氷河は再びきしむ音を響かせながら、少女の方へとさらに近づいてきた。

アナスタは前進してくる氷河を見つめながらしばらくの間沈黙すると、突然笑顔になった。

「わかったわ、おまえは私の意識で力をつけているのね。そうだったのね。それなら、おまえはもう存在しない」

アナスタはくるりと氷河に背を向けて倒木に座ると、まだ緑の残っている彼女の村がある谷底を見つめた。彼女は寒さでしなびた草花たちの姿に焦点を合わせる代わりに、野原に色とりどりの花があらん限りに咲き乱れ、木々にまっ白な花やピンクの花が咲きはじめ、鳥たちが歌い、キリギリスたちが鳴く情景をイメージして、視線の先に重ね合わせた。曾祖父のヴドが一族の皆を率いて戻ってくる光景、そしてそれを裸足のアナスタが草の上を駆けて出迎える光景を……。彼女の意識はどんどん速さを増していった。

そしてその加速が超高速に達した瞬間、彼女の意識は時間域を超えた！　彼女の意識は、一瞬の間に、寒さにしおれた無数の草花が、根っこから茎や葉の細部に至るまで元気になっている様子をイメージした。さらに太陽の暖かな光線を一本一本に届けてやり、露や雨のしずくで潤いを与え、そよ風でなでてやることをイメージした。

それらをイメージしきると、冷たい風が吹き抜ける中、アナスタは倒木のそばの岩の上で静かなる眠りに就いた。それでも、主《あるじ》を失った意識だけは眠ることなく働き続けた。

彼女の意識から放たれた稲妻のような閃光が、空間にあるすべてのものに触れ、創造主が創造したものすべてが目を覚ました。すると、空間に新しい命が生まれた。まるでアナスタの祖国全体が眠りから覚めたようだった。アナスタが放った意識は、数千年間経ってもその場に残り続けていた。

偉大なる創造のエネルギーを放った彼女の意識は、彼女の村がある谷の上を漂いながら、虫や草たち、子ネコやマンモスのダンを優しくなでていた。

氷の塊はかすかに揺れながら音を立てていたものの、それが村に向かってくることはなかった。氷は解けはじめ、解けた水の流れは村を避けながら川や湖に流れ込んでいた。

氷河は、大宇宙で最も強いエネルギーである人間の意識に抗うことができず、解けていった。

人間の行き着く先

解けだした氷河は大きな川となり、やがて激流となって石や倒木を飲み込み、植物やそこに生息する生き物たちもろとも大地の肥沃層を洗い流した。しかし、アナスタの一族が去ることを余儀なくされた谷だけは激流に飲み込まれなかったため、村は原形をとどめたまま残った。

その谷では木々の葉が黄色く枯れ落ちて、鳥のさえずりも聞こえなかった。それでも残された一部の植物は、経験したことのない寒さにも適応しながら、生き残ろうと懸命に闘っていた。アナスタのお気に入りのあの花も花壇で依然として生き残っていた。

谷を激流から守っていたのは連なって立つ山々だった。アナスタが頂上で数千年の眠りについた山も、そのうちの一つだった。

その山の麓に、たくましい体格をした二人の青年が立っていた。あの金髪の青年と黒髪の青年だった。二人の前には、山の壁面から地面へと覆いかぶさるように突き出した花崗岩《かこうがん》の塊があり、その岩の縁《ふち》からは水滴がしみ出ていた。

黒髪の青年はよろこんだ様子で言った。

「正気を失った人間たちには不幸な運命が待ち受けているのさ。この花崗岩がせき止めている水の流れはあと二日ほどで岩の周りを支える土や石をえぐり取る。そうなれば、決壊が起きて谷を壊滅させるほどの水が流れ込み、荒ぶる滝のような激流が岩や石を押し流して徐々に山全体を崩していくだろう。今、山のあちら側にある激流が、俺たちの目の前にあるこの巨大な岩を押し流せば、この谷にも水がどっと流れ込むんだ」

「そうだね、もしもこの水の流れが二日以内にあちら側の山を先に決壊させなければ、水圧でこの岩は崩落する。そうなれば、その勢いのまま激流はアナスタチカの一族の谷へなだれ込むだろう」金髪の青年は同意した後、加えて言った。「僕は人間の体に具現化したことを悔やむよ。この岩を支えられるくらい大きくて強靭《きょうじん》な骨格の動物に具現化しておけばよかった」

「ははは、動物みたいに強くないことを悔やんでいるとはな！　もちろん、俺たちは動物の体に具現化することだってできたさ。でもそれじゃあ、動物として存在することしかできない。人間のように話すこともできなければ、水がもうすぐ岩を押し流すことを察することもできなかっただろうよ。

『一族の谷』だの『アナスタチカ』だの……お前はしつこくつぶやいているが、あの少女にとってはもうどうでもいいことだろうよ。今頃、彼女の魂は、無限の大宇宙を自由に飛びまわっているんだからな」

「自由に飛びまわっている。確かにそうだな……」金髪の青年は考え込むように、そして優しさを込めて言った。「彼女の意識と夢、それに自覚と深淵《しんえん》なる気づきは、大宇宙の中に大切に保存されている。あの少女が氷河を止めたことは事実だ。創造主の娘が、気持ちで人間の意識に備わった力の存在を悟り、ほんの少しだが、神のプログラムに干渉することができたんだ……」

「まさにそう、ほんの少しだ！　そのほんの少しに対してお前はどれだけ甘ったるい言葉を女々しく吐くつもりだ？　ほんの少しだけじゃないか！　それなのにお前ときたら『気持ちで』だの『創造主の娘』だの……」黒髪の青年は、冷やかすように真似をしながらそう言うと、得意げに話し続けた。

「どうせ、水はこちら側の谷になだれ込むんだ。そうなれば、激流が正気を失った人間たちに向かって一直線さ。この大災害の原因が、本来の性質から離れて人工的なものの方へ引きずられた自らの意識や行いにあることを、疑いもしない人間たちへ目がけてね。

今はまだ、科学技術の道を突き進みはじめたばかりだからこの程度で済んでいるが、このままいけば、やがて地球自体や大宇宙全体を破壊する結果になることは明らかだ。だから、人類が地球を引き裂いてこれ以上もがき苦しむことがないように、人間たちが有害な道を突き進みはじめたとたんに、創造主のプログラムが作動して、奴らはこの世から消滅するようになっているんだ。今回も、荒れ狂う水の流れが人間たちを飲み込むのさ。巨石や倒木、生き物たちの死骸を含んだ濁流が轟音《ごうおん》を響かせながら容赦なく彼らに迫るだろう。

背後から地響きが聞こえてきて、人々はなんだかまずいことになったと感じ、慌てはじめる。しかし、事態を把握した時にはすでに遅く、遠くから死をもたらす巨大な波が壁となって近づいてくるのを目の当たりにすることになる。彼らにとってそれはノアの大洪水となり、マンモスや猫を含め、その場にいる全員に恐怖が襲い掛かる。そして彼らの魂は恐怖だけをとどめたまま、大宇宙に飛び立っていくんだ」

黒髪の青年は、嘲笑うかのように、熱を帯びた様子で恐怖に襲われた人々の表情や身振りを真似しはじめた。乳児を胸に押し当てた母親たち、ひざまづいて天に向かって両手を伸ばし、熱に浮かされたように赦《ゆる》しを請う人々。泣き叫びながら最後の力を振り絞って逃げようとする人々。黒髪の青年は恐怖の表情で逃げまどう人々を演じながら、走りまわって見せた。それから立ち止まると、人々が逃げてゆく方向を見ながら言った。

「弟よ、顔面蒼白だな。だが、これが奴らを待ち受けている逃れようのない運命だ。わかったか？　つまり、あの山の頂上で眠りに就いた少女も、結果的には創造主のプログラムを何も変えちゃいないということさ」

「兄さんがかたどった未来は好きになれない。大宇宙の本質である僕ら二人なら、なんらかのかたちで人間を手助けできるはずだ。傍観するべきじゃない。何も関与しないのなら、僕らは存在していないのと同じだ」

「避けられない未来である以上、お前の好き嫌いなど、もはや関係のないことだ」そう言うと、黒髪の兄は嘲り笑った。

ところが、弟の反応が感じられず兄が振り返ると……金髪の弟が山壁から突き出ている花崗岩の下に立ち、両腕で岩を支えていた。岩の縁からしみ出た水は先ほどより著しく少なくなっていた。

黒髪の兄は少しの間を置いた後で「馬鹿げている。意味がないし、理に適っていない」と言い放つと、黙って考えを巡らせた。そして再び気を取り直して、弟を論破しようと話しはじめた。「人っ子一人いないここでは、お前の愚かさを笑ってくれる者もいやしない。お前は岩の重みを考慮せずにそこに立った。いずれ、水が岩を支える土や石にしみ込むだろう。つまり、お前にかかる重さは今よりも増えるんだ。愚かな弟よ、お前でもそんなことくらいは理解できるだろう?」

「僕は意識の力で、体を花崗岩と同じ密度まで凝縮させて持ちこたえる。たったの一日間、持ちこたえさえすればいいんだ。持ちこたえるとも!」筋骨たくましい金髪の青年は言った。

「まったく馬鹿馬鹿しい！　『持ちこたえる』『凝縮させる』だと……ならばやってみるがいい。だが、お前は岩を支える面積を考えてみたのか？　わずかお前の足の大きさ二つ分だぞ。それに二日目の昼近くには全重量がお前にのしかかることになる。そうなれば、お前はまるで杭のように地面に食い込んでいくだろう。そして膝まで沈んだら、そのとたんに水の流れが勢いよく岩を押し流すんだ」

「そうなったら腕を伸ばすさ。そうすればもう半日は持ちこたえられる」

「ああ、そうかい。だが半日も持たないさ。強情なお前のことだ。一時間ほどならなんとか持つかもしれないが、最後には耐えられなくなって岩は崩落するだろう。創造主のプログラムは、創造の瞬間から今に至るまで、一度たりとも誤作動を起こしたことはない。そして俺もこのプログラムには大賛成だ。人類が不条理な発展の道に乗り出したのであれば、そのはじまりの時点でリセットした方が良いに決まっているからな。いっそ、次に地球に起こる新しい文明によって、人類が自身の使命を理解するという可能性にかけた方がマシだとは思わないか？　そのときに俺たちにも人間が持つ可能性を理解できるのかもしれないし、大宇宙も、現在の野蛮な行為とは異なった人類の新しい行動を見ることができるだろう。弟よ、人類の汚れが大災害で洗い流されるなんてことは、これまでに何度も起こってきたじゃないか？

だいたいお前は、自分が救おうとしているのがどんな奴らなのかわかっているのか？　人類は自らの手で地上に地獄を創造しているんだぞ！　科学技術を讃《たた》える道が、将来人類をどこへ引きずっていくのか、まだわからないのか？

　おい、なぜ黙っている？　なるほど、ちょうどいい！　全身を凝縮させて硬化しているから、もう話すことすらできないんだな？　ならば話すな、好都合だ！　石のように突っ立って、お前が救おうとしている人間たちの未来を見るがいい。俺がいつも楽しんで眺めている光景だ！　奴らの茶番劇のような思考と、虚しいせわしなさを見せてやる。お前はいつもこの光景を見るのを嫌がるが、この機会にしかと見るがいい。石の如く動けない弟よ、さあ直視するんだ！　まずは、お前が聞きたくない話からはじめようじゃないか！

　よく聞け、この谷を離れた人間たちを滅ぼさずにいたら、あいつらはそのまま科学技術の道を進むだろう。そして奴らは世代を超えて増え続け、地上の壮大な調和を破壊しては利己的に再形成していく。そうやって、本来は人間に奉仕するよう役割が与えられた動物たちをも殺していく。浅知恵を絞って、すでに完璧に機能している生きたものたちを素材にし、魂のない物を無数につくっていくのさ。挙句の果てに自分たちの行為を『工業化』だの『科学技術の進歩』だのと呼び、それらがあたかも知性の進歩であるかのように喧伝《けんでん》するだろう。

　だが、そんなものが進歩だと言えるか？　奴らに知性などあるか？　奴らの進歩が賢明だなんて言えるか？　奴らはなんの分別もなく、完璧な創造物を破壊しては、自分たちの蛮行《ばんこう》を『進歩』と名付けているんだぞ!?　病気なんだよ！　奴らの知性にはウイルスが巣くっているんだ！　そしてその疫病が全人類を襲っているんだ。このウイルスは地上の創造物のみならず、ひいては大宇宙全体をも破壊しうるほどのウイルスだ。そのウイルスの名前は……お前もよく知っているよな？　なにせ、俺がその名前を口に出すたびにやめるよう懇願し、背を向けて立ち去ろうとしていたからな。だが、今のお前は背を向けることも立ち去ることもできない状態だ。よく聞け、この人類の文明のすべてを侵している病はな……『反知性』だ！

その病に侵された人類は反知性の次元に入り、これ以上ないほどの愚かさで醜悪《しゅうあく》な行いをはじめ、その行いを『進歩だ』『完璧だ』『道徳的だ』『美しい』『合理的だ』『スピリチュアルだ』などという言葉で虚飾《きょしょく》し、納得する。とんでもない話だろう？

そうだ、お前にはここではっきり見せるべきなんだ。これを見ろ！」

黒髪の青年が手で空間に四角形を描くと、そこにホログラムが現れ、十二階建ての建物が映し出された。ホログラムには、二台のクレーンが上の階へと建築資材を持ち上げる様子や、窓枠越しにオレンジ色のヘルメットを被った青いつなぎ服の作業員が室内の装飾をしている様子が映っていた。

黒髪の青年が解説した。

「この理解不能な小さな無数の箱を、奴らは『家』と呼んでいる。見ろ、反知性は人間を反人間に変えている！　奴らは『家』という言葉に内在する概念と意味を歪めたんだ。

本来、家とは意識によってかたどられ、その人間の思考を映し出す生きた空間であるはずなのに、奴らはそれを人工的な石の箱で代用するんだ。そして恥ずかしげもなく、その箱のことを家と呼ぶ。大宇宙はそんな偏狭《へんきょう》な意識など必要としていない。このままいけば、石の箱はウイルスの温床となって反知性を培養し、やがて強さを増したウイルスが石の箱で地上を覆い尽くしていくだろう」

ホログラムは辺り一面に拡大し、そこにさっきのような人工的な石の箱が詰まった立方体が無数に立ち並んでいる光景が映し出された。そのうちのいくつかはすでに取り壊されており、オレンジ色のヘルメットを被った人間たちによって、もっと高い建物が建てられようとしていた。

黒髪の青年が続けた。

「この箱の中で暮らす権利を得るために、人間たちは知性的な存在にふさわしくない行いをすることになる。本来は創造主の子であり、女神たちであるのにだ！　顔面蒼白の弟よ、奴らの行動を見るがいい」

黒髪の青年がもう一度手を振り上げると、再びホログラムが現れ、食料品が売られている巨大なスーパーマーケットが映し出された。多くの人々が金属製のカゴを手にぶら下げては、品物を物色したり、品物の対価を支払うために会計の列に並んでいた。

「こいつらは皆、あの石の箱から出てきた奴らだ。こいつらは毎日、『仕事』と呼ばれるあらゆる無用な作業に従事し、その対価として『お金』と名付けた紙切れを受け取るんだ。今お前が見ているのは、奴らがお金を食べ物に交換している様子だ。

創造主が原初の頃から、手を伸ばしさえすれば届くところに、エネルギーを強化し、肉体を満足させ、たのしむこともできる食べ物をたくさん創造しているのに、こいつらは、自分の周りから神なる食べ物がなくなるような暮らし方をするようになった。紙切れとの交換で得られる食べ物は、創造主のエネルギーを有していない。そんな暮らし方をしている存在を、もはや知性的な存在と呼ぶことはできない。奴らの暮らし方は、反知性の産物だ」

ホログラムの映像が切り替わり、今度はスーパーマーケットのレジ係の女性が大きく映し出された。彼女のもとには次から次へと客がきて、様々なサイズの袋や箱、缶や瓶が入ったカゴを台の上に載せていった。女性は「いらっしゃいませ」と笑顔で挨拶しては、品物を一つずつ光るガラス板の上に置き、レジ機に価格を表示させた。そして会計を終えると「お買い上げありがとうございました。またお越しください」と言って笑顔で見送り、次の客を迎え入れていた。

女性が次のお客を迎える前に落とした袋を拾い上げようとかがみ込むと、ホログラムの全面に彼女の顔が映し出された。すると、数秒の間、彼女の顔に苦悶の表情が浮かんだ。彼女は片手で袋を拾い上げながら、もう片方の手を脇腹に押し当て、痛みに顔を歪めていた。それでも、数秒後には何事もなかったかのように客の方へ向き直ると、彼女は再び笑顔で一人ひとりに「いらっしゃいませ。お買い上げありがとうございました。またお越しくださいませ」を繰り返しはじめた。

黒髪の青年が解説した。

「弟よ、見えるだろう。お前の目の前に映し出されているのは、お前が女神と呼んでいる存在だ。彼女はたくさんの部品と導線がつながった機械の前にいるが、ある意味、彼女はそれらの部品よりも不完全だと言える。機械には知性も魂もなく、課せられたプログラムに従って動いているだけだが、彼女は生きた存在であるのに、一日のうちの十二時間もその機械の前でキーを叩いては一人ひとりにお礼を言っているんだからな。一体何に対して感謝していると言うんだ。何に対しても感謝なんてしちゃいない、ただ言葉を繰り返しているだけだ。この生き物には知性があるはずなのに、毎日十二時間も機械の前でキーを叩いていて、しかも、こんなふうに人生の大半を費やす目的が、小さな石の箱で暮らすことなんだぜ⁉

正常であれば知性がそんなことを許すはずはない。つまり、彼女には反知性のウイルスが作用しているということなんだ。そしてこの女は人間ではなく、反知性の次元にいる反人間なんだよ。毎日十二時間もレジの前にいなければいけないせいで、彼女の内臓はやられ、まともに食事をすることもできず、血液はドロドロになって滞っている。だから彼女は実際の年齢よりも年老いて見える。見ろ！　彼女が本来の次元で、人間として生きることができていれば、まったく異なった容姿だったはずなんだ。ほら、知性の次元で彼女が生きていたらどうなっていたかを見せてやる！」

画面に別のホログラムが現れ、金髪の美しい女性が小さな男の子の方へ向かって川辺を走る様子が映し出された。女性は男の子に駆け寄ると、彼を両手で抱きかかえ、幸せそうな笑い声を上げてくるくると回った。

異なる次元に生きる二人の女性が、同一人物とは言いがたかった。

ホログラムには再びスーパーマーケットのレジ係の女性が現れた。

「彼女は何億とある例の一つにすぎない……」黒髪の青年は言った。「このような生き方は、人間が本来持っている性質から逸脱していると思わないか？　ほら、こっちも見てみろよ」

そう言って両手を広げると、ホログラム画面の映像は地平線いっぱいまで拡大し、何十万もの人々が密集して何列にも連なって座り、様々な機器の前に座ってキーボードを叩いている光景が現れた。映像に映る人々は、幅広い年齢層の男女で、何十万もの手が絶え間なく機器のキーボードを叩いていた。映像の上部に映る太陽はしばらくすると満月に置き換わり、再び太陽になった後で、今度は半月に変わった。まるで時の流れを表しているかのように昼と夜が交互に入れ替わり、年月が過ぎていく様子が映し出された。それでも、映し出された人々は、相変わらずキーボードを叩き続け、ロボットのように『ようこそ。お買い上げありがとうございます。またのご利用をお待ちしております』と繰り返していた。

「弟よ、さあ、こっちも見てみろ。もっと面白いぞ。これが未来の人類の姿だ」

空間に別のホログラムが現れ、憎しみに満ちた表情で剣を握りしめた男性が大きく映し出された。映像は再び切り替わり、今度は泥の中で腹ばいになって機関銃を連射する人や、男性が三人掛かりで大砲を撃つ様子が映し出された。次に映像が切り替わると、画面は細かく分割され、その一つひとつに、剣で切り合う人々の場面や、機関銃や大砲で打ち合う人々の場面、素手で相手の首を絞めたり蹴ったりする人々の場面が別々に映し出されていた。

また、ひしめき合う人々の上空で飛行機が地面にいくつもの爆弾を投下する場面もあった。その画面では、爆弾が地面に落ちると、爆発とともに土埃《つちぼこり》やバラバラになった人間の身体が舞い上がっていた。

「弟よ、知性ある生き物がこのような狂気の沙汰に陥ると思うか？　しかも、このことを正当化する悪知恵まで働かせるなんて、反知性の所業としか考えられない。奴らはこの狂気に満ちた所業を『戦争』と名付けるだろう。そして、この戦争で活躍した者には様々な勲章が与えられ、勲章を受けた者はそれを胸元に飾り自慢げに歩くようになるんだ。それだけじゃない、この終わることのない殺戮《さつりく》を正当化する法律までつくろうとするんだ」

黒髪の青年が再び両手を振り上げると、空間に複数のホログラムが現れた。各ホログラムは小さな四角形の枠で仕切られており、それぞれ時代や国は異なるものの、壇上でスピーチする登壇者と聴衆の様子が映し出されていた。黒髪の青年が解説した。

「彼らはこれに議会、国会、議院、パーラメント、ドゥーマ、チャンバーなどの様々な名前を付けているが、本質は同じだ。

弟よ、ホールに座っている奴らが見えるか？　さあ、よく見るんだ。お前の目の前に座っている人間たちは、各国の国民や人類全体に向けた法律をつくっている。反知性の次元にいる限り、何千年かけて条文を練り上げたとしても、完璧と言える法律などできるわけがないというのに！　弟よ、このことは理解できるな？　もちろん理解できるはずだ！」

そう言うと、黒髪の青年は声を上げて笑いだした。その嘲笑う声は谷を満たし、山々にこだました。そしてひとしきり笑い終えると、彼は映像の中で座っている人々に向かって叫んだ。

「最も重要なことを知らないでいるお前たちには、完璧な法律なんて絶対につくれやしない！　なんたって、お前たちは一人ひとりの人間に与えられた使命と、人類全体の使命を知らないんだからな。これらの使命はたった三つの言葉で表せる普遍的なものであり、すべての法の主軸となるべきものだ。この使命の哲学だけが、法律をつくる上での核となる判断基準なんだ。なのにお前たちはそれを知らない、いや忘れてしまったんだ。

弟よ、わかるだろう？　こいつらは最も重要な主軸を忘れたが故に、反知性の次元にいるんだ。三つの言葉で表せる自分たちの使命をな！　どんな言葉かって？　弟よ、お前はその言葉を俺の口から言わせたいんだろう？　そうだよな！　もちろんそうに決まっている。言わせたくてたまらないだろう。お前はいつだって、こいつらが理解するんじゃないかという希望をもって、その言葉を発していたもんな。だが、反知性の次元にいるこいつらには、何を言っても聞こえやしない。もちろん俺もその言葉を発するならば、つまり俺たち二人が同時にその言葉を発するのなら、こいつらにも聞こえるようにはなる。そうすれば奴らは行動を起こし、本来の知性ある人間に戻るだろうよ。だが、俺はその言葉を言うつもりはさらさらない。

せいぜい、次に訪れる未曾有の大災害まで、好きなだけ国会でも議会でも開いていればいいのさ。容赦なく近づいてくる大災害の前では奴らの法律などなんの役にも立たない。第一、奴らは大災害が近づいているのを知っているし、なぜ起こるのかもわかっているのに、絶対に自分たちの生き方を変えようとはしないんだ。結局奴らは知性ある人間のように見えて、それは外見だけなのさ。弟よ、よく見て考えるがいい。こいつらは何世紀にもわたって、人間の能力を代替させるための様々な機械を発明し続けている。そのなれの果てをとくと見せてやる」

空間に四角形のホログラムが現れ、画面の右半分には腰布を巻きつけただけの青年が、左半分には草の繊維でできたワンピースを着た若い娘が映し出されていた。二人の間には一つの大きな円があり、その中は色とりどりの円で満たされていた。

「これらの円は原初の人間たちに備わっていた能力を示している。人間には多くのことができた……」

ホログラムの光景は昼から夜になった。

青年は空を見て言った。『今宵の空には九十億と八十二個の星が見える』

すると、娘が青年に応えて言った。『愛しいあなた、今、私たちの上に見えるのは、九十億と八十三の星よ。とても暗い星があるのを見過ごしてしまったのね。私はあの星であなたを待つわ。そこで一緒に愛の空間を創造しましょう。今はやっと気が付くくらいの星だけど、私たちの創造によって明るく輝きだすわ』

「この人間たちには多くのことを具現化させる力があった」黒髪の青年が解説した。「人間はもともと、自身がイメージするものをなんでも創造することができた。イメージしていないものでさえも創造できたくらいだ。だがその力も、機械という浅はかな発明で代替するようになってから、徐々に失われていった」

ホログラムの中では様々な機械が現れては消え、その度に人間の能力を示していたいくつもの円が小さくなったり、真っ黒な点に変わったりした。

「原初の人間は、空を見上げるだけで一瞬にしてすべての星の数を数えることができたというのに、あらゆる発明を繰り出すうちに、『一たす一』ですら機械に頼って計算するようになっちまうんだ。

奴らは『電話』と呼ばれるものを発明し、離れていても交信できる能力や、家族や愛する人が今どこにいるのかをイメージで知覚する能力を失っていく。それだけでは飽き足らず、人工装置を体の中に埋め込むことまではじめるんだ」黒髪の青年は続けた。「そうやって、人間は次第に原始的で魂のないロボットに変貌していく。そんな存在をもはや人間と呼ぶことはできない。人間としての知性はどこか奥深くに押し込められ、反知性が奴らを支配しているんだからな。そしてその反知性は周囲にも伝播《でんぱ》していく。弟よ、見るんだ。奴らの行き着く先を見せてやる」

黒髪の青年が手を振り上げると、画面が切り替わり、一枚の折りたたまれた紙が霧の立ちこめる空間に浮いている様子が映し出された。その紙が次第に空中で広げられていくと、世界地図が現れ、上空から見下ろされたたくさんの都市が映し出された。各都市には人々の家が密集しているところがいくつもあり、その間を縫うように巨大な怪物の触手のようなものが無数に張り巡らされ、振動していた。どの触手にも、毛穴のようなものが付いており、そこから悪臭が漂うような黒いガスが排出されていた。それにもかかわらず、人々はそのガスを避けることはせず、自分の家を触手のすぐそばに建てていた。時おり、触手のところどころに裂け目ができると、人々がこぞってその穴を塞いで表面を整え、この巨大な怪物の生命活動を維持させていた。

「弟よ、世界中のあちこちに巨大な触手のようなものが見えるだろう？　ひょっとして、この化け物の本体を見たくなったんじゃないか？　当然、お前はこのことを考えたくも話したくもないだろうが、死をもたらすこの触手がどこから伸びてきているのかを俺が言ってやろう。本体は、かつて『知性がある存在』と呼ばれていた人間たちの脳だ。怪物の本体は奴らの脳の中にあり、すべての触手はそこから出現している。奴らは自分たちが生み出した死の産物を誇り、大事に面倒をみているんだ。怪物の触手を、道路や高速道路と呼んでありがたがっているんだ」黒髪の青年は声を上げて笑った。「これが未来の人類の落ちぶれた姿だ！　それを知りながら、お前は反知性の道を歩みはじめた者たちを救い、こんな虚しい運命を背負わせるつもりなのか？」黒髪の青年はそう問いかけながら、花崗岩の塊が崩落しないよう支えている弟の方を振り向いた。

弟が支える岩の周りには水滴だけでなく、いくつもの細い水の流れができてしまっていた。岩を支える金髪の青年の体はいっそう石のように固くなっており、彼の顔の筋肉も硬直して、もはや話すことも瞬きすることもできなくなっていた。それでも、その青い瞳だけは人類の未来を見据えていた。

黒髪の青年は、流れ落ちる水の筋に手のひらを差し入れると、悪意のこもった様子で言った。

「洪水が起こるまでに残された時間はほんのわずかだ。弟よ、ともすればあと四つか五つのことをお前に話してやることもできるが、ここまでにしておこう。もうお前には何も聞こえてないだろうからな」

黒髪の青年は両腕を広げて力こぶをつくると、頭を振って黒髪を後ろになびかせた。そして、金髪の弟が支えている花崗岩の周りの水の流れが目に見えて強くなるのをしばらくの間黙って観察してから、こう言った。

「そろそろ時間だ。もうここを離れる時なんだよ。起こるべきことが、今に起こる。だが……」

筋骨たくましい黒髪の青年は、花崗岩の塊の前へと進むと、金髪の弟の隣に立って自身の両肩と両腕で花崗岩の塊を支えた。

兄のたくましい筋肉に力がこもり、血管が膨らんで浮き出た。黒髪の屈強な青年はわずかに曲げていた膝を伸ばして全身で花崗岩を持ち上げた。すると岩の縁から流れ出ていた水の勢いが弱まり、雫となってしたたり落ちる程度になった。

大宇宙の相反するものが一つに統合し、創造主のプログラムを変化させた瞬間だった。壮大な創造主のプログラムを……。その変化はわずかな時間で終わったものの、兄弟が協力し合ったことで神のプログラムに新しい可能性がもたらされた。

その結果、すべてを破壊する激流はアナスタの一族の谷とは反対側の山を崩し、低地に流れ込んでいった。そしてアナスタの一族の谷が浸水する危険も、谷を離れた人々が犠牲となる危険もなくなった。

石のように硬化していた金髪の青年の体は少しずつ緩んでいき、彼の顔に微笑みが戻った。

「ありがとう、兄さん」金髪の青年が、まだやっとの様子で言葉を発した。

「その『ありがとう』だけは要らない。人間たちに運命づけられていた今回の大災害はもう起きない。だが、これから人間たちは、自分たちの狂気の世界観にさらに深くのめり込み、執拗《しつよう》に反知性の世界を構築していくだろう。そんな奴らが増えれば、未来に起こる大災害の規模も比例して大きくなるだろう」

「兄さん、もう大災害は起きないよ。あのアナスタという少女が創造主の魂と気持ちの粒子を空間に溶かし込んだから、大災害が起きる寸前に人々のハートは目覚めることになる。そして、大勢の人たちの目覚めた意識が、未曽有の大災害を食い止めるんだ。すると反知性の次元に残された人々も知性を取り戻すようになる。地上にこれまでに誰も見たことのない新しい世界が構築されはじめるんだ。

反知性と知性の両方の経験を同時に持つ彼らだからこそ、相反するものを自身の内で統合させることができるんだ。そして、彼らの夢が崇高な高まりとなったとき、彼らはそれを情熱的に具現化する。しかも単に具現化するのではなく、描いた夢をさらに磨き上げ続けながら、具現化したものを完璧へと近づけていくんだ」

アナスタシアは黙った。私も彼女から聞いたことを理解しようと黙って考えを巡らせた。私が彼女に質問を投げかけることができたのは、一時間か二時間経った後だった。

原初のイメージに出会う

「アナスタシア、アナスタという少女と、黒髪と金髪の兄弟についてきみが見せてくれたことは、すべて実際にあったことなのかい？　それともきみの空想かい？」

「ウラジーミル、その答えはあなたが選んで」

「俺が選ぶってどういうことだい？　実際にあったことなのか、そうでないかなんて、俺にわかるはずないじゃないか？」

「教えて、ウラジーミル。あの話の中に、あなたにとって目新しい情報はあった？」

「ああ、もちろんあったよ。新しい情報だけでなく、それに伴うイメージやそれ以外のものもあった」

「ということは、情報は存在するのよね？」

「ああ、存在する。ちょうど、その情報を分析して理解しようとしてるところだ。きみに聞きたいことも、いくつか出てきているんだ」

「情報があったということは、その情報源も存在するということよね？」

「もちろん、情報源があるはずだ」

「情報とはイメージであり、イメージとは情報。もしも誰かが特定の情報を消してしまいたいと思ったら、その人はあなたに、その情報に付随するイメージが実在しないことを証明しさえすればいい。あなたがイメージは単なる想像の産物だと思い込めば、あなたは自ら、イメージから受け取っていた情報を記憶から消し去ってしまうのだから」

「つまり、情報もイメージも、その情報源は人間ということだね？」

「イメージよ」

「なんだって？　実在する人間がそのイメージをつくったのに、どうしてイメージの方が情報源なんだい？」

「ウラジーミル、もしもあなたに子どもが生まれて、その子が誰かに新しい情報を伝えたとしたら、その情報はどこから来たと考えるの？」

「それはもちろん子どもだろう。だが、そもそも物質的な肉体を持った子どもと想像の産物であるイメージは異なるものだ。イメージは物質ではないからな」

「でも、この場合の両者の違いは、物質的な身体があるかないかということだけよね？」

「そうだ……だが確かに、必ずしも物質である必要はないのかもしれない。単に物質的な身体の方が見慣れたものだから、そっちの方が信じられる気がしているだけかもしれないな」

「身体が見えているからと言って、完全な根拠を含んでいるわけではないわ。そればかりか、誤った認識を与えることもある」

「確かにそうだ！　実際、身体を持った人間が打算的な目的で他人を騙すこともあるからな。『詐欺』といって、刑法の法典にだって載っているくらいだ。アナスタシア、きみが言ったことをこれでちゃんと理解できたように思うよ。情報が現れたのなら、たとえそれがイメージから発せられたものだったとしても、疑いの余地なく存在するし、その情報をきちんと分析する必要がある。一方で、情報の源が『実在するか否か』という議論に入り込んでしまうと、それ自体で時間を消耗し、せっかく受け取った情報を無駄にすることにさえなる」

「ええ、そのとおりよ、ウラジーミル」

「だが、一つわからないことがあるんだ。誰もがイメージをつくり出すことができるのなら、膨大な数のイメージが存在することになる。だとしたら、恐ろしい数の情報を集めて分析しなければ、真実の情報は見つからないんじゃないか？」

「その必要はないわ。たしかに誰もがイメージをつくり出すことができるけれど、人々の魂とハートに受け入れられるイメージはほんの一部だけだから」

「そうだな。たしかに、すべてのイメージが受け入れられるわけじゃない。アナスタシア、本当にありがとう。きみの話はとても興味深いね。イメージについてもっと話してくれないか。たとえば、きみにとって、イメージとはどんなものなんだい？」

「人間の存在自体が、物質化したイメージに他ならないの。さらに、人間は自身が物質化したイメージでありながらも、意識を使って新たなイメージを創造し、それを物質化させることもできる。この事実こそ、人間にはどの存在をもしのぐ大いなる力が宿っていることを示している。


もし、この創造主から贈られた最も偉大な力を自覚できなければ、あなたは他人がつくり出したイメージのもとで生きることになる。そして、他人がつくったイメージを物質化させるために、自分自身のみならず、家族や子孫、ひいては国や惑星全体の破壊につながることまでしてしまう。

今の人工的な世界も、人間とは正反対の存在たちが創造したイメージの影響を受けて、人間自身がつくり出したもの。でも、人工的な世界は、はかなく短命。最新の自動車や建物、それ以外のどんな物でも、人工的な世界の物は刻一刻と崩壊に向かっていき、たった数年で塵《ちり》となるか、場合によっては人間にとって有害な廃棄物となる。

人工的な世界に暮らしていると、人間自身もはかなく短命な存在になっていく。なぜなら、自己再生する能力を持たずに壊れゆく物を毎日のように目にしている人には、生の永遠性をイメージすることと、それを具現化することが困難になるから。

科学者たちは私たちの目に映る世界が数十億年前から存在していると言っているけれど、実際にはもっと前から世界は存在している。なぜなら、地球は物質化されるよりもずっと前からイメージとして存在しているから。地球の年齢を推定した学者たちは、地球のイメージが生まれた日ではなく、そのイメージが物質化した日を算出しただけ。物質化は、地球の生命活動における一つの段階にすぎない。

自然の世界には自己再生の能力があり、それが自然の中の存在たちを永遠なるものにしている。そしてそれは、永遠の存在である創造主によって与えられた。創造主はアルファであると同時にオメガでもあるから、それができるの。

創造主が生まれる前や創造主の強大で様々なエネルギーが生まれる前は何があったのかと、多くの人々が考える。最初は何も存在していなかった。無だった！　創造主がわが子に『無』について話したことを思い出してほしい。

『無から、新しい、美しいおまえが誕生する。おまえとおまえのほとばしる希求、魂と夢を映しながら。私の息子よ、おまえは無限であり永遠、おまえの内に、創造の夢がある』

つまり、『無』から生まれるということは、『無』自体も誕生にかかわっているということ！

創造主は、『無』から誕生させることによって、生と死の循環を完成させ、人間に永遠の生という青写真を与えた。

イメージのエネルギーについての叡智《えいち》を理解し、そのエネルギーを自身の内に感じ取れるようになれば、人間は死を体験する代わりに、甘美な眠りにいざなわれるようにして肉体を去ることができる。そして、その眠りに就く前に自身が創造したイメージにふさわしいと感じた場所と時代に、再び肉体を持って目覚めることになる。

このような形象学《けいしょう》を深く理解することは、創造主によって創造された壮大な世界の全容を把握することにつながり、自身の美しい世界を創造する助けとなる。

反対に、この事実を理解できない人は、完全な世界である自然界とのかかわり方が稚拙なものになり、原始的で不完全な人工の世界で生きることになる。

形象学を知らないと、この偉大なる力のことを知る一部の人たちの手の中で、人も国もチェスの駒のように操られてしまうの」

「だが、イメージだって玉石混淆《ぎょくせきこんこう》だろう。どのイメージが有益で、どのイメージが人々を惑わそうとしているものなのかを、どうやって見分けたらいいんだい？」

「本来の自分に備わったイメージをもとに観察すれば、どんな情報であっても、あなたはその真《しん》偽《ぎ》を識別することができる」

「それはつまり、誰にでも青写真のように生まれ持ったイメージがあるということかい？」

「もちろんよ、ウラジーミル。すべての人にはその人特有のイメージが備わっている。そしてそれらのイメージに一つとして同じものはないわ。

それにもし、すべての人間が原初のイメージを保持していたとしたら、今頃どんな世界になっていたかを想像してみて」

「原初のイメージ……？　つまり、すべての人間には特有のイメージが備わっているだけではなく、原初のイメージも備わっているということかい？　それはどんなイメージなんだ？」

「それは神なるイメージ！　インスピレーションの高まりの中で、私たちの親である創造主が創造したもの」

「つまり、俺たちの原初のイメージは、神と同じだということかい？」

「人間の原初のイメージは、神の子だった！　それは今も変わっていない」

「……まったく、その崇高なイメージは、一体どこへ消えちまったんだ？　街には酔っ払いや麻薬中毒者、売春婦のイメージがあふれ、テレビでも人間を蔑《さげす》むようなイメージばかりだ。人間の原初のイメージなんて、どこにも残っていないじゃないか」

「いいえ、私たち一人ひとりの内奥に、そのままの姿で残っている！　その姿をイメージして、向き合ってみて。そうすれば、原初のイメージはよろこんであなたのもとへやってくる。あなたはよろこびの感覚でそれを知る。あなたと原初のイメージはだんだんと近づいていき、いつか重なり合って一つになるの！　だから、あなたの原初のイメージを大切に保ち、一時の快楽のために決して他人に売り渡したりしないで」

「しかし、こんなにも人間は不完全な存在だという情報ばかりがあふれかえっていたら、原初の姿なんてイメージできやしないよ。

人間は永遠に奴隷だとか、動物実験のウサギだといった類《たぐい》の情報だってあるくらいなんだ。たとえば、俺の知り合いが最近読んだ本には、人間を創造したのは宇宙人で、そいつらは家畜である人間からエネルギーを摂取するために、俺たちが腑抜けになるように調教していると書かれていたそうだ」

「ウラジーミル、そこに書かれていたことを信じるのなら、あなたは本当の腑抜けになる。自分を奴隷だと信じるなら、自身の内に奴隷を生み出すことになるし、宇宙人たちがあなたの意志に反してエネルギーを吸い取っていると信じるのなら、あなたは実際に自分のエネルギーを与え、自身を衰弱させることになる。

あなたが存在すると見なすものは、すべて顕在化《けんざい》するの。それを逆手にとって、神の子である人間の本質はずっと貶《おとし》められ続けてきた。

でも、ウラジーミル、気づいて。その背後には必ず、自身の力を実際よりも釣り上げようとする存在がいるの。その存在は、人間のような力も、それに対抗するような術《すべ》もなかった。だから、残されたただ一つの道として、自分より力のある相手を貶めて、成長の邪魔をすることにしたの」

「なるほど、アナスタシア。きみの言うとおりだ。確かに、人間が大宇宙で最も強い存在だと謳《うた》っている本や映画なんて、見聞きしたことがないよ。一番の強者として出てくるのは必ず異星人だし、よしんば人間だったとしても、地球外のパワーのようなものにつながった特殊な人間だ。ようやく理解できたが、人間はかなり深刻で執拗な洗脳に晒《さら》されてきたんだな。そしてこの現実は偶然なんかじゃなく、そうしなければならない存在が裏で糸を引いているんだな。

もしも人間が本当に弱くて、未知なる力も持ち合わせていないのなら、恐れる必要なんてないはずだ。それに、それほどの労力を費やしてまで、人間が弱いということを証明しようとする必要もない。

しかし、俺が知る限り、実際に人間のことを神の子であり大宇宙で最も強い存在だと考えているのは、アナスタシア、きみだけだ。つまり、きみのイメージとは相反するイメージが世界中にはびこり、きみの前に立ちはだかっているということだ。しかも、それを広めている奴らには何千年にもわたって洗練されてきた技術がある。

奴らはすでに、無力な人間のイメージを無数につくった。

そして人間を貶めるありとあらゆる教えをばら撒いてきたんだ。世界中のマスコミが奴らのために働いていて、その数は数えきれないくらいだ。かたや、きみの方はたった一人、多勢に無勢じゃないか。それにもかかわらず、きみは希望を持っている。アナスタシア、一体何に希望を見出していくんだ？　何か秘策でもあるのかい？」

「希望は私自身の原初のイメージにある！　それに、あなたの原初のイメージにも！　すでに一族の土地を建設している人々に宿る原初のイメージや、これから真の自分自身のイメージに出会おうと進んでいく人々すべての内に希望があるの！」

「そうか、やっと腑に落ちたよ。つまり、裏で糸を引いている奴らは原初のイメージを貶めたいがために、きみが実在することや俺が本に書いたことを否定し、きみのイメージから放たれる情報を、人々の意識から消し去ろうとしていたんだな。そして悔しいが、その試みはある意味で功を奏している。一族の土地を築いている人々の間でさえ、行政の中には本のことやそこに書かれているキーワードを悪いものとして刷り込まれている人たちがいるから、アナスタシアの名前を出すのはやめよう、本に関することを話すのはやめよう、土地のことを『一族の土地』と呼ぶのはやめよう、なんて議論が湧き起こっているんだ。さらには、俺にまで一族の土地に必要な条件の多くを譲歩しようと提案してくる始末さ」

「ウラジーミル、あなたはそういった提案をどう思っているの？」

「アナスタシア、正直に言うと、俺自身も同じように考えていたんだ。『アナスタシア』とか『一族の土地』といった言葉が誰かを動揺させるのなら、そういった言葉を使わない方が良いのかもしれないとね。ことが早く進むなら、それに越したことはないと思ったんだ。でも、今になって理解できたよ。それだと表面上はうまく動き出すかもしれないが、人々にとって良くない方向へと動いてしまうんだね。

『アナスタシア』『ロシアの響きわたる杉』『一族の土地』という言葉によって、即座に強烈なイメージと情報が放たれるから、裏で糸を引いている奴らはこれらの言葉を使ってほしくないんだ。だから、人々からこれらの言葉を奪いたかったんだ。そういうことだろう、アナスタシア?」

「そのとおりよ、ウラジーミル。実際に、それらの言葉一つひとつにイメージと情報が詰まっている。たった一つの言葉に、百冊の本にも書ききれないほどの膨大な情報が含まれていることもある。そのような言葉は、どんな言葉にも置き換えることができない」

「だが、一つの言葉で様々なイメージを想起させるものもあるだろう? たとえば『戦争』という言葉だ。この言葉を解放戦争という意味で使う人もいれば、侵略戦争という意味で使う人もいる」

「いずれにしても、その言葉が使われるとき、人々はあらゆる戦闘の場面や交戦国、武器やその他のたくさんの光景をイメージすることになる。つまり、細部が異なっていたとしても、同じ言葉に対して似通ったイメージが存在しているということよ」

「じゃあ、『一族の土地』という言葉にも、似通ったイメージが存在しつつも、異なるイメージが無数に存在するということかい?」

「『一族の土地』という言葉には、人間を神なる居住環境に住まわせるという最も強いイメージが礎《いしずえ》として存在している。ウラジーミル、この言葉が『一族』ではじまるということを考えてみて。一族とは順に生を得る人々のつながりのこと。そして、その中で最初に生を得た人は、神から生まれた人よ。今日に生きる人間は、この壮大な鎖を率いているの。そしてその一人ひとりに一族の命運が委ねられている。一族が暮らしてきた場所で生きるのか、それとも他の居住環境で暮らすのか。石の箱の中に住むのか、それとも美しい一族の空間で生きるのか。さらには……一族の連鎖を途切れさせるという決断までもが、その人の手中にある。一族の子孫たちを神なる創造物で養うか、神のエネルギーを持たない食べ物を与えるかの決断をも託されているの」

「アナスタシア、どうして食べ物まで関係があるんだい？　俺の一族の先祖はとっくの昔に亡くなっているぞ」

「あなたの中には先祖全員の粒子があるのよ、ウラジーミル。あなたの肉体も魂も、先祖の粒子でできている」

「そうだな、先祖の粒子でできている。……ということはつまり、新たに生まれる人間一人ひとりが、一族全体の運命に対する非常に重大な責任を担っているということだね」

「ええ、そうよ、ウラジーミル。一人ひとりに、自分と一族の運命を決める権限が与えられているの」

「権限が与えられているということには同意するよ。でも、大部分の人々は自分の一族のことなんて考えもしないし、おそらく俺の両親や祖父たちだって考えていなかったと思うんだ。そうなると、原初から続いてきた、まさに神から続いてきた一族はすでに途絶えているということにならないか？」

「ウラジーミル、一族の土地という言葉について深く考えてみてほしいの。この二つの単語で一つの意味を成す言葉よ。まだ完全な認識がなかったとしても、この言葉を発したとたんに、あなたは潜在意識に『私は一族の全員をここに招集する。そして一族はこの地で生を重ねる』というほとばしる希求の声を響かせることになるの」

一族の魂を招《よ》び集める人

「一族の土地を創造した人は、そこへ自分の一族の魂たちを呼び集めることができる。そして、その愛に満ちた行いに感謝した先祖の魂たちから、一族の土地とともに大切に護ってもらえるの。なぜなら、大宇宙には跡形もなく消え去ってしまうものなどなく、すべてがそれまでの状態から異なる状態に移行するだけだから。人間が死を迎えると、肉体は朽ちて大地に返り、そこから木々や草花が生える。肉体がそれまでの状態から別の状態へと移行するの。では、このとき、魂はどんな状態へと移行すると思う?

実は、死を迎えた直後の魂は肉体の近くで漂っているの。だから、このことを知っているいくつかの宗教では、亡骸をすぐに埋葬することはしない。肉体が大地に抱かれるとき、つまりは墓地に埋葬されるとき、魂は埋葬場所の上空を漂っている。聴覚や視覚をもたない魂には、集まっ

た人たちを見ることも声を聞くこともできないけれど、自分が話題にされたり想われたりしていることを感じ取っているの。良い話なら魂は心地よくなり、悪い話なら嫌な気持ちになる。そして親族たちが墓地から去ると、残された魂は感情が湧くこともないまま、しばらくの間、墓地の上を漂うことになる。

日々のせわしさに没頭している現代の人々は、亡くなった親族のことをあっという間に忘れてしまう。現代的なマンションで暮らす人々には、亡くなった親族を思い起こすものが何もないことが多いから、一年、五年、十年と経つ頃には、もう誰も彼らのことを思い出したりせず、亡くなった人の魂は完全なる虚空《こくう》に包まれる。しかも、これは最近亡くなった親族についての話。百年前、千年前、百万年前に暮らしていた先祖たちのことなんて、完全に忘れ去られている。

でも、一族の土地を築いている人なら、自分の先祖たちの魂を全員呼び集めることができる！そのためには、先祖たちに想いを馳せ、イメージする必要がある。すると先祖たちの魂は、自身のことをあたたかく想う子孫の意識を感じ取って目を覚ます。そして、宇宙の果てにいようとも、意識が放出されている源を目がけて、光線をたどってやってくる。

人間は一族全員のことを覚えたり、常に彼らについて想いを馳せたりすることはできないけれど、木を植えて小さな林をつくることならできる。なるべく、樫や杉のような寿命の長い木を一族の木と定め、それらで林をつくるの。木を植える前には、必ず『私は、一族全員の記念樹として、林または並木道をここにつくる。そして過去に生きた私の先祖たちと未来に生きる私の子孫たちが全員集まる一族の土地を築く』と宣言して、一族への想いを放つの。

そして一本一本の木を植えるたびに、最近亡くなった親族たちの名前を思い出し、その人たちを一人ひとりイメージしながらあたたかい言葉で偲《しの》ぶようにする。

こうすれば、あなたが親族たちの魂のことを毎分、毎時間思い出すことができなくとも、親族たちについての情報を受け取った木々がその情報を常に保ってくれる。あなたの親族たちの魂はそれを感じて、一族の土地に生える木々や草花のそばにとどまるようになる。植物から放たれる光線は、人間が放つ光線よりもずっと弱いけれど、その代わりに常に放たれているから、魂たちはそれを感じるの。あなたと親密だった親族たちの魂が集まってくれれば、それに続いて他の先祖たちの魂も徐々にそこへ引き寄せられてくるわ。

そして九年経つと、あなたが植えた木々が林へと成長し、それらの木々は至福をもたらす膨大なエネルギーを有するようになる。そのエネルギーは、一族を集めた本人とその親しい親族以外は感じることができない特別なものよ。

ウラジーミル、一族の土地を築いた人によって、どれほど壮大で善なる行いがなされるかを想像してみて！　その人はまるで創造主のように、時の中で散り散りになった自身の一族を再び集結させることができるの！」

「だが、アナスタシア、きみは以前、魂はエネルギーの複合体だから、死ぬとバラバラの粒子となって散ると言っていたよね？　そして、そのエネルギーを虫や動植物に引き渡してしまう魂もあると言っていたと思うんだが？」

「ええ、ウラジーミル、そう言ったわ。エネルギーの複合体、つまり人間の魂が地上に生きている間に、森羅万象との調和を著しく欠いた場合にそれが起こる。一方で、不調和が限界点に達しなければ、死者の魂の複合体は完全性を保つことができるの。そして、調和の度合いが高い魂から再び地上に肉体を持って具現化することになる。でも残念ながら、今は大宇宙にある十分に調和がとれている魂の数がどんどん減っているから、創造主のプログラムは調和の度合が低いものの中から比較的いいものを選んでいる状況よ」

「じゃあ、もしも俺の一族全員の魂がバラバラの粒子となって散っていたとしたら、俺がつくる一族の林には魂が一つも集まらないということかい？」

「ウラジーミル、あなたが存在しているということは、あなたの一族の鎖は途切れていないということよ」

「では、もし俺が死んで一族の土地に埋葬されたら、どんなことが起こるんだ？」

「自身で整備した一族の土地に埋葬された人の魂は、大宇宙の暗闇に引き込まれてしまうことなく、一族の土地に残る。なぜなら、もう見ることも聞くこともできない魂となっても、あなたは自身が生前に世話をした植物たちからもたらされる温もりを感じ取ることができるし、その土地に暮らす子孫たちが折に触れて、あなたのことを思い出すからよ」

「アナスタシア、こんな話を聞いたんだが、きみの見解を教えてくれないかい？　俺の知り合いに一族の土地を整備した女性がいるんだが、彼女のところに八十代の年老いた母親が訪れたんだ。母親は数日間遊びにくるだけと言っていたが、実は娘夫婦が一体何をやりはじめたのかと心配になって様子を見にきていたんだ。でも、数日後、母親はそのままずっとそこで暮らしたいと懇願するようになって、結局、一緒にそこで暮らすことになった。母親は、いつも長い時間をベンチに座って過ごし、時々、敷地内の森を楽しそうに散歩していたそうだ。あるとき、母親が『私が死んだら、墓地なんて離れたところに連れていかないで、ここに埋葬しておくれ』と言って、希望の場所を指し示したそうだ。ときが経ち、母親が亡くなった際に、娘夫婦はその願いを叶えてやったんだが、その母親は自分の手ではその土地に何も植えていない。この場合、彼女の魂はどうなるんだい？」

「たとえ、ベンチに座っていただけだったとしても、彼女の魂は一族の土地に残る。彼女が自らそこに埋葬されたいと望んだということは、死の前に自分の魂の行き着く先を意識したということなの。実際、彼女の親族たちは、墓地よりは頻繁に彼女が眠る場所を訪れているはずだから、彼女のことを度々思い出していると思うわ。

でも、注意しなければいけないこともある。たとえ亡くなった人が一族の土地で何かをつくったことがある場合でも、遺《のこ》された家族が本人の意志に反して一族の土地に埋葬してはいけない。もしそうしてしまったのなら、故人に赦《ゆる》しを請うことが不可欠よ。その人が埋葬されている場所へいって、意識の中で何故そうしたのかを説明し、どうしてほしいかを尋ねるの」

「そうなのか、興味深いね。いにしえの人々はこのことを知っていて、理解していたのだろうか？」

「もちろん、知っていたわ。それほど遠い昔でなくとも、どの家にも一族の埋葬場所があったことはあなたも知っているはず。もっと前までさかのぼれば、墓地というものがまったく存在しない時代もあった。現在のような墓地が広まったのは、都市部に暮らす職人や使用人、そして身分が低いとされたあらゆる隷属《れいぞく》的な労働者や傭兵《ようへい》などの、自分の土地を持たない人々が現れはじめた頃よ。彼らが亡くなると、遺体は病死した動物たちと同じ穴に投げ捨てられるか、親族の立会もないまま、他の人たちと合同で大きな穴に埋葬されていたの。少し後になって都市が大きくなり、様々な人々が都市部で暮らすようになると、彼らの家族を埋葬するための墓地が郊外につくられはじめた。最初に一部の裕福な人々が小さな土地を買ってそこに亡くなった親族を埋葬しはじめると、それを見た人々が次々に真似をしたの。その結果、今日の言葉で言うところの上流階級、中流階級、そして使用人などの労働者向けの一般用という分類が墓地にも設けられるようになった」

「そういう分類は今も存在するよ。ワガニコヴァ墓地（＊モスクワ北西部に古くからある大規模な墓地。詩人エセーニンや歌手ヴィソツキーなどの著名人の墓がある）で良い区画を手に入れるには相当な資金と人脈が必要だ。区画は埋葬委員会によって割り当てられるからね」

大宇宙の法則にある三つの言葉

「アナスタシア、きみは、黒髪の青年が言っていた大宇宙の法則にある三つの言葉、すなわち一人ひとりに与えられた使命と人類全体としての使命を知っているのかい？」

「ええ、ウラジーミル。私はその三つの言葉を知っているわ」

「俺にもその言葉を教えてくれないか？」

「いいわよ」

「ありがとう」

アナスタシアは立ち上がると、一つ一つの音を明確に、ゆっくりと発した。

「暮らしの、環境を、磨き上げる！」

「それだけかい？」私は拍子抜けして言った。

「ええ、これだけよ」
「正直なところ、何かもっとすごい、魔法の言葉みたいなものかと思っていたよ」
「これは大宇宙の法則に則《のっと》った、偉大な魔法の言葉よ！　創造主のプログラムの中で最も重要な言葉といっても過言ではないわ。まさにこの言葉によって、今の自分が、そして人類全体が、大宇宙にどれだけ必要とされているかを判断することができるの。それにこの言葉によって、世界中の人々が考え出した法律がどれほど有用なものなのかを判断することもできる。

暮らしの環境を磨き上げることは、自分自身を磨き上げるということ。
そして磨き上げられた暮らしの環境とは、大宇宙と地球に存在する森羅万象のすべてが、人間を中心に置きながら、互いに切り離すことのできない、一体となった環境のこと。

暮らしの環境を磨き上げることは、自分自身よりも秀でた子どもたちを育てていくということでもある。つまり、次世代の人は、一つ前の世代よりも人間として磨き上げられていくべきなの。そうなるためにも、親の世代はより磨き上げられた暮らしの場を子どもの世代に提供する必要がある。

暮らしの環境を磨き上げていくと、その過程であなたの意識も磨き上げられていく。つまり、あなたの意識が加速し、洗練されていくの。そしていずれ、あなたは自身が不滅であることを悟る。

それだけじゃない。暮らしの環境を磨き上げ続けていけば、人間は地球を大宇宙の中で最も完璧な惑星に仕上げることができるの。地球がこの上なく完璧な惑星になれば、次は他の惑星を磨き上げていく道が人間に拓《ひら》かれる。そうして大宇宙の星々を完璧に磨き終えることができたら、別の新しい大宇宙を創造するという道が人間に拓かれていく。

原初の人間が、『この宇宙の果てはどこだ？　そこにたどり着いたとき、私がすべてを満たし、意識したものを創造し尽くしたときに、私は何をすればよいのだ？』と訊ねたとき、神はこう答えた。『息子よ、この大宇宙のすべては意識である。意識によりこの夢が生まれ、その一部をおまえは物質として目にしている。おまえがすべての果てに到達したとき、新しいはじまりとその続きを、おまえの意識が拓くのだ。おまえとおまえのほとばしる希求、魂と夢を映しながら、無から新たな美しいおまえが誕生する。私の息子よ、おまえは無限！　おまえは永遠！　おまえの内に創造の夢がある！』」

アナスタシアのいつになく強い抑揚の付け方と発せられた言葉のもつ意味に圧倒され、私は少しの間、茫然自失《ぼうぜんじしつ》となった。そして突然、はっきりと認識した！　彼女はただの類まれな美しい女性、ただのシベリアの奥地に暮らす隠遁者などではない。アナスタシアは知性が咲き誇る次元の住人なのだ！

彼女には知性の次元が感じられるし、見えてもいる。まさに彼女は、その次元に値する人間なのだ。その次元では、完璧で幸せな創造者たる人間が地球を大宇宙で最も美しい惑星にし、それに驚喜した大宇宙の惑星たちが、自身も完璧にしてほしいと人間を呼び寄せている。そこでは、人間が手で軽く地表に触れて微笑むだけで、その惑星に美しい未来をプレゼントすることができるのだ。そんな次元に生きる彼女にとって、この地球の乱痴気騒《らんちきさわ》ぎを見つめることは、どれほど耐えがたい苦痛だろうか。

しかし、彼女はわが子が現在の世界を支配している反知性に飲み込まれる危険性にひるむことなく、二人の子どもを産んだ。すなわち、彼女はすべてがおのずと良い方向に変わっていく、または自らの力で変えていくことができると確信しているのだ。

「アナスタシア、きみが抱く世界観で今日の世界の実情を見つめるのは、苦しくないかい？」

「ウラジーミル、とても苦しいわ」アナスタシアは囁くように言った。

「そんな苦しみにどうやって耐えているんだい？」

「美しい未来の光景を創造して、その光景に見とれて、感嘆に浸るの。それをみるよろこびが苦しみを消し去ってくれる。それに、その光景を愛でることで、より多くのものを得ることができるの。それは、自分が想像したとおりの未来を現実に起こせるということよ」

反知性の次元

「アナスタシア、人類は反知性の次元に生きていると黒髪の青年は話していたが、本当にそうなのかい？　それに、そもそも反知性ってなんなんだ？　俺たちの実生活のどこに注目すればそれがわかるんだ？」

「大事なのは、誰かの考え方や情報が入ってきたときに、それが本当かどうかを自分で見極めることよ」

「でも、どうすれば見極められるんだい？　反知性の次元に生きているのだとすれば、その人は反知性の土台でしか思考することができないじゃないか」

「ええ、そうね。でも、ほとんど休眠状態だったとしても、その人の内には創造主の知性が必ず残っているの。

そして意識を向ければ眠っていた知性は活性化する。そうなれば、反知性が生活の中で発現している場面を識別できるようになるの。ウラジーミル、今はこれ以上この話を続けるのはやめましょう。

少しの間、この草地や森の中を一人で散歩して、考えを巡らせてみるといいわ。この辺りは創造主の知性と反知性の釣り合いがとれているから、助けになるはずよ。今はまだ、あなたの中で知性と反知性の釣り合いがとれていないから、自分の内にある知性を目覚めさせてあげて。普段から、折にふれて創造主の知性を活性化させるの」

「どうすれば活性化できるんだい？」

「心の中で『神なる知性』という言葉を発するだけでいいの。『ちーせーいー』と一音一音を延ばして明確に、ゆっくりと発すると、なおいいわ」

私は一人その場に残り、神なる知性に意識を向けながら考えを巡らせようと試みた。すると、次のような結論が導き出された。

人工の世界

今日の人間の共同体は、自然の世界ではなく人工の世界に存在する。

人工の世界をつくり上げたのは他ならぬ人間自身であり、人間の共同体はその世界に盲従的に奉仕している。

つまり、我われは自らがつくり上げた人工の世界で、仮想の暮らしを送っているのだ。

真の現実である自然の世界は、アスファルトで舗装された道路のすぐ脇にあるのだが、現代人は破滅へと向かうかのごとく、一心不乱にアスファルトの上を疾走している。

これは人工的な概念が現代人の集合意識に取り込まれ、作用しているからだ。

利口な現代の学者やインテリな研究者たちは、たった二百年間の歴史しかない現代医学の方を伝統的な医学であるとし、何万年にもおよぶ長い歴史をもつ民間療法をなじみがないものとして扱った。そればかりか、薬草の効能を熟知した真の治療家たちを、ペテン師呼ばわりしはじめたのだ。その結果、たった百年前なら自分の庭に生えている薬草で容易に、しかも無料で治癒することのできていた数多くの病症を、現代人は医者が勧める高額な医薬品で治療せねばならなくなってしまった。本来なら、社会は現代医学と民間療法の両方を、医療として提供すべきではないだろうか。民間療法は義務教育で教え、その上で現代医学も志したい者については、専門機関で教育すればいい。八十パーセントの疾患は民間療法で治る可能性があるのだ。そうすれば、現在医療機関にのしかかっている負担は大幅に軽減され、医療サービスの質を著しく向上させることもできる。しかし、これを実現させるためには、神なる知性の土台で考えることが不可欠だ。

人工の水道配管システム

人類は「水道管」と呼ばれる金属の管を何百万キロメートルにもわたって埋め込んだ。その製造と地面への埋設作業には膨大な時間と労力が費やされたが、水道管を維持するためには日々のメンテナンスや定期的な全面修繕が必要であり、その費用は利用者の重労働によって賄《まかな》われている。そうでありながら、我われのマンションやアパートの蛇口から出てくる水が、飲用にふさわしくないという事実が明らかになっている。自然界には、川だけでなく地下水という膨大な天然の水道システムが存在するにもかかわらず、こういったことがまかり通っているのだ。地下水であれば、生きた水として生物に活力を与えて癒しをもたらすことができるし、何百万もの井戸を満たせるほど潤沢に地下水脈を流れている。さらにその天然の水道システムは修理を必要としないばかりか、表層で汚れた水を浄化して、作物に必要なミネラルやその他の栄養素を十分に与えてくれるのだ。しかし、現代の生活様式が、創造主によって設置された天然の水道システムを利用できなくしている。

ここで疑問が生まれる。人間はこのような生活様式を自分で選択したのだろうか、それとも何らかの勢力の影響を受けてしまったのだろうか？　この疑問に答えを出すために、もう一つの異常な状況について考えてみよう。その状況とは、社会全体の精神病としか名付けようがないものだ。欧米諸国やロシアに住む普通の人々が家を購入するためにとる行動とはなんだろうか？

反知性の住宅ローン

その筆頭に住宅ローンが挙がる。具体的には、二十年や三十年の期間で銀行に借金して小さな家を手に入れ、その期間ずっと利息のついた金額を返済し続ける方法だ。もしも返済することができなければ、手に入れた家は取り上げられる。家族を築いた若い夫婦は、二十年以上もの間、住居を失うかもしれないという恐怖の中で暮らしながら、借金返済のために概して好きでもない仕事をすることになる。そして職を失うことへの恐怖から、雇用主に媚びへつらうことになるのだ。しかし、この息の詰まるような方法以外に選択肢は存在しないのだろうか？　存在するのだ！　そればかりか、その選択肢を選べば、住宅ローンは思い込みによる障壁にすぎないことが明らかになる。住宅を手にする際の障壁は人為的に仕組まれたものであり、仮想現実にのみ存在するバーチャルなものなのだということを、ある若者の身に起こった典型的な例を使って説明してみよう。

ウラジーミル市にアンドレイという名の青年が暮らしていた。彼はごく一般的な若者で、同年代の若者たちと同様に、カフェやディスコに通ったり、タバコや強い酒を嗜《たしな》んで日々を過ごしていた。そんな彼が、当シリーズを読んだことをきっかけに、自分の一族の土地を夢見るようになった。

しかし、彼には土地の購入や家を建設するための資金がなく、両親からも資金援助を受けられる状況ではなかった。彼が候補地として選んだのは、ウラジーミル市から三十キロメートル離れたコニャエヴォ村に隣接する草原地帯の土地で、二〇〇一年時点で三万ルーブルの価格がつけられていた。この草原地帯は他の読者にも人気で、五十世帯ほどの家族がここに一ヘクタールの区画を入手し、それぞれが一族の土地の整備をはじめていた。彼らの多くはある程度の貯蓄がある中高年だったため、草原帯にあった土地は次々と売れていったが、幸運にもアンドレイが気に入っていた森の湖岸に面した土地は、まだ買い手がつかずに残っていた。彼は自分の夢を叶えるために、若者らしい娯楽をやめて仕事に精を出すと、たった半年で三万ルーブルの資金を貯めて、その湖岸に面した土地を購入した。しかし、今度は家の建設費用をどう工面するかという問題が出現してしまった。当時、ウラジーミル市における住宅の建設費用は、一平米あたり二万ルーブルとされており、たった五十平米の小さな家でも百万ルーブルが必要だった。アンドレイは利息が乗せられた住宅ローンを二十年にもわたって返済する気にはどうしてもなれなかった。そこで、二十三歳の青年は店で上等な斧を買ってくると、一年かけて自力で木を伐採し、ログハウスを建てはじめた。端的に書けばこのような話なのだが、もう少し詳しく説明しよう。

まず、アンドレイはログハウスを扱う工務店で職を得ることにした。そして、そこで腕のいい大工たちから木の伐採方法や材木を扱う技術を学びながら、家を建てるための材料費を稼いだというわけだ。今ではこの若者の土地に園が育ち、井戸や池が掘られ、ログハウスが建っている。さらに、彼のもとには移住希望者たちが家を建ててもらおうと次々と申込みに訪れ、長い順番待ちの状況だ。今やアンドレイは、人々に認められ尊敬を受ける職人なのだ。

アンドレイは、自身の行動により百万ルーブルを節約した。いや、むしろたった一年で百万ルーブルを稼いだと言えるのではないか？　いずれにしても、彼は確固たる自信と、自らの手で建てたマイホームという、百万ルーブルよりも計り知れないほど大きなものを手に入れたのだ。

そう遠くない未来に、このログハウスでともに家庭を築くことになる、彼にふさわしい女性がきっと見つかることだろう。そして彼らの子どもは孫に、アンドレイが自分の手で家を建て、園に木々を植え、彼らの祖国の一角を築いたことを話して聞かせることだろう。

このような事例はアンドレイだけにとどまらない。同じ草原帯の入植地では、他にもいくつもの家族が自分たちの手で家を建てている。

時代や場所は異なるが、私の父も祖父と一緒に家族のために木造の家を建ててくれていたし、近所の大人たちも自分の子どものために家を建てていた。現に、もう半世紀以上経っているが、それらの家もそこに住み続けている人たちも実在するのだ。

ここで大きな疑問が生じる。この半世紀の間に、我われの社会はより豊かな生活を手に入れるために、建築技術や新素材、建築機材や設備を開発してきたはずなのに、結果的に決して豊かとは言えない生活を送ってはいないだろうか？

昔なら一年か二年働けば、マイホームを手に入れるための資金を賄うことができたのに、現在では二十年から三十年もの間、懸命に働かねばならなくなっている。多くの家族にとって住宅の問題は解決できないものとなり、政府はその課題に取り組むことを余儀なくされている。

このような状況は、偶然に起こったのだろうか？　それとも何者かによって意図的に仕組まれたのだろうか？　しかし、それよりも深刻な問題は、この状況がまさしく反知性的であるにもかかわらず、社会が無常なせわしさの中にあるために、人々が深く思考を巡らせて、分析することができなくなっているということだ。社会全体がその状況に慣れてしまい、もはやそれ以外の状況を想像することができないのだ。社会は反知性を正常なものとして受け入れてしまった。そして知性ある存在であることをやめてしまったのだ。

愛はどうして去っていくのか？

現代人の生活様式は無数の問題を生み出しているが、我われがそれを公の場で審議することはタブーであると考えられている。そして、審議しないのだから、当然解決されることもない。家庭内のいざこざは取っ組み合いの喧嘩から殺人に至るまで、世界中で何十億件も起こっている。文明国と呼ばれる国々では、若くして結婚した者たちのうちの八割が短期間で離婚に至り、離婚によるストレスやネガティブな感情は本人たちだけでなく、子どもたちをも長い期間苦しめる。

ある意味、この千年の間ずっと、愛による結びつきを求めてもがく人々によって、局地戦が行われているようなものだ。その中で、当人同士だけでなく彼らの子どもたちも、無慈悲なほどの傷に耐えねばならなくなっている。

そして現代では、愛が訪れては去っていくことが自然なことであるとされ、このような状況を仕方のない現実として描いて見せている。しかし、実のところ、このような状況は人工的な世界にだけ顕著に見られるものであって、人間の真の本質とは合致しない。

タイガの女世捨て人は、若い男女が最初に惹かれ合ったときに湧き上がる気持ちは愛そのものではなく、三つの構成要素が一つに統合した時に生じる、偉大な気持ちを生み出したいという衝動にすぎないのだということを明らかにした。

彼女はそれら三つの構成要素を挙げ、本物の愛が生じる助けとなる古代の三つの儀式を教えてくれた。それは一つ前の巻で詳しく述べたとおりだ。本の中で私は「儀式」や「ならわし」という言葉を使ったが、それは「互いに惹かれ合う男女とその両親による賢明な行為」を表現する適切な言いまわしが他になかったためだ。

しかし、他の多くのテーマと同様に、誰でも無料で利用できるＳＮＳ等のプラットフォーム上ですらも、このテーマはタブーであることがわかった。それればかりか、もっともらしい口実を添えて情報源を誹謗中傷する動きがはじまったのだ。この動きは、国営放送の第一チャンネルで「謎の女性アナスタシア」という番組が制作され、私の本を読むと頭がおかしくなってしまうと出演者たちが公言するまでに至った。なんとお粗末な戯言《たわごと》だろうか⁉ ポルノ雑誌や流血のアクション劇、暴力的な映画ならば頭はおかしくならないが、愛や生き方についての哲学的な話を読むと頭がおかしくなるというのか⁉ メディアがこのような立場をとっているということ自体が、社会を破綻に導く勢力の存在を公言しているようなものだ。この勢力は人々が起こっていることの本質に対して無知であるのをいいことに、自分達にとって都合の良いプログラムを代行させているのだ。

もっとも、誹謗中傷に参加してしまう人々の気持ちを理解できないわけでもない。新婚夫婦となるふたりがわずか三十分の婚姻の儀式を行うだけで、何もない草原に家族を十分に養えるほどの果樹や野菜の種が植えられたり、魔法でもかけられているのかのように従順な動物たちがやってきたり、さらには数日後に新居までもが手に入るなどということを、突然聞かされたらどう感じるかは容易に想像がつく。当シリーズの本を読んだことのない人たちにとっては、この話を熱心に説く人が頭のおかしな人間か、騙されやすい人間に見えるはずだ。しかし、ここでほんの少しだけ、このような「奇跡」が現実に起こるメカニズムを明かそうではないか。

いにしえの時代、若者たちは将来をともにしたい相手を見つけると、ならわしに則って村のはずれに出かけ、自分たちが将来暮らしたいと感じる一ヘクタール以上の広さの土地を探した。そして自分たちにふさわしい土地を見つけると、そこに小さな掘っ立て小屋を建てて、その土地をどうやって彩っていくのかを細部にわたって練り上げた。未来の家族のことを想いながら住居やそれに付随する建物を設計したり、植える果樹や植物を選定したり、それらすべてをどこに配置するかを綿密に定めるこの行為は、実質的に愛のエネルギーがとどまり続ける空間を創造することになっていた。

このような設計図を練り上げるために、短くても三カ月、長ければ一年ほどの期間が費やされていた。設計図が完成したら、ふたりはお互いの親族の家々をまわり、婚姻の儀式に参列してほしいと招待した。訪問の際には、あちこちの家で、例えば「あなたのリンゴの木はなんと素晴らしい」というような称賛の言葉をかけていた。新郎新婦に称賛されたものは、婚姻の儀式に持参してほしい贈り物であることを意味しており、参列者は果樹の苗や植物、仔馬などの動物たちを結婚祝いとして贈っていた。

婚姻の儀式の日になると、新郎新婦は親族や友人たちの前で、まるで口頭試問でも受けているかのように、自分たちが創造した一族の土地の構図について、どこに何を配置するかを示しながら、暮らしの設計を詳細に説明した。そしてその説明が終わると、新郎新婦の合図とともに、参列者たちが示されたとおりの位置に移動し、持参した贈り物を配置した。新郎新婦は胸を弾ませながら、その壮大な共同の創造の様子を見守った。その後、戴冠を済ませて壮大なインスピレーションと感情の高まりを味わった新郎新婦は、それぞれの家族とともに生家へ戻り、別々に二晩を過ごした。その間に、親族たちが、あらかじめ用意していた材木を新居の土地へと運び、大工たちに家を組み立ててもらうのだ。二日目の夜明けになると、若いふたりは夫婦として新たな門出を迎えるべく、創造されたばかりの一族の土地へと駆けつけた。この愛とインスピレーションのエネルギーに満ちた空間で、互いへの愛とポジティブな感情がかつてないほど高まったふたりの間に何が起きたのかを描写することは不可能だろう。

このような原初の文明の新婚夫婦に、いつの日か、婚姻の儀式がまったく異なるものになる日が来ることを伝えたとしたらどう思うだろう?

未来では、新郎新婦がどこかの建物で何かの登録簿に署名し、リボンで飾られた他人の車に乗って、他所の土地の道路を走りまわる。その後、招待客たちと一緒にどこかのレストランでテーブルを囲み、見知らぬ人たちの手で用意された料理を食べ、ウォッカを飲む。さらに酔っ払った招待客や親族たちから「ゴーリカ、ゴーリカ」と連呼され、彼らの前でのキスを強要される。以上で儀式は終わり、後には初夜のベッドと呼ばれるものと、心地よさとは程遠い、前日の大騒ぎや暴飲暴食による不快感や疲労だけが残る。それればかりか、これから二人の暮らしの場となる、愛のエネルギーで満たすべき肝心の空間は存在しない。

「そんなことがあるはずがない！　絶対にありえない！」原初の文明の新郎新婦はきっとそう言うだろう。「人間は知性ある存在だ。まるで狂気の動物のように、愛が強固になる前にその芽を摘み取るようなふるまいをするはずがない」と。

では、実際に頭がおかしくなっているのは一体誰だろうか？　尊敬する読者の皆さんに判断を委ねたい。

「なぜ、愛は去っていくのか？」という疑問をよく耳にするが、なんのことはない、そもそも本物の愛が訪れていないということなのだ。本物の愛に適した空間がないから訪れることができないのだ。

愛とは一体何か？　愛とは、人間に創造へのインスピレーションをもたらし、肉体や精神の力を増大させることのできる、偉大なエネルギーである。愛は知性あるエネルギーであり、愛し合うふたりの暮らしの場を自らで満たし、そこに息づくすべてと調和することで、愛の空間を創造しようとする。一方で、現代に起こっていることを見てみよう。新郎新婦は役所で婚姻登録をする。役所の建物は二人の空間ではなく、ほんの短い時間だけ訪れている場所にすぎず、しかも同じ建物内で離婚の手続きも行われている。知性ある愛のエネルギーが、そのような空間を自身で満たすことなどできるはずもない。

他人の車で街を走りまわるという、現代の結婚式でよく行われていることも、愛のエネルギーにはふさわしくない。それに、愛のエネルギーは現代的なマンションを自身で満たすこともできない。愛のエネルギーは魂をもたず朽ちてゆく物体の世話をすることができないからだ。しかし、現代のマンションは、たとえ新築のものであってもすべてのものが毎瞬劣化していき、そこには再生力のあるものが一切存在しない。愛のエネルギーはそのような崩壊を甘んじて受け入れたり、その状況を肯定してそこに存在し続けることができないのだ。

愛のエネルギーには、人間の手で整備された生きた空間、この場合は互いに惹かれ合うふたりの手で整備された空間が必要なのだ。それ以外の方法はない。古今東西、無数の離婚手続きが行われている事実が何よりの証拠だ。

「なぜ、愛が去っていくのか?」という疑問は、あらゆる角度から探究すべきもので、私もいずれ、愛がとどまり続ける秘訣を知っていた古代の人々をテーマにして本を書こうと思っている。いかんせん、現代では愛というものに対する認識が反知性的すぎるのだ。

国家権力より上に君臨するもの

人間の考えや行動に影響を与える方法は色々あるが、その中でも最も強く作用するのはイメージを利用した方法である。特に、そのイメージが継続的に提示されると、たとえそれが不合理なものであったとしても、人々はやがてそのイメージに慣れてしまい、それを当然の事実として受け入れるようになる。例えば私たちは「国会をはじめとして、重要なことを決める政府機関は大都市の中心部にあるべきだ」というイメージに慣れてしまっているが、これは本当に賢明なことなのだろうか？

よく知られた預言者たちはどこで啓示を受けていただろうか？　賢者たちはどんな場所で思考を巡らせていただろうか？　彼らが人々に教示した神の法則は、どこで得たものだろうか？

モーセは、シナイ山の人里離れたところで『十戒』の石板を受け取った。キリストは、荒野を四十日間彷徨《さまよ》っていた。ブッダは、森の奥深くで数年間を過ごしていた。マホメッドは、ヌル山のヒラ洞窟に何カ月もこもっていた。

孔子、老子、カント、ニーチェ、その他たくさんの哲学者や科学者たちだって、何年も隠遁生活を送っていた。

一方で、国会議事堂が置かれている場所はどこだろうか？　我われが選んだ賢者たちは、一体どんな場所で法律をつくっているのだろうか？

ほとんどの国会議事堂は、交通量の多い幹線道路の交差点に置かれている。国民により選ばれた人たちが仕事をする場所としてこれ以上に愚劣な環境などあるだろうか？

これではもはや、道端の国会とでも呼ぶべきではないか⁉

帝国を滅ぼすもの

歴史を紐解けば、人間社会に影響を及ぼし、世界規模の大災害を促したイメージの実例が数多く挙げられる。現代人、特にロシアに暮らす人々にとって最もわかりやすい例は、帝政ロシアの破綻やその後のソビエト連邦の崩壊に伴った社会の変革である。

「一点の火花から炎が燃え上がる」これは、世界的なプロレタリアート指導者のV・I・レーニン（＊ウラジーミル・イリイチ・レーニン。一八七〇年～一九二四年。ロシアの革命家でありソビエト連邦の初代指導者）が、ボリシェビキ（＊帝政ロシア時代の一八九八年に創設されたロシア社会民主労働党から後に分裂した、レーニンが率いていた一派。「多数派」の意味）の機関紙『イスクラ（＊ロシア語で「火花」の意味）』の中で国の政治体制を非難して言った言葉だ。彼の働きかけにより、皇帝の権力に対する否定的なイメージと、民衆による新たなソビエト政権の樹立という肯定的なイメージが同時につくり上げられ、人々の間に浸透していった。その結果、皇帝の専制は打倒され、巨大な軍隊と核兵器を備えた新しいソビエト連邦という帝国が生まれ、発展していった。

しかしながら、その大帝国ソビエト連邦も、わずか七十年後にいくつもの国家へと分裂してしまった。そればかりか、互いに敵対心を抱く関係に陥ってしまった国々もある。政治学者たちは、ソビエト崩壊を起こした原因は各国の独立に合意する文書に署名した政治家たちと、当時の社会状況にあると言っている。

しかし、よくよく考えてみると、これらもすべて、イメージが作用した結果にすぎないことがわかる。ソルジェニーツィン（＊アレクサンドル・イサエヴィチ・ソルジェニーツィン。一九一八年～二〇〇八年。小説家、劇作家、社会活動家。自身の収容経験をもとに『収容所群島』他多数の作品で、当時のソビエト連邦内の強制収容所の実態を世に知らせた）の強制収容所に関する秀作や、他の巨匠たちが書いたソビエト連邦を糾弾する作品が流行っていた頃を思い出してみよう。それらの作家がもてはやされていた頃、店の棚があらゆる商品であふれかえり、幸福で自由を謳歌する人々が高級車を乗りまわすという、豊かな西側諸国のイメージをつくり出す作家たちも同時に存在していたのだ。彼らは西側諸国の文明の美点をとり上げる一方で、そこに生じている問題点については沈黙していた。

　これらの実例を踏まえると、ロシアの未来は現在この国に暮らす人々の頭やハートに取り入れられたイメージによって決まることになるのだが、残念ながら、我われの目の前に提示されているのは国家を破滅へと向かわせるイメージばかりだ。その多くが、暴力崇拝、金銭崇拝などの何千もの映画やテレビでつくり上げられている破滅的なイメージだ。わが国の政治家の多くは『西側諸国に追いつく』というプロパガンダを掲げているが、いかなる経済的成長や軍事的成果を挙げたとしても、国家を破滅へと向かわせるイメージに抗って祖国を護ることなどできない。イメージに対抗できるものは、異なるイメージだけなのだ。そして、蔓延した破滅のイメージに対抗できるのは、何百万もの人々を創造の意気に燃え上がらせることのできる、創造のイメージだ。

　アナスタシアは破滅の大艦隊に対抗して創造のイメージをつくり上げた。すると、たくさんの人々が未来の美しいロシアのイメージを受け取り、それを一族の土地というかたちで現実化しはじめた。読者たちから押し上げられた要望は、政府の計画とも一致した。一族の土地の建設については、多くの著名な政治家や活動家、学者や文化活動家、宗教指導者たちからの支持を得ることもできた。ここでそれらの発言を取り上げることはしないが、公式ウェブサイトAnasutasia.ruで誰でも好きなときに読むことができる。

これらの発言が人々の意欲を掻き立てたことは間違いないのだが、それでもやはり、表舞台に上がるほどにはまだ注目を集めていない。だが、彼らの知性ある言葉は、反知性に取り囲まれた空間の中で響きわたり、そこを突き破ったという点で、非常に効果的であったと言える。

タイガの女世捨て人が主張したいくつかのことは、幻想のように思えるかもしれない。私自身も、彼女と交流するようになった当初はそう感じていた。しかし、あれから十五年が過ぎ、多くのことを考え抜いた結果、不自然で幻想のような主張をしているのは、むしろ現代社会に生きる私たちの方なのだと気が付いた。アナスタシアはずっと、知性が存在する次元についての話をしていたのだ。そして、それをこの社会でも構築できるよう、方法を整然と並べ、具現化させているのだ。私は彼女をサポートし続けるつもりだし、私以外にもすでに何十万もの人々が彼女を応援している。

ここでもう一つ非常に興味深いことを紹介しよう。インターネットおよび紙媒体のメディア、文学作品や映画の主人公として、知性をもって大地と交信している人物が描かれることはほとんどない。典型的な主人公たちの生活様式や暮らしの環境を思い出していただきたい。だいたいにおいて、彼らの生活圏や活動の場は、マンションやオフィス、レストラン、カジノ、大都市やそれらに準じた場所だ。そして、非常に珍しいことだが、よしんば意識的に大地と交信している人物が登場したとしても、その人は未開の地域出身の変人として描かれている。このように、我われはどのような暮らしの場で人生を送るべきかを計画的かつ執拗に洗脳され続けている。そのような状況は偶然だろうか？　私は、それは偶然ではないと思う、いや、確信すらしている。それは個人や社会を世界規模の悲劇へと導くための戦略なのだ。

一人でタイガを散歩しながら熟考した後、私はアナスタシアに確信をもって言った。

「俺は絶対的な確信に至ったよ。現代の人類は反知性の次元に暮らしている。そして反知性の土台で思考しているからこそ、調和のとれた未来を築くための明確なプランがないんだ。だから、人類滅亡といった類の話題ばかりが繰り返されるんだ」

2012年

二〇一二年十二月二十二日という日については、エソテリック（*秘教や超常現象、神秘学など）な分野につうじる人々や学者たちの間だけでなく、インターネット上でも広く活発な議論が行われている。どうやら、たくさんの人々がこの日に世界の終わりが訪れると考えているようだ。

なぜ、他でもないこの日だと言われているのか？　それは、謎に満ちた古代マヤ文明から伝わる暗い預言と関係している。専門家たちによると、マヤの時代につくられた暦《こよみ》は現代使用されているグレゴリオ暦よりも格段に正確なのだが、このマヤのカレンダーで「第五の太陽の時代」または「ジャガーの時代」と呼ばれる長期暦の周期が、二〇一二年十二月二十二日の日付で終わりを迎えるのだ。マヤの言い伝えによれば、ジャガーの時代が終わりを告げた後、人類の再生の時代が到来するまでは、死と破壊の時期が何年も続くのだと言う。

最近になって、この日付の意味を科学者たちが解明した。この日は、太陽が銀河の知られざるエネルギー軸と一直線に並ぶという、二万五千八百年に一度と言われる出来事が起こる日なのだ。それにより、現代文明は非常に稀な天文学的現象に初めて晒《さら》され、耐え抜くことができないかもしれないということだ。

現在の中央アメリカにはマヤの先祖たちの石碑が点在しているのだが、それらを建造した人々は、紀元前二千年から西暦のはじまりまでの間に、元々暮らしていた山地から熱帯雨林やユカタン半島の平野部へと下ってきたものと推定されている。マヤ文明が最高の栄華を誇ったのは、彼らがちょうど平野部に暮らしていた紀元前一千年の間だった。

マヤ文明は象形文字を使いこなし、高いレベルの数学や医学の知識を有していた。古代都市パレンケ（＊メキシコ南部のチアパス州にあるマヤ文明遺跡）に見られるように、石造りの都市や見事な宮殿を築いていたが、何より重要なのは、彼らが天文学において深い造詣を持っていたことだ。しかし、そのように繁栄していた文明が、欧州人の到来よりもかなり前に凋落《ちょうらく》しはじめていたという事実については、今日に至るまでその原因は解明されていない。

マヤ文明の占星術の核には暦の計算がある。古代シュメールやバビロンなどの従来の占星術でも、黄道帯上の惑星の位置をもとにした十二星座は知られていたが、マヤの占星術では、ほんの数日しか太陽が通過しないへびつかい座（マヤ占星術ではこうもり座と称される）も勘定に入れられるため、十二ではなく十三の星座が黄道に入ると考えられていたのだ。

では、謎めいたマヤの暦について考えてみよう。二〇一二年に終わりを迎える現在の時代周期は、紀元前三一一四年八月十三日という古代の日付を起点として計算されたものだ。しかし、すでに述べたように、マヤの文化は少なくともそれより千年後に生まれているので、これはかなり奇妙なことだ。マヤの文化を研究する専門家たちも、マヤ暦のはじまりについて一致した見解には至っていない。マヤ文明よりもさらに古い時代に文化を築いていた古代オルメカ文明から文字が伝わったように、暦も伝承されたのだという仮説もある。実際に、考古学者たちは古代オルメカ人の居住地であったとされるラ・ベンタ遺跡（＊メキシコのタバスコ州西部で発見された先古典期の遺跡）で発見された遺物から、文化の継承または関連性を示すことに成功している。しかし、それよりも格段に興味深いことがある。

学者たちが比較年表の作成に取り掛かったとき、マヤ暦で現在の周期のはじまりとされる紀元前三一一四年が、人類の文明史においてよく知られているいくつかの出来事と関連していることが明らかになったのだ。例えば、ほぼ同じ時期に謎の巨石建造物であるストーンヘンジの建設がはじまり、メソポタミアでは文字が使用されはじめた。エジプトでは、上エジプト王朝と下エジプト王朝が統一され、白い壁の要塞（ギリシャ語でメンフィスと名付けられた古代都市）が築かれた後に、統治王朝が形成されていった。一方、アメリカ大陸ではトウモロコシの栽培がはじまった。

まさに、その頃に地球全体がなんらかの外的な力の作用を受け、世界各地で文化的な革命が起こり、人々が新しい知識を獲得したかのようだ。この特別な時期に、当時の僧侶やシャーマンや聖人たちが、瞑想によって秘密の知識が保存されている意識の領域に入り込むことができたのではないかという仮説もあるくらいだ。

マヤ暦にもとづいた未来予測や地球規模の大災害についての予言、その他の公式な情報源はもちろん注目に値する。しかしやはり、未来を決定することのできる最も重要な情報源は、今日に生き、日々、意識を働かせている一人ひとりの人間だ。

ロシアにおける自然環境の変化について一緒に分析してみようではないか。

直近の五十年間だけに絞ってみよう。ロシア人の多くが大都市または中規模の都市に暮らすようになった。その結果、巨大都市に暮らす人々は質の高い水を奪われる状態に至り、人間の生命維持に不可欠なものであるはずの飲料水が、お金を払わなければ手に入れられないものになってしまったのだ。五十年前の人々は、未来にこのような状況が待ち受けているとは夢にも思わなかっただろうが、今日の社会に暮らす我われはそれに慣れてしまった。しかし、慣れている場合ではない。水は社会を表す指標なのだから、自分たちの水がどんどん汚染されていくことに同意するのであれば、その社会は存在する権利を失うことになってしまう。この判決を下すのは、天上に存在する誰かではなく、人間自身なのだ。

『私は、地球が地獄となる予言を取り消す』

この言葉を放ったのは、タイガの隠遁者《いんとん》アナスタシアだ。地上に生きる大部分の人々が同様の言葉を発し、その言葉に沿った行動をとることができれば、きっと彼女の助けになるだろう。今、切実に、そうすることが必要なのだ。

地球に生きる人々の多くが、温暖化がもたらすネガティブな事象を目の当たりにしている。科学者たちは近い未来に地球の磁場に変化が起こること、そしてあらゆる地域で深刻な水害が起こる可能性があることを伝えている。実際に、インドネシアでは大規模な災害で二十万人以上の人々が亡くなり、アメリカでは百万都市ニューオーリンズが水没している。また、学者たちは太陽活動の変化に伴う脅威についても警鐘《けいしょう》を鳴らしている。

地球の環境問題は急激に深刻化し、二〇〇七年にはイギリス主導で国連の議題となった。二〇〇八年初頭には、ロシア安全保障理事会でも同じ問題が議論された。

現代の学者たちや各国の政府による世界的大災害についての見解が、過去の予言者たちの主張と初めて一致しはじめたのだ。

マヤ文明の神官たちも世界的大災害が起こること、しかもそれが二〇一二年に起こることを伝えていた。

程度の差こそあれ、多くの人々がこの話を耳にはしているが、それでもやはり、二〇一二年の大災害について広く知られている内容は、権力者やエリートたちが秘密裏で議論した内容のほんの一部にすぎないだろう。

様々な噂から推測できることは、日本政府が自国民を移住させるための準備をはじめているということだ。予測によると、イギリスは最初に水に浸かる国々の一つと言われており、だからこそ、イギリスは率先して国連安全保障理事会の議題で環境問題を取り上げたのだろう。

各国の政府が、現在置かれている状況についての詳細を大々的に公表していないことは、ある意味、必然の結果かもしれない。彼らにとって、民衆をパニックに陥れることは得策ではないからだ。しかし、その反面、何も知らされていない大部分の人々が犠牲となる可能性もある。その状況で助かるのは情報を握るエリート層と、彼らが連れて逃げるそれぞれ百人か二百人の奴隷たちだけだろう。

学者たちはどの地域がアトランティスのように水没し、反対にどこなら安全かという予測を試みている。たとえば、ロシアでは沿海の地域はすべて水没し、居住に最も適する場所はシベリアになると予測されている。

さらに、地球温暖化の後には、氷河期が訪れるとも言われている。

しかし、我われの社会が、都市部の大気汚染や住宅を貫通するほどの電磁波の放出などの、すでに起こっているたくさんの災害級の現象に抗わないのであれば、地球規模の大災害の後に何が起ころうと、もはや同じではないか。

人類の悲しい未来に代わる展望はあるのだろうか？　もちろん、あるのだ！　ただし、ものごとには順序というものがある。

これまで述べたように、世界中で行われる様々な会議で、大災害が数年以内に起こる可能性が明らかになった。そこで、即座に興味深い疑問が生じる。権力者や科学の力で、何かしらの予防策を講じることはできるのだろうか？　残念ながら、世界的な科学者たちはこの質問に答えることができなかった。そこで、この状況をほんの少しでも変えられないかと、いくつもの国の政府が集まって京都議定書なるものが策定された。すべての国に対して、有害ガスの大気中への放出を削減するよう求めるものだ。しかし、この取り決めでさえも批准《ひじゅん》していない国がまだ多い。

未来に予測されていることを考えると、我われはもちろん不安に駆られる。しかし、技術の進歩という言葉のもとでないがしろにされてきた、今日すでに起こっている災害級の状況の方が、もっと大きな不安を呼び起こして然るべきではないだろうか？

人々を喰らう怪物

アナスタシアによってと言うべきか黒髪の青年によってと言うべきか、私は人々が自発的に悪臭を放つ怪物の触手に沿って家を建てている光景を見せられた。それは決して架空の話ではなく、まさに今起こっている現実だ。人々があまりにも慣れきってしまい、もはや当たり前のこととして、なんら違和感も抱かずに受け入れている現状なのだ。

だからこそ、怪物は存在し続け、成長を止めない。その怪物とは、まさに我われが築き上げ、日々その上を移動している道路交通網のことである。道路網が拡大していることは、誰もが知っている事実だ。

世界中の舗装された幹線道路の総延長は一千二百万キロメートルに及ぶと言われている。比較対象として赤道の全周がおよそ四万キロメートルであることを挙げると、それは三百倍を超える長さだ。そして、この怪物はアスファルト以外の場所にも存在する。航空路の総延長は六百万キロメートルに迫り、鉄道の総延長は百五十万キロメートル、主要なパイプラインの総延長は百十万キロメートルである。内陸水運航路は六十万キロメートル超、海運航路は何百万キロメートルにも及ぶ。

また、大気汚染の原因を交通手段別に見ると、自動車の割合は八十五パーセントにまで及ぶ。しかも、問題は有害なガスの放出にとどまらない。騒音や振動といった不快な要素も決して忘れてはならないのだ。都市部の交通量の多い通りで一般的な騒音量とされる八十デジベルは、人間の聴力に潜在的な危険をもたらす。

それに交通手段の発達や道路の敷設は、精神にも悪影響を与える。これらの要素は、運転手や乗客たちだけでなく、交通網を利用していない人々にも間接的に作用するからだ。例えば、高速道路が渋滞すると、渋滞のせいで何時間も車内に閉じ込められたり、ただ道路を横切るという単純な行為ですら、容易にできなくなる。こういったことのすべてが、人々の神経を苛立たせて、慢性的なストレスと攻撃性の増大をもたらし、普段なら決してしないようなふるまい、どこか他の場所にいたなら想像すらできないようなふるまいを誘発させるのだ。

すでにわが国の年次調査では、ロシアのすべての大都市で環境の安全性が深刻な域にあるという結果が出ている。そして、地域の環境が悪化している主な原因はクルマ社会にあると、専門家たちが口をそろえて言っている。医療従事者たちは、自動車と道路網を構築することによって生じた都市部の環境が、大都市の平均的な住民の寿命をすでに四～五年は縮めているはずだと主張している。しかし、これはあくまで問題を認識したり、声に出すことができる人間に限ってのことである。一方で、例えば大地はどうだろうか？　もちろん、大地も独自の方法でこの問題を声に出すことはできるのだが、はたして、騒音や轟音、悪臭にまみれた中で暮らす私たちに大地の声は届くのだろうか？

具体的には道路の何が大地を痛めつけるのだろう？　何よりもまず、水や空気と同じように、交通網の建設には大地が当然必要となる。たとえば、アメリカの統計データでは、アメリカの都市面積の合計は十万九千平方キロメートルであるのに対し、道路と鉄道と空港施設の総面積は十万一千平方キロメートルにも及んでいるのだ。そして、なんとロシアでは、道路の総延長が五十万キロメートルを超えている。

「そうは言っても、道路は大地の上に敷かれるものだ。その何がいけないんだ？」と思う人もいるだろう。道路やパイプライン、空港などの施設が建設されると、土壌破壊が起きるのだ。具体的には、地滑りや地盤沈下の発生、土壌浸食が進行してしまうのである。未舗装の道路ですら、轍《わだち》に沿って亀裂が走り、車がそれを避けることで余計に轍が広がり、大地を痛めつけている。

さらに深刻なのは、道路や鉄道、地上に露出している石油やガスのパイプラインが原因で、鉛や硫黄、石油生成物などによる化学汚染が広い範囲で進んでいることだ。専門家たちが調査を行ったところ、交通量が最大レベルの高速道路の両側二百メートル以内の地帯は、最も危険な場所であることが判明した。そして実際に、道路沿いで農作物を栽培したり、キノコやベリーを採ったり、家畜、特に搾乳用家畜を放牧することは禁止された（道路周辺で放牧された牛のミルクによる子どもの中毒事件があったからだ）。この調査では土壌だけでなく、車道周辺の地表から一メートルまでの空気層も、発がん性や変異原性のある鉛、その他の物質を含むアスファルトやゴム、金属の微粉子からなる埃《ほこり》で、悲惨なほど汚染されていることが判明している。ウォーキングやランニングの愛好者は、このことを十分に考慮すべきだ。また、ベビーカーや小さな子どもが歩く高さはまさにリスクの高いゾーンなので、小さな子どもを連れて散歩をする人たちは、特に注意が必要だ。

そして、最後に一つ付け加えておきたいことがある。それはこの人体に害をなす道路が、砂漠や南極ではなく、人が密集する地域に集中しているということだ。そしてその地域こそが、何車線もの殺人的な環状高速道路があることを誇る大都市なのだ。

どの国も国家予算を決める際には、高速道路の建設や修復工事のために予算を多く盛り込む。誰もが「そうしなければ、巨大都市に住む人々が食糧や医薬品を手にすることができないのだから、仕方がない。道路は大都市に暮らす人々に必要なすべてのものを供給するための、いわば血管なのだ」と自らを納得させる。

待て！　なんだかわけのわからないことになっている。それこそ実に、反知性の蔓延ではないか！　なくてはならないかのように思われている血管が、実は人々にゆっくりと死を運んでいるのだ。
ああ、私たちはどれほど自分のことを精神性が高く、知的な存在だと思い込みたいのだろう！しかし、私たちがこのような怪物を放っておくのであれば、それは引き裂かれる運命にあることを知りながら、わが子を怪物に差し出すようなものだ。だとすれば、私たちは一体どんな親だと言えるのか？

一見、このような馬鹿げた状況から抜け出す方法など存在しないかのように思える。しかし、それは事実ではない。方法はある。その答えは、個人そして社会全体としての生き方の中にあるのだ。

何百万台もの自動車の排気ガス、大小さまざまな工場の煙突、有害なものを放出するその他の汚染源は結果にすぎず、それらを生み出した原因ではない。原因は科学技術優先の暮らしを生み出した、反知性にあるのだ。

地球規模の大災害を防ぐ

現在、人類が地球規模の大災害の瀬戸際に立たされていることについては、国連や各国の政府をはじめ一般の庶民に至るまで誰もが知っている。そして、大災害の原因が人間の活動であるということも広く認知されている。だが、災難が差し迫っているという事実を知っているだけでは、何も防止できない。我われに必要なのは、状況を少しでも改善することができる、具体策なのだ。しかし、これほどの状況になってしまった今、この危機を打開する有効策など存在するのだろうか？　そう、あるのだ！

そのキーワードが「一族の土地」「ロシアの響きわたる杉」「アナスタシア」である。

これらの言葉の中にはイメージと情報、哲学が含まれており、それによって国は短期間で危機を脱し、人類は調和のとれた発展という新しいページを開くことができるようになるのだ。

それがどのように起こるのかを理解するために、まずは現時点で問題となっている事柄をいくつか挙げてみよう。

環境　都市では呼吸にふさわしい空気、清浄な水、健康的な食べ物が不足している。

交通　大都市では、何キロメートルも渋滞するのが当たり前になった。また、状態の悪い道路のせいで、ロシアでは毎年三万人が交通事故で命を落としている。

収賄　収賄が行われる規模については、役職を問わず、数多くの噂がある。国の資産を盗む役人や賄賂の受け渡しをする者は、敵の破壊工作員と同じくらい危険な存在だと言える。

失業　失業によってもたらされる最も危険なものは、鬱《うつ》である。この状態に囚われると、人は生ける屍《しかばね》と化してしまう。もしも社会の一定数の人々がそうなってしまえば、国家は破滅の脅威に晒されることになる。

アルコール中毒と麻薬中毒　国家がこれらの問題の解決に取り組むようになって久しいが、依然として結果は出ていない。

住宅問題　これまでにあらゆる手が尽くされてきたにもかかわらず、状況は悪化する一方である。

では、次に挙げる状況を想像してみようではないか。

ロシア、アメリカ、カナダで人口の五十パーセントに当たる人々が、健康的な暮らしを送ろうと決意し、それぞれが家族のために一族の土地を築くことを決めたとする。

そして、政府はそういった家族が暮らす集落を創設するために必要な土地を提供し、法整備まで行うと仮定しよう。

おそらく、ロシアでは政府が希望する国民に対して、コルホーズ（＊ソ連時代に推進された農業生産協同組合型の集団農場）やソフホーズ（＊ソ連時代の国営農場）として利用されていた土地、または耕作放棄地を提供することになり、かつてない規模で住居と菜園が築かれることになるだろう。資金力がある人たちは建設作業員を何人も雇い、十分な資金がない人は家族で力を合わせて一族の土地を整備することになるだろう。

ここで最も重要な点は、人々が自分の暮らす土地に果樹や木々を植え、菜園を整えるということだ。

それまで放置されていた極東やシベリア、ロシアの中央地帯の広大な土地が、短期間で花咲くオアシスに変貌するのだ。

このようなオアシスがある国では、暮らし方を変えたたくさんの家族が最高級の食材を自給自足できるようになり、周囲の大小の都市に暮らす人々の食糧を賄うことまで可能になるため、食糧問題は完全に解決するだろう。

次に、巨大都市では交通渋滞（＊モスクワでは、朝夕のラッシュアワーに自動車の過度な渋滞が起こり、長時間にわたって身動きが取れなくなることが常態化し、社会問題になっている）の脅威も消えるだろう。街を走る自動車の数が半分になり、空気の質も格段に向上するはずだ。

住宅問題に関しても、都市部からは人が減るため、空室が増えて住む場所を必要とする人々に安く提供されるようになるだろう。また、都市部の労働力が減って失業者がいなくなるため、政府は赤字企業の倒産に頭を悩ませることもなくなるだろう。

社会全体の緊張感が急速に低下し、多くの人々が他人に対して持っていた、貧富の格差から生じる妬みや敵意もなくなるだろう。お金をどれだけ持っているかよりも、人間にとってもっと意義のあるものが優先されるようになるからだ。

このように、人間が意識的に大地と交流を持つことは、ファンタジー映画の中ですら見られないような可能性と新しい視野を開く。だからこそ、大地とのコミュニケーションがもたらす本質的な意味を突き止めるために、皆で一緒に励む必要があるのだ。

一定数の住民が暮らし方を変えれば、我われが直面している地球規模の大災害を回避できるはずだ。

ここで挙げたような未来の光景を「お花畑だ、もはやファンタジーだ」と言う人もいるだろう。そのような人は「国民の大半が、健康的で環境にもよい暮らしをはじめたいと願うだなんてあり得ない！　雑草がぼうぼうな土地を、自ら費用をかけて開墾し、一族の土地をつくるだと？　しかも、そういったことが、よくわからないキーワードがきっかけで起こるだなんて、あり得ない。非現実的なおとぎ話だ！」と考えるのだろう。

だが、キーワードだけで人々に大きな変革が起きることは、十分にあり得ると即座にお伝えしておこう。特定の言葉から放たれるイメージは強力に作用するのだ。何万人もの人々がそれを実践して見せてくれている。何せロシアには『ロシアの響きわたる杉』シリーズの読者たちにより組織されたコミュニティがすでに三百以上もあるのだ。そして同じようなコミュニティは、ウクライナ、ベラルーシ、カザフスタンにもある。

この事実を知性を使って考えると、行政がこういった人々に十分な支援をしなかったり、対立の姿勢をとっていることの方が、非現実的なおとぎ話だ。

世界中で地球規模の大災害への防止策を求める声が上がってはいるが、実際に有効な策を講じているのは、一族の土地を築こうとしている人たちだけだ。

一年以上前になるが、一族の土地を創設した人とそれを準備している人たちの間で、自身の意図と希求を宣言しようというアイディアが生まれた。私はその人たちの集いに招かれ、宣誓文《せんせい》の草案を皆の前で読み上げる機会があった。その後、この草案は採用され、文面には多くの加筆と変更が加えられた。では、ここに最重要な修正を終えた後の文面を紹介しよう。

一族の土地宣言

私の一族の土地宣言

〈草案〉

ロシア連邦の国民である私は、『ロシアの響きわたる杉』シリーズの中で芸術的なかたちで述べられている美しい生き方の哲学を知った。そこで語られていた一族の土地を創設するという構想は、私を行動へと駆り立てた。

私は家族や子孫たちに完全な生活環境を提供するため、そして自分の先祖たちを記念する場所にするために、荒野に一ヘクタールの広さの土地を入手した。

私はこの場所を「一族の土地」と名付け、園や魚を飼育するための池、ミツバチの巣箱などをつくって、果物やベリー、様々な野菜を育てる。

土を耕す際には、その土地にもともとあった天然の肥料だけを使うつもりだ。

私たちのように郊外に一族の土地を築き、大地とともに働く術《すべ》を身につけようとする家族が増えれば、都市部で暮らす人たちにも質の良い安全な農産物が十分に供給されるようになり、地域全体の自然環境も改善されるはずだ。

わが国には雑草が生い茂り荒地となった耕作放棄地が何千万ヘクタールもある一方で、食料の六十パーセントを外国からの輸入に依存している。しかも、そういった食品は往々にして質が悪く、人体、特に子どもたちの体にとって有害だ。この事実は、看過《かんか》しがたいことである。

この状況は国の食料安全保障を損なうだけでなく、領土内に暮らす国民を自滅させることにもなりかねない。

しかし、この件に関して政府や誰かの犯した間違いを責めることは逆効果だ。間違いを犯したのは社会全体であるからだ。それはわが国に限ったことではなく、実際に多くの国々が破滅の危機に瀕している。今すべきことは、目の前に迫る未来にポジティブな転換を起こすために何ができるかを、一人ひとりが具体的に考えることだ。

例えば、国策として農業を経済基盤にすえるだけでは、非効率で破壊的なことが数々の事例で証明されている。農業を経済基盤にすえると競争原理が働くため、各農家は収穫量を上げようと、農薬や除草剤を使用したり、有害な遺伝子組み換え作物を栽培しだすからだ。まさにこういったことにより、国民全員の命が脅威に晒されるのである。

一方で、私のように、一族の土地に暮らす人が家族や都市に住む親族たちのために必要な食べ物を育てる場合、大地へのかかわり方は根本的に異なるものになる。よって、一族の土地の余剰農産物を都市部の店頭に並べられるようになれば、普通の農産物とは比較にならないほど質の高い食品を提供できるだろう。

世界経済は悪化の一途をたどっており、多くの国家はいつ爆発するかもわからない時限爆弾を抱えているかのような脅威に晒されている。経済危機から脱するためには、既存のものとは根本的に異なり、誰にとっても理解しやすい家族の暮らしを礎にした発想が不可欠だ。そして『ロシアの響きわたる杉』シリーズの中には、その答えとなる画期的なアイディアが述べられている。私はこの画期的なアイディアに共感し、共同の創造に駆り立てられたのだ。

私が住むコミュニティには百以上の家族がいるが、彼らが一ヘクタールの土地を入手して開墾しはじめたのも、まさにアナスタシアの構想に触れたからだ。そして、そういった家族に生まれた子どもたちは、素晴らしい環境の中ですくすくと育っている。

彼女の構想のおかげで、ロシアやウクライナ、ベラルーシの様々な地域で何千もの家族がすでに一族の土地を建設している。彼らだけでなく、法的基盤が整えられたら建設しようと考えている家族も何百万と控えている。そしてその多くが、小規模な農業法人を立ち上げようと考えているのだ。
現在、ロシア政府と大統領が郊外にある未活用の農用指定地に小規模な住宅を建設し、家族単位で分譲する計画を立てているが、私はこの計画を全面的に支持する。

付け加えるならば、移住者たちが完成度の高い循環型のエコシステムを構築したり、小規模の農業法人として活動する際に必要な広さを確保できるように、分譲される土地の広さは一ヘクタール以上であるべきだと考える。移住者たちに十分な広さの土地が分与されなければ、彼らは生産者ではなく消費者となってしまい、国の食糧問題や環境問題、その他の社会問題が解決しないからだ。私たちはロシア連邦政府と大統領に向けて、この計画を推進するよう、そして一族の土地に関して必要な法律を整えるように、根気強く請願していく。

また、ロシア政府に限らず、国民の繁栄を望むすべての国家元首たちに向けても、世界規模の経済危機、迫りくる大災害、そして食糧危機を回避するための最有用な対策として、一族の土地の創設という構想を検討し、採用していただくことを提案する。

すでにロシアでは、国民の一定数が「一族の土地」プロジェクトのことを、国レベルの構想であると認識している。この構想をあなた方の国でも採用し、世界中で美しい未来の具現化を目指そうではないか。

あらゆる国の政府がこの構想を心から理解し、支援するならば、人々が次々に鬱に陥ってしまうような現状を変えられるだろう。そして創造の熱意に燃えた世界的なプロセスがはじまるのだ。

「一族の土地」プロジェクトに有益な作用があることは、何千ものロシアの家族が実践で証明している。このような内容の宣誓書に、すでに自分の一族の土地を建設しはじめた千五百以上ものロシアの家族が署名した。私たちは今後も一族の土地の創造者たちに宣言書の作成と署名を促していく。

「家族が暮らすための素晴らしい環境を創造的に建設する」という意図を共有する、世界中の皆さんに、幸運とすべてを輝かせるインスピレーションが訪れることを願って！

一族の土地創設者　署名

この宣誓書は、すでに独り歩きをしはじめていた。そして時が経つにつれて、私の中でもこの文書の重要性が日に日に増していった。身分証明書や卒業証書や勲章などではなく、このような宣言書こそが人間にとって最も意義のある証書なのだということがわかっただけでなく、それを後押しするような強烈な感覚が生まれたからだ。私は宣言書のことを思い起こすたびに、この感覚の正体を理解しようと努めた。仮に、この宣言書が異なる言語や文面で書かれたものだったとしても、それは些末な問題だろうから、おそらく、私はこの宣言書の本質から何かを感じ取っているのである。

そこで私は、この宣誓書をアナスタシアの前で読み上げ、自分が感じたことを伝えてみることにした。

「アナスタシア、どうしてこんなにも強烈な感覚が生まれたんだと思う？　しかも、俺だけじゃないんだ。たくさんの人と話をしたが、その人達も、この宣言書を読んで強い感覚が生まれたと言う。でも、なぜなのかは誰も説明できないんだ。どうしてだろう？」

「そうね、ウラジーミル、あなたが宣誓書を読み上げてからすぐに、私にも同じ感覚が生まれたわ。でも、あなたや他の人たちと同じで、この感覚を呼び起こしているものが何なのか、私にもすぐに説明ができないの。二人で一緒に考えてみない？」

「別に構わないが、俺はもう十分考え尽くしたんだよ。その感覚は今も残っているが、理由は未だにわからないんだ」

アナスタシアは、突然、全身で強く身震いすると、表情をぱっと輝かせた。そして、重要なことを強調する際のお決まりの話し方で、音節をはっきりと長く発音しながら、言葉を発した。

「ウラジーミル、私、その理由がわかりはじめたように思うの。ほら！　創造主が地球を創造する直前に自分の意図を宣言したのを覚えている？　大宇宙の本質たちからの『何をそんなに強く願う？』という問いかけに対して、創造主は『共に創造すること、そしてそれをみる歓びをみなにもたらすこと』と答えたわ」

「でも、自分の意図を宣言することが、それほど大切なことかい？」

「もちろん、とても大切よ。皆の前で宣言することは、何よりもまず、自分自身に対して宣言することになるの。自分の内に起こっていることを理解し、自分を信じることにもなる。

それだけじゃない。自分の意図を宣言した時点で、物質化がすでにはじまっているの。そして人前で公言することは、皆を共同の創造へと誘《いざな》うことになる」

「だが、わざわざ皆を誘う必要はないんじゃないか？　嘲笑う奴や邪魔をする奴、まったく無関心な人だっているかもしれない」

「嘲笑や対立や無関心も、反作用として共同の創造に参加しているの。そういった反作用は重要な役割を担っていて、宣言をした人はそれらすべてを調和させて創造を完成させていくの」

「アナスタシア、なんだか気持ちが高揚してきた感じがするよ。なんでだろう？」

「ウラジーミル、私もよ。この宣言書は来《きた》る新しい時代の前触れとして現れた。この宣言書の行間に込められた希求には、偉大なる自覚が密かに宿っている。人間は何千年にもわたって、人生の意味や目的を定めることなく生きてきた。何を目指し、なんのために生きるのか？　次の世代に何を引き継いでほしいのか？　人類はどこかで道を誤った可能性はないか？　先祖たちの選択は、どのような結果をもたらしてきたのか？　こうした問いに答えを出すこともなく、せわしい生活の中で、人類は子どもを産み、育ててきた。だから、その子どもたちは何を引き継いでいくべきかがわからなかった。そうやって人類は壺や矢尻の破片だけを後世に残しながら、空虚な人生を生きては死んでいった。結果的に、いつの時代も、何も受け継げなかった子どもたちは、両親のことを社会的な評価方法でしか知ることができなかった。

例えば、あなたの祖父母たちも、自分が人生に求めていたものを、あなたのご両親に言葉で伝えたことはなかったし、そのご両親だってあなたに言葉で伝えたことはなかった。末裔であるあなたは、彼らが人生のどの部分を次世代に引き継いでもらいたいと願ったかわかる？」

「わからない。推測することならできるが」

「推測なら、どんなふうにもできてしまうわ。でも、はっきりしているのは、彼らが人生で強く希求したことを、あなたに伝えていないということ」

「確かに彼らは俺に何も伝えなかった。他の人たちも同じだと思う」

「つまり、もしかしたら、この宣言書は人類が何百万年を経て初めて、夜明けに目覚めるがごとく、人生に希求することを言葉にしたものなのかもしれない！

『私は強く願う。私が創造をはじめることで、子どもたちが約束の地であるこの一族の土地で人生を謳歌することを！　そして彼らもこの地をより美しく磨き上げていくことを！　きっと、子どもたちの方が、私よりも優れた人間になるだろう。そうなるよう、私が今、はじめるんだ！そしていずれ、私の子孫たちの中に、私の粒子が生き続けていくのだ』

これとは反対に、今までは意図を宣言されなかった創造が、その人の肉体の死とともに消滅してしまった事例は無数にあるでしょう？

例えば、自分の子孫たちのために、暮らしの場をより良くする方法について思いを巡らせた人が、敷地内にシベリア杉の苗木を植えたとする。やがてその人が亡くなり、二十九年が経つと、苗木は広く枝を張った十五メートルの高さの美しい杉の木になった。そのわずか一年後には、杉は素晴らしく薬効の高い実をつけるはずだったけれど、その人の子どもが切り倒してしまった。この子どもは『ここにこの木は必要ない。敷地の一部が日陰になってしまい、畑のトマトやキュウリが育ちにくくなる』と考えたの。その杉が切り倒されてしまったのは、親が苗木を植えた意図を宣言しなかったからよ。

　別の例もある。チンギスハンは、世界のほぼ半分を征服し、戦争が起こらないようにルーシ、インド、中国、パレスチナを自分の権力下にして統一し、道路を敷き、税金を下げ、あらゆる民族の伝統や文化に敬意を払い、自身は占領した宮殿ではなくゲル（＊モンゴル高原などに住む遊牧民が使用している伝統的な移動式住居）で暮らしていた。彼は世界中の賢者たちを自身のもとに招集し、どうすれば幸せな社会をつくれるか、どうすれば永遠性や不死を民に深く理解させることができるのかを、賢者たちと一緒に考えた。歴史上の征服者の中で、彼の帝国が最も長く存続したということは、彼が何か重要なことを知り、それを実践していたということよ。それでも帝国は崩壊し、その後チンギスハンは、何世紀もただの侵略者として扱われるようになった。現在生きている人の中で、彼の真の意図がなんだったのかを語れる人はいない。それは、チンギスハンが自身の意図を宣言しなかったからよ」

「だが、単に意図が書かれた巻物が破棄されてしまったか、見つかっていないだけかもしれないぞ」

「書かれたものがあったのなら、その意図は人々のハートにも保存されたはずよ。でも、そうはならなかった。つまり、チンギスハンは、何百年にもわたって世代から世代へと引き継がれていくために必要だった宣言をしなかったということなの」

「なるほど、これは驚くべき事例だね。どうして、人類が何百万年も自分の人生の目的を宣言することに意味を見出さずにいたのか、ただただ驚きだよ。今や俺にも、この手元にある宣言書が新しい時代の前触れに感じられてきたよ。アナスタシア、きみだったら、自分の希求をどう宣言するんだい?」

「ウラジーミル、私の希求はすでにあなたの本で述べられているわ。加えることがあるとすれば、私は大宇宙の隅々から最良の音を集め、文字や音譜を組み合わせているから、それらが言葉や詩として放たれるよう、あなたやバルド、詩人たちに協力してほしいということ。そうすれば、たくさんの人々が魂でそれを感じ取ることになる。人々はそれぞれが理解できる言語で解釈し、地球の夜明けと開花をかたどりはじめる。人間にふさわしい暮らしの環境が整い、それらの織りなすメロディーが大地を包み込むとき、私も、孫が善なる隣人に囲まれて自分たちの一族の空間を創造するのを助けることになる。もちろん、その間も私の一族の空間のことは片時も忘れないでいるわ」

「じゃあ、俺の場合は自分の意図をどんなふうに宣言すればいいと思う?」

「それはあなたが自分で考えなければいけないわ」

「そうだな、もちろん自分で考えるとも。さっき俺が読み上げた草案も十分ハートに響いている感じはするんだが、再検討して、もっと自分の人生を表現できる宣言になるよう書き直してみることにするよ。

読者たちにも、自分の言葉で宣言するようお願いするつもりだ。

この宣言書は一族の土地の創設者から子孫に代々受け継がれる重要なメッセージであり、なくてはならないものだからね。それに、あらゆる政治的階層に対して威力をもつ、国民からの指示書であり、対話の手段でもあるんだ。そうだ、各家庭でこの宣言書に美しいデザインが施され、家宝として一族の土地の創設者が書いた一族の書の隣に置かれるようになるといいな。

そうなったら、きっと百年後の子孫が、一族の土地の美しい園で心を躍らせながら感謝の気持ちでこれらの書を読み、創設者の言葉に想いを馳せるだろう。もしかしたら、百年後に人生の道に迷った子孫が、両親の部屋をあさっているうちに宣言書を不意に見つけ、創始者が意図しながらも実現しきれなかったことをやってみたいと思うようになるかもしれない。

そうだ、皆の宣言書を各地方自治体の長や役人たちに送り、国連にも送れば、一族の土地の構想を広める役に立つだろう。

それに、国連の枠組みの中で『未来の一族の土地』という実践的な学術会議を立ち上げて、年次開催する必要もあると思うんだ」

孤独な一ヘクタールの大地

アナスタシアには、私から見て一つ好ましくない癖がある。彼女は膨大な量の情報を有しているため、私が質問をすると大体はよろこんで答えてくれるのだが、いくつかの質問には絶対に答えてくれないのだ。その頑固さといったら、ときに私を苛立たせ、ともすれば怒らせもするほどだ。しかし、私が苛立ったり怒ったりするのを目の当たりにしても、彼女がその方針を変えることはない。

たとえば、一族の土地の模範的な設計や景観デザインを描くことを彼女は頑なに拒否する。

「ウラジーミル、それによってあなたの創造に私が介入することになり、あなたの意識の働きにブレーキをかけてしまう。そうなると、その土地の設計者はあなたではなく私になってしまい、その土地はあなたにとっての真の子どもではなくなってしまう」彼女はいつもそう言っては、

様々に議論を展開しはじめるのだ。

しかしあるとき、私の一族の土地の整備に関して、どうしても解決しなければならない問題が生じた。私はどのように説明すれば、アナスタシアが手助けをする気になってくれるのか、長いこと考えていた。これ以上、自分の頭をひねっても打開策を見出すことはできないと感じていたし、彼女の手助けがどうしても必要だったのだ。

今回こそはなんとかアナスタシアを説得しなければと気負いながら、私はタイガが心地よい芳香を発する晴れた日を説得のタイミングに選んだ。アナスタシアはシベリア杉の木の下に座り、金色の髪をお下げに編んでいた。私はできるだけ重みのある論拠を示そうと考えながら、彼女の近くを行ったり来たりしていた。すると、アナスタシアが優しさのこもった微笑みとともに私に訊ねてきた。

「ウラジーミル、何か複雑な思考が、あなたの意識をかき乱しているようね。あなたはここにいるけれど、意識が遠く離れたところにあるわ」

私はアナスタシアの隣に座ると、できるだけ説得力をもたせられるよう努めて話した。

「アナスタシア、聞いてくれ、もはやきみの助けなしにはどうにもならない状況なんだ」

「どんな状況なの？」

「七年前、ウラジーミル市の近くをジープで走っていたときに、周りの景色に気を取られてうっかり道路脇の草むらに突っ込んでしまったことがあったんだ。タイヤがぬかるみにはまり身動きが取れなくなったから、俺はトラクターを呼んで引っ張ってもらうことにした。トラクターの到着を待つ間、目の前にあった放棄農場を観察していたんだが、よく見渡すとかなり美しいところだったんだ。雑草はぼうぼうだったが、美しい針葉樹と広葉樹が混じった森に囲まれ、その手前には小川が流れていて、そう遠くないところには大きな湖も見えた。俺は、そこに一族の土地の集落が生まれたらいいなと思った。皆が美しい家を建て、花壇や園をつくり、車道を敷けば集落ができると考えたんだ。

そうしたら、なんとその一年後に、まさにそのとおりのことが起こったんだよ。『ロシアの響きわたる杉』シリーズの読者たちが、一族の土地の建設のためにその一帯の土地を購入しはじめたんだ。コミュニティづくりを主導していた人たちは、俺にも一ヘクタールの土地を買わないかと提案してきた。自分でも理由がわからないが、俺はなぜか土地を買うことに同意してしまった。おそらくその時、彼らを支援したい気持ちになったんだろう。しかし、買った土地の整備にはまったく手を付けることができないまま、時が経つにつれてその土地の存在を忘れていった。二回ほど、土壌を豊かにするためにカラシ菜の種を撒いてもらうよう電話で依頼したが、それだけだった。あそこは肥沃層が十五～二十センチメートルしかなく、その下は三十センチメートルくらいの砂の層で、さらに下は粘土層が果てしなく続く痩せこけた土地だからね。

そもそも、俺にはマンションがあるし、街からそう遠くないところには、きみも知っている郊外の家がある。それにシベリアにも住むところがあるから、この一ヘクタールの土地のことなんて、すっかり忘れていたんだよ。

ところが、さらにその五年後に、かつてジープがはまり込んだところを訪れる機会があったんだ。車で近づいたとき、目に飛び込んできた光景に俺はびっくりしたよ。アナスタシア、奇跡ってものは本当に起きるんだな！　草原が広がっていた大きな湖の両側に、家がいくつも建っていたんだ！　大きな家、頑丈そうな家、小さなかわいらしい家……まさに千差万別だ。各家へは幹線道路からの砂利道もしっかり敷かれていた。かつては放棄農場だった湖の周りの草原が区画に分けられ、各家族がそこに自分の一族の土地を築いたんだ。

その瞬間、かつて泥にはまったジープの横で、この草原一帯に一族の土地の集落ができたらいいなと、自分が夢見ていたことを思い出した。驚くべきことに、今まさにそれが実現しているじゃないか……。人々が居を構えたことで、あの雑草がぼうぼうだった草原が、まさに新しいロシアの幸せなイメージの集落に生まれ変わったんだ」

「それは、あなたの夢が強力で実現されるべきものだったからよ。彼らはその夢を受け入れ、物質化して育んだ。あなたはそれを目にしたの」

「しかし、今となってはあの時うかつに夢をみてしまったことが悔やまれるよ。こうなることがわかっていたら、夢が蕾のうちに摘んでおいたのに。俺は、ある事情を考慮していなかったんだ。アナスタシア、すべてを順序だてて説明させてくれ。きみの手助けがなければどうにもならないんだ」

「わかったわ、話してみて」
「そのコミュニティを訪れた際に、住民の一人をジープに乗せて砂利道を走っていたんだ。道中、やけに気になる場所があったから、俺はジープを停めることにした。そこはまったく整備がなされていない、草が生い茂った区画だった。その区画の左隣の区画には、プレハブ小屋と屋根までつけ終えた建設中の綺麗な家があった。まだ窓ガラスは入っていなかったが、家の主たちが自分の一族の土地に愛着をもって整備していることは明らかだった。そして、整備されていない区画の右隣の区画には、美しい木造の家と作業小屋、それにバーニャ（＊ロシア式サウナ）や池があった。その区画の花壇を見ると、まるで一族の土地を美しく仕上げた主《あるじ》を誇らしく思っているかのように花を咲かせていた。だから、そのとき俺は助手席の連れにこう言ったんだ。『なんだか、人間次第で土地の命運が分かれるという印象だね』
　すると連れがこう答えた。『私もそう思いますよ。きっと、誰にでも地上のどこかに自分だけの土地があるはずなのに、そのことを知らずにいるか、忘れてしまっているんです』
　俺は話を続けた。『区画に分かれていたとしても、草原全体が放置されているのであれば、いわば全員が同じストリートチルドレンのようなものだから、どの区画も腹を立てたりしないだろう。だが、この草がぼうぼうに生えた真ん中の区画にとってはそうじゃない。両隣の区画はしっかり手を掛けられているのに、この区画だけはまるで捨てられた子どもみたいに放置されているんだからな。きっと忌々《いまいま》しく思っているだろう』

俺がそう言うと、助手席の連れは急に黙り込んでしまった。まるでその草の生い茂った区画や、それを放置した本人に対して気まずさを感じているかのように、うつむいたんだ。

俺は気になって彼に訊いてみたんだ。『この区画の持ち主は？』すると、彼はうつむいたまま答えた。『ウラジーミル・ニコラエヴィチ、あなたです』

『私……？』

『はい。住人が皆で協力して、入口までの道を敷きました。排水溝も掘って配管し、隙間には砂利も敷きつめておきました。入口を示す柱も立てましたし、その両側にはモミの木も植えてありますす。ですが、それ以上は何もしていません。本来は土地の主が自分で整備するものですから』

俺は車から降りて、自分の区画を改めて見渡した。森に隣接したその区画は百メートル四方の正方形に近い形をしており、背の高い雑草が生い茂っている以外は何もなかった。その区画は見捨てられた子どものように見えるだけじゃなかった。それよりももっと辛い状況だったんだ。本物のストリートチルドレンなら、どこか他のところへ行って同年代の仲間を見つけたりすれば、何とかやっていくことはできる。だが、人間でもない土地にそんなことができるはずもない。

俺は区画の外周を歩きはじめた。すると、道からは見えなかったんだが、ぼうぼうに生い茂った雑草の中に、季節外れの可愛いらしい花が一輪咲いていたんだ。〝なんということだ！〟俺は思った。〝俺の土地も美しくなろうと一生懸命なんだ。花の種がどこから飛んできたのかはわからないが、この土地はその種を育み、まるで子どもが抱擁《ほうよう》を求めて両腕を伸ばすかのように、俺にこの二輪の小さな花を差し出して、なんとかしてくれと懇願しているんだ〟

それから俺の中で、他の人たちの区画に劣らない、むしろもっといい区画になるように、何がなんでもここを美しく整備してやりたいという、抗《あらが》えないほどの想いが生まれた。どうしてそんな願いが生まれたのかはわからないよ。もともとは、この土地を一族の土地にしようと考えていたわけではなかったからね。ただおのずと、そこをすべてが正しく整った、美しい土地にしてやりたくなったんだ。それに、単にそうしたくなったんじゃなく、突如として、どこよりも素晴らしい土地にしたいという想いが強烈に湧き上がったんだ。世界で一番の一族の土地になったら、後にこの土地が俺の孫たちの心を惹きつけてくれるかもしれないとも思った。

それからの俺は、意識の中でこの一ヘクタールの土地を何度も思い描くようになった。そして実際にいろいろな作業小屋の設計図を描き、植えたい植物のリストもつくった。それまでは、本の執筆や怒涛《どとう》の如く押し寄せてくる雑多な仕事で一杯いっぱいだったが、あの一ヘクタールの土地のことを考えているときだけは、気持ちが軽くなり、不快な問題を忘れることができたんだ。驚いたことに、まさにあの土地のおかげで、困難な仕事とストレスを乗り越えられたんだよ。やっぱり、人間と土地の間には謎めいた関係があるんだな。なんらかの躍動する結びつきがあるに違いないと感じたよ。こうして、自分の土地を美しく整ったものにしたいという願いが、俺の中でどんどん強くなっていったんだ」

「素敵な願望が生まれたのね、ウラジーミル。願望というより、それはもう熱望ね。彼も、あなたを助けてくれるわ」

「彼って誰のことだい？」

「あなたの一ヘクタールの土地よ。自分で言っていたじゃない。彼があなたの気持ちを軽くしてくれて、不快な問題を忘れさせてくれたって」

「それはそうなんだが、その土地にはとても大きな問題があったんだ。いわば先天的な不具合だ」

「どんな不具合なの？」

「あの一帯の土地では野菜が育たないんだ。だから、他の住人たちにもまともな菜園がつくれていない。近くには二百年くらい前にできた隣村があるんだが、そこでさえ、誰もまともな菜園をつくれていないんだ。どうやら、あそこら一帯の土壌は肥沃層がとても薄く、その下に分厚い粘土層があるもんだから、春から夏にかけて雨水が長いこと表層に停滞してしまうようなんだ。大部分の植物は粘土層に根を張ることができないし、粘土層を掘って肥沃な土を入れようとしても、分厚い粘土層をすべて取り除くことはできないから、結局、掘りきれなかったところに水が保持され、根が腐ってしまうんだ」

「ウラジーミル、私には、あなたが説明してくれたことが、絶望的な状況だとは思えないわ。住民たちは、そんな状況にどう向き合っているの？　打ちひしがれているの？」

「打ちひしがれてはいないよ。むしろ、大部分の人があの土地のことを、子孫たちが代々暮らし続けていく一族の地だと感じていると思うよ。住民たちの中には、遊びにきた両親から、死んだら墓地ではなく一族の土地に埋葬してほしいと頼まれた人もいるくらいだからね。そういったことはもちろんよろこばしいんだが、まともに実りをもたらすことができない土地だということが、俺をひどく落胆させるんだ。あの場所に集落ができるよう夢見たことが悔やまれるほどだ。今じゃ、罪悪感すら抱いているよ」

「ウラジーミル、今、あなたは自分の土地をどうしていこうと思っているの？」

「手放すつもりはないよ。何か手立てがあるんじゃないかと思うんだ」

「私もそう思うわ。あなたはその手立てを見つければいいの」

「手は尽くしたさ。だが、見つからなかった。だから、お願いだ。力を貸してくれ」

「ウラジーミル、今の課題は何？　具体的に話してみて」

私はアナスタシアが具体的な課題について訊ねてきたことに大喜びし、最大限複雑な問題にして話そうと決めた。複雑でなければ彼女の興味を引かないと思ったからだ。そして次のように説明しはじめた。

「アナスタシア、お願いだ。どうか、あそこでリンゴやスモモ、ナシやサクランボ、それにチェリーやブドウも実るようにしておくれ！　もちろん、きれいな花やあらゆる低木も育つようにしてほしい。あとはできるだけお金がかからないようにしてほしい。何百万ドルも資金をかけられる新興財閥じゃなく、一般人でも無理なくできる方法が知りたいんだ」

「ウラジーミル、それで全部？」

「いや、まだある。今話したことが、すべて三年以内にできるようにしてほしいんだ」

「でも、四年か五年かけた方がいいわ」

「いや、三年だ」

「ウラジーミル、あなたが自分に課した目標は、とても有意義なものね。あなたがどんな解決策を導き出すのか、本当に楽しみだわ」

その答えに私はかっとなり、その場から立ち上がりさえしたが、悪態をつくのをこらえ、可能な限り落ち着いて説明をした。

「……いいかい、アナスタシア、俺は自分のためだけに頼んでいるわけじゃない。わかってくれ。三百もの家族があそこで一族の土地を建設しているんだ。三百だぞ。彼らはきみが描いた夢を理解しているだけでなく、自身でもそれを夢見るようになったんだ。それなのに、彼らが整備している土地の肥沃度は最低レベルなんだ。調べてみたら、あの一帯は不毛だという記録まで残されていたくらいひどい土地だったんだよ。でも、あそこで一族の土地を築いている人たちには、別の土地を買う余力なんかない。記録によると、あそこはソ連時代の国営農場だったらしい。当時も雨水の排水が問題になっていて、国が排水管を地中に埋め込む干拓《かんたく》工事を施したんだが、それでも穀類しか育たなかったそうだ。

そして今となっては、使われていた資材も盗まれ、干拓設備はすべてだめになった。実質的に何もできない状態だ。それに、設備が稼働したところで穀類しか育たないのであれば、工事をやり直す価値があるのかも疑問だ。こんな状況で、どうすれば俺なんかが土地の肥沃度を上げることができる？

もう、俺には区画の配置図をどうまとめ上げたらいいのかがわからないんだ。でも、どうしてもすべてを美しくしたいんだ。それに、五年も前からはじめた人たちに早く追いつきたい。だからこうして、きみに助けを求めているんだよ。俺のために区画の配置を考えて、植えるべき植物を教えてくれないか？」

「ウラジーミル、もちろん、区画の配置を考えることは、未来の意識によって創造を行うということだから、とても重要よ。それがなければ具現化は起こらない。でも、もしもあなたが配置図を私に任せてしまったら、その土地に具現化されるものはあなたの創造物にはならないでしょ？」

「さっき話したように、俺だって考えてはいるよ。でも、どうしてもいい案が思い浮かばないんだ。それに間違った設計をしてしまうのも怖い。たとえば、一見簡単な、生垣をつくるということでさえ、実際にやったら困難にぶち当たり、全然簡単じゃないということがわかった。もちろん、やり直すことはいくらだってできるが、きちんとしたものをつくろうとしたら、宇宙船の設計者と同じくらいの知識が必要だ。どのような植物がどの時季に花を咲かせはじめ、どんな土壌を好み、夏の間にどのくらいの高さになるのか？　どんな花が咲き、他の花たちとの組み合わせはうまくいくのか？　この他にもいろんなことを考慮しなければならないんだ。泥土《でいど》で花壇をつくってみようとも思ったんだが、専門家たちによると雨で流れてしまうらしいんだ。わかるかい？　人を雇うことまでして建設したものが、皆に笑われるかもしれないんだ」

「たとえ、あなたが間違った設計をしたとしても、その間違いはあなたが必要としたから具現化されるの。だからこそ、配置図は自分でつくらなければならないの。もちろん、誰かに相談してもいいけれど、こういったことの最終的な決断は必ず自分で下すものよ。

ウラジーミル、春になったら一年草だけを植えるといいわ。それが育ったら、刈って土壌の肥やしにするの。そして次の年にも同じことをする」

「そんなに待っていられないよ。早く問題を解決したいんだ。その方法だと、一年以上余分に時間がかかってしまう」

「そんなに急ぐ必要はないんじゃないかしら？　すべてにじっくりと時間をかけた方がいいわ。それに、一年で問題のすべてを解決させなければならないと決めてしまったら、植えられる植物の選択肢がかなり限られてしまう。そうなれば、秋になって夏の一年草がすべて枯れてしまったときに、あなたの生垣は何も生えていない状態になって、あなたはがっかりしてしまうかもしれないわ。でも、きちんと手順を追ってもっと正しくつくり上げるなら、あなたが受け取ることのできるポジティブな感情はもっと多くなる。もちろん、すべての手順を速くやってしまう方法もあるけれど……」

そう言うと、アナスタシアは少しの時間、物思いにふけった。私はてっきり彼女が高速で園をつくり上げる方法を考えているのかと思ったが、彼女が考えていたのは次のようなことだった。

不信の壁

「ウラジーミル、あなたが望む解決策はある。私も解決策の存在を感じるわ。でも、あなたはそれを自分で探したがらない。自分で探す代わりに、私を説得することにエネルギーを費やしているの。

あなたは目の前に、自分の力が信じられないという障壁を自らつくり上げ、私を説得することでその障壁をさらに強固なものにしている。ウラジーミル、あなたがつくったその不信の壁の向こう側には、花々を咲かせた美しい園で人々が幸せに暮らしている。それなのに、あなたにはそれが見えていない。あなたがつくり上げた壁が邪魔をしているからよ。

私が解決方法を見つけたら、その壁はさらに強固なものになってしまうわ。それだけじゃなく、もしもそれが実はとっても簡単な方法だったとしたら、あなたは自らを侮辱するようになる。

〝どうして自分で気づけなかったんだろう？〟とあなたは思い、自分には能力がないに違いないと結論づけてしまう。

あなたは私のことを、不思議な力でなんでも解決できる魔法使いみたいに考えているのかもしれないけれど、私は魔法使いなんかじゃない。私は大宇宙がこれまで経験してきたことすべて、そして大宇宙が知り得る情報のすべてを、自分の気持ちをとおして大宇宙から受け取っているだけ。自分の力に対して不信の壁をつくらなければ、誰にでも同じことができるの。でも、そのためには体が健康であり、歪曲のない心で意識することが必要。

大宇宙の情報は、スーパーコンピュータが蓄えることのできる情報に似ているの。コンピュータを持っている人は、いくつかのキーワードを打ち込んで必要な情報を得るでしょう？

ウラジーミル、考えてみて。あなたは今、自分でキーを打ち込む代わりに、私に打ってくれと頼んでいるの。でも、情報を必要とするときに自分でキーが打てないのなら、常にキーが打てる誰かのそばにいなければならなくなる」

「俺だってコンピュータで情報を得ることならできるさ。だが、大宇宙から情報を得る方法なんてわからないよ」

「とても簡単よ。自分で課題の解決方法を探そうとするの。そして、他の誰かではなく、あなたが最も正しい方法を見つけられるのだと信じるの」

「俺だって自分で解決方法を考えているさ。だが、まる一年考えたのに、答えが出なかったんだよ」

「それは答えが存在しているのに、あなたが不信の壁を突き破ることができていないからよ。今、あなたが私に答えを熱心にせがんでいること自体が、その証拠よ。だから、私はあなたの問題を解決するつもりはないわ」

私を助けることをきっぱりと断ったアナスタシアの返答は、私を憤慨《ふんがい》させた。

「ああそうかい、そいつは結構なことだ。きみの固い信念ってやつには、どれだけ反論しても意味がないってことだ」私は苦々しい皮肉を込めて言った。「繰り返すが、あそこには三百もの家族がいるんだ。他の場所で一族の土地を築いている人たちだって同じ状況で困っているかもしれない。もう三百もの家族が暮らしている場所だというのに……」

「ウラジーミル、もしかしたら、その状況は創造主によって用意されたものかもしれないじゃない？　考えてもみて、もしもその場所がもともと肥沃な土壌だったなら、今、そこに住んでいる人々は一族の土地を手に入れることができていたかしら？　まさに創造主がその状況をすべてつくり上げたからこそ、国も地方政府も農地には向かないと考えてその土地を放棄したのかもしれないわ。そういった状況だったからこそ、三百もの家族が土地を得て一族の土地を築けたんじゃないかしら？　今は楽園なんてできるはずがないと嘲笑う人もいるかもしれないけれど、本当に必要な情報が誰か一人にでも届けば、その小さな火花はやがて大きく燃え上がり、その土地一帯は何百万もの花々を咲かせる果樹や草たちで輝くようになる」

「いつかはその火花が届くこともあるかもしれない。だが、暮らしたいのは今、今日なんだ。そして絶望じゃなく、美しい未来のビジョンをもって暮らしたいんだよ」

ふと突然、私は心地よい温かさを背中に感じて振り返った。すると、息子のヴォロージャが私のそばに立っていた。私たちの眼差しが出会うと、不思議な温かさは強くなっていった。

成長した息子の顔はアナスタシアに似ていたが、かすかに私の若い頃の面影もあった。身長はほぼ私と同じくらいだ。彼はまるで運動選手のように見事な体格だったが、筋肉を不自然に大きく鍛えた感じではなく、素晴らしく均整がとれた体つきだった。

そして、印象深いのは彼の眼差しだ……アナスタシアの優しく包み込むような眼差しに似ていたが、それだけではなかった……うまく伝わるだろうか、彼の眼差しには、言葉では言い表しがたい自信が読み取れるのだ。なんというか、平静たる自信だ。息子は人生に困難が存在することを知らないか、人間が克服できない状況などないと確信しているかのようだった。

ヴォロージャは私に一礼した後、アナスタシアに向かって話した。

「ママ、僕も二人が話していることを聞いていたんだ。僕も意見を伝えてみたい。いいかな?」

彼は敬意を込めてアナスタシアに一礼し、黙って彼女の答えを待っていた。

その様子を見て、私は息子がアナスタシアにどれほどの尊敬と愛をもって接しているのかを初めて感じた。息子は、彼女の許可なく対話をはじめることができないほどに尊敬と愛を抱いているのだ。

アナスタシアは答えを急ぐことなく、しばらくの間、優しい眼差しで息子をじっと見つめた。〝変だな〟私は思った。〝なぜ彼女は息子の単純な問いかけに、これほど長い間、答えないでいるんだろう？　彼女は意識のスピードがとんでもなく速いのだから、すぐに話の展開についてあらゆる可能性を計算できる。しかも、ここでは何も計算すべきことなんてないのに〟すると、アナスタシアがやっと口を開いた。

「愛する息子よ、言ってごらん。パパと一緒にあなたの意見をしっかりと聴くわ」

「ママ、僕はママがパパを手助けすることはとても善いことで、正しいことだと思うんだ。パパにとっては、この問題を解決することがすごく重要なんだよ。それに、パパを助けることは、パパが自分の力と知性への不信の壁を強くすることにはならずに、むしろ壁を弱くすることになる気がするんだ。ほんの一部かもしれないけれど、壁が崩れることだってあり得るでしょ？　僕は、パパを助けるべきだと思う」そう言うと、ヴォロージャは黙った。

アナスタシアは再び優しく微笑んで息子を見つめると、しばらくしてから口を開いた。

「もちろんだわ、あなたは正しい。確かにこの状況だと、パパには助けが必要ね。ヴォロージャ、どうかあなたがパパを助けてあげて。あなたたち二人で、そして他の家族たちと一緒に解決方法を見つけるの。すぐにはじめた方がいいわね。私はあなたたちの邪魔をしないようにするわね」

アナスタシアはくるりと向きをかえると、ゆっくりと私たちから離れていった。そして何歩か歩いたところで、振り返って付け加えた。

「あなたたちが挑む課題は、一族の土地を見た目にも、実質的にも完璧な暮らしの場へと仕上げるという、とても興味深くて意義のある共同の創造よ！」

こうして私と息子の二人だけがその場に残された。私は息子に訊いた。

「ヴォロージャ、おまえはママみたいに、大宇宙にあるすべての情報にアクセスできるのかい？たくさんの思想家たちが、大宇宙に存在する情報について語っている。著名な作家のスタニスワフ・レムも、大宇宙はスーパーコンピュータのようなものだと言っていた。俺たちに立ちはだかっている問題は、このスーパーコンピュータなしには解決し得ないと思うんだが、おまえにはそれが扱えるのかい？」

「ママみたいな速さでは扱えないよ」

「どうしてだい？」

「ママは純血の血筋だからだよ」

「純血の血筋ってどういう意味だい？」私は驚いて訊いた。

「ママには原初の人間の血統が受け継がれているって言う意味だよ」

「おまえにはどうして受け継がれていないんだ？　そうか……」私は心の中で思った。〝それは、俺が純血の血筋じゃないからだ。きっとアナスタシアが息子にもそう説明したんだろう。それならどうして彼女は純血でない俺みたいな男と子どもをもうけることにしたんだ？　つまり、他に相手が見つからなかった……そういうことなのか？〟

息子は私をじっと見つめていた。私が考えていることを察したのだろう、息子が言った。

「パパ、ママはパパをとっても愛しているんだよ。一緒に来て。見せたいものがあるんだ」

「わかった」私はその提案を受け入れ、息子についていった。

息子の案内で到着したのは、私がアナスタシアと初めて出会った日に泊まったほら穴の前だった。ヴォロージャが入口のそばにあった石を動かすと、細長い小さな巣穴のような空間が出現した。ヴォロージャは中へ手を延ばすと、まるで金庫から貴重品を取り出すかのように、ブランデーの空き瓶と棒きれを取り出した。

私はすぐに、それがアナスタシアと最初に出会った日に、森を進む途中の休憩時に飲んでいたブランデーの瓶だと気づいた。〝なんと、あのときの瓶を保管していたとは……〟私は思った。

「こっちはなんの棒きれだい？」私はヴォロージャに訊ねた。

「ほら、僕が生まれる前に、僕の教育方針を巡って怒ったパパがママを叩こうとした棒だよ」

「そんなものまで保管しなくてもよかっただろうに……」私は困惑して言った。

「パパの中で大量のエネルギーが燃え盛っていたときに握っていた棒だから、ママにとっては愛おしいものなんだって言っていたよ」

「でも、ママはこの瓶や棒きれを何に使っているんだい？　瓶に水を入れることはできるだろうが……」

「ママは水を入れたりしていないよ。しょっちゅうここにやって来て、この瓶と棒きれを手にとっては、微笑みながら言葉をかけて眺めているんだよ。ママはね、パパが永遠に生きられるようにしたんだ。ときには眠りに就くこともあるけれど、またすぐに新しい体で目覚めることができるように」

「言葉をかけるだけでそんなことができるのか？」私は驚いて言った。

「言葉でたくさんのことを創造できるんだよ、パパ。しかも、言葉を発しているのは他でもないママなんだ。それに、その言葉は頻繁に繰り返されている」

「ヴォロージャ、ママはどんな言葉をかけているんだい？」私は小声で息子に訊ねた。

するとと息子は、アナスタシアがこの場所で頻繁に発しているという、詩のようなフレーズを詠みはじめた。

「私の愛する人よ、私とあなたの永遠はこの先にある。命はいつも、その営みを謳歌《おうか》する。太陽の光は春に輝き、魂は衣替えするけれど、朽ちてゆく肉体が従順に大地に抱かれるのは無駄ではなく、春になれば新しい花たち、草たちが肉体から生まれ出る。もし、あなたが不信を抱きながら無限の大宇宙に塵となって吹き飛んでしまうのなら、彷徨い続けるその塵を、ああ愛しき人よ、私が集める」

「ヴォロージャ、俺もその詩を聞いたことがあるよ。あるときアナスタシアが詠んでくれたんだが、単なる美しい詩の一節だと思っていたから、まさか言葉による創造だとは思いもしなかったよ」

「うん、パパ。さっきの言葉がそのままの意味で創造されるんだよ」

「なんということだ……」私はゆっくりと言葉を噛みしめながら言った。「アナスタシア、永遠を……本当に……ありがとう」

「パパ、ママに直接言ってあげて。パパがママの言葉を心から信じて感謝を伝えれば、きっともものすごくよろこぶよ」

「そうだな、直接伝えることにしよう」

「さあ、パパの課題を解決しなきゃ。いや、もうパパだけの課題じゃなくて、僕たち二人の課題だね。湖に行って、パパが話していた一ヘクタールの設計図を模型で再現してみようよ。それからどう整備するかを一緒に考えるんだ。正しい解決方法を思い付くまで、集中して考えよう」

私は息子の後を歩きながら、考えていた。〝何を言い出すんだ。解決方法なんて思い付くわけがないじゃないか！　書物でもインターネットでも、答えは見つからなかった。ありとあらゆるところを探したが、解決策はなかったんだ。農業工学の専門家にも相談したが、まともな助言は得られなかった。かたや、ヴォロージャが農業に関する本の一冊も読んでないことは明らかだ。それに彼にはアナスタシアのような能力もないわけだから、大宇宙のすべての情報を利用することはできない。だとすれば、何をもって解決方法を見つけられるというんだ？　それでも彼は、まるで自分に解決できる力があるかのような足取りで歩いている。だがやはり、無意味な期待をしたり、闇雲に探すのではなく、もっと実践的な方法をとるべきだ〟考えがまとまったので、私は息子と話し合うことにした。

「ヴォロージャ、止まりなさい。ほら、この倒木にちょっと腰を掛けようじゃないか。おまえときちんと話をしたいんだ」

「うん、わかった。パパの話をしっかり聴くよ」

私たちは倒木に腰掛けた。息子は手を膝に置いて、アナスタシアと同じ眼差しで私をじっと見つめていたが、私は息子にとって不愉快な話をどう切り出せばよいのかわからずにいた。不愉快な話ではあるが、必要な話だ。

「ヴォロージャ、ひょっとすると、おまえにとってはあまり気分のよくない話かもしれないんだが、これは話しておかなきゃならないんだ」

「パパ、話して。気分のよくない話でも僕は我慢できるし、腹を立てたりしないから」

「ヴォロージャ、理解してほしいんだ。ママがおまえに、俺を手助けするよう言ったのは、俺がママにしつこく頼み込むのをやめさせるためなんだ。おまえに俺や一族の土地を整備しようとしている人たちを助けることなんて、到底無理だと思う。おまえにはママのような能力はないし、農業工学についても知らない。『景観デザイン』という言葉すら、おまえは知らないだろう?」

「パパ、景観デザインというのは、人間が空間を美しく創造することだと思うよ」

「まぁだいたいそういうことだが、それは才能のある人が五年以上専門的に学んだ上に、情報を交換し合ったりいろんな景観の図を見たりして、ようやくできるようになるものだ。おまえは見事なデザインが施された区画というものを、これまでに一つでも見たことがあるのかい？」

「ママと村に行ったとき、村人たちの家の周りには……」

「おまえが見たのは、なんのデザインもされていない田舎村の畑だろう」

「そうだよ、パパ、畑があった。でも、それを見た後で、自分だったらどんなふうにデザインするかを想像したよ。繰り返し何度も考えて、想像したんだ」

「想像するだけじゃ不十分だ。おまえには入手ができない、あらゆる分野の本格的な知識が必要なんだ。つまり、おまえには考えるための材料が足りないということだ。俺はもう一年以上このことを考え続けているし、専門家たちにも相談してきたんだ。だが、有効なものはなかった。だから、今俺たち二人で考えるだけでは、この行き詰まった状況から抜け出すことはできないと思う。しかし、他の方法でなら、おまえは俺を助けることができる。俺に考えがあるんだ。アナスタシアがこの課題の解決に乗り出してくれるよう、おまえも一緒に説得しておくれ。俺たちが一緒になって粘れば、彼女もきっと折れてくれるはずだ」

「でもパパ、ママはもう決断を下したよ。ママの決断は、それ自体が手助けでもあるんだ。その決断を取り消すようにお願いすることを、僕は自分に許すことができないよ」

「なんと、驚いた！　自分に許すことができないとはな！」私は大声を上げた。「つまり、おまえはママから『助けなさい』と言われれば、何も考えずに言うことを聞くが、パパから頼まれたときには『しない』と即答するんだな？　見事な教育を受けたもんだよ！　年輩者への敬意、父親への尊敬なんてあったもんじゃない！」

「パパ、僕はパパのことをすごく尊敬しているよ」ヴォロージャは落ち着いた様子で反論した。「僕はパパのお願いを聞いて、パパを助けるつもりだよ」

「まあ、そう言うならいいが。じゃあ、夕方まで散歩でもして時間をつぶしてから、落胆した様子でアナスタシアのところに行くことにしよう。二人で説得すれば、彼女も耐えきれずに助けてくれるはずだ」

「パパ、僕が助けると言ったのは、土壌を肥沃にする問題を解決するために、二人で一緒に模型をつくって、土地全体の景観デザインをするっていう意味だよ」

「おいおい！　あくまでも自分で解決するつもりなのか。どうしたものか……まあいい、とりあえず湖へ行こう。やってみれば、すぐにわかるさ……」そう言うと、私は湖へ向かって速足で進んだ。

湖に着くと、私は細い木の枝を使って、森に隣接する一ヘクタールの土地の見取り図を砂の上に大きく描いた。道路と反対側にあたる一辺には、ヴォロージャが様々な草や小枝を砂に突き刺して森を表現した。私が息子に見取り図を描いてみせたのは、彼の試みが無益であることを実感してほしかったからだが、いつの間にか、私の方があらゆる可能性を探すことに夢中になってしまっていた。

私たちはどうすれば肥沃度の低い土壌で植物が育ち、様々な果物や野菜が実るようになるかという課題に取り組んだ。頭の中でたくさんの方法を徹底的に検討したが、解決策を導くことはできなかった。解決できなかったのは、最小限の資金ですべてを行うということが条件の一つだったからだ。もちろん、潤沢な資金があるなら、大型トラックで肥沃な土壌を運んでくることはできる。しかし、そのためには少なくともトラック五十台分の土が必要だった。土の料金は一台あたり一万七千ルーブルなので、合計八十五万ルーブルも必要となる計算だ。

土地を購入した三百の家族のうちのほとんどは、資金に余裕のない人たちだ。しかも、お金を工面して肥沃な土壌を運んだとしても、春になれば地表の雪が解けて水になり、せっかくの肥沃層を流してしまう可能性だってあるのだ。

土壌肥沃度の向上は、なかなか希望が見出せない課題だった。私たちは少し気分を切りかえて、景観デザイン、より正確に言えば、様々な建物の配置と、区画内や区画周辺の環境との組み合わせの方を先に考えることにした。

私はヴォロージャに説明した。

「トイレとバーニャは最初に建てておかないとな。それから作業小屋と家を建てよう。あとはガレージと地下倉庫、そして温室も必要だ。どうにかして、全体が美しく見えて、なおかつ使い勝手のいいようにデザインしたいんだ」

私たちは近くに落ちていた小枝や木の葉を利用しながら、見取り図の上に砂の模型をつくっていった。家は区画の真ん中に配置し、バーニャとトイレは家のすぐ横、作業小屋は家の裏側に配置した。温室は砂を長方形に固め、その上にガラスやビニールに見立てた白い棒を置いて模した。

しかし、この温室が明らかに全体の景観に合わないものだった。家の右側に置いたり左側に置いたりしてみたのだが、やはり全体としてのまとまりがなくなってしまう。私はこの全体像があらゆる点からどうしても好きになれず、ヴォロージャも同じく気に入らないようだった。物思わしげに設計を見ながらヴォロージャが言った。

「僕たちは何かを間違えている……」

「ああ、それも一つじゃない」私が加えて言った。「間違えていることはたくさんありそうだな」

「僕は、間違いは結局のところ一つだけだと思うんだ。その一つだけを正せばすべてが即座に解決するようなアプローチというか、考え方もしくは別の言葉で表される何かがある気がするんだ」

「その新しいアプローチというのは、一体どういうものなんだい？　このデザインは多くの人が家を建てるときに採用する典型的な配置なんだ。これは何世紀にもわたって練り上げられた配置だから、きっとこれ以外のやり方では何かがうまくいかないんだと思うぞ。人々が何世紀にもわたって間違ったやり方を続けるなんて考えにくいし、そもそも、おまえの言う新しいアプローチとやらが存在するかも定かじゃない」

「存在する。僕は感じるんだ」ヴォロージャはしばらく沈黙した後に付け加えた。「もしくは、これから存在するようになるのかもしれない。パパ、僕たちがもっとしっかり考えれば見つかるはずだよ」

「しかし、俺たちは二人とも大宇宙のデータベースにアクセスできないのに、一体どこを探せばいいんだ？」

「自分の内を探すんだ」

「おいおい、おまえの若い頭脳なら見つけることができるのかもしれないが、俺はもうすぐ六十歳になるんだぞ。この年老いた頭脳で考えていたら、到底間に合わないさ」

「間に合うよ、パパ、絶対に間に合わせるんだ！　僕、ものすごく頑張るから。僕は見つける……僕たちで見つけるんだ！」


私は自分の意識を懸命に働かせて考え続けた。夜にほら穴の芳わしい干し草の上で横になっている間でさえ、あらゆる方法が浮かんできていたほどだった。しかし、その夜みた夢は、みるみる成長した果樹や花々があっという間にしおれ、実を結ぶことなく枯れてしまうという内容だった。

魔法使い同士の力くらべ

二日目の昼になると、私たちは方針転換を検討しはじめた。無理に春の雪解け水を排水したり、土壌の肥沃度を上げる方法に頭を悩ませるのはやめて、反対に、水を好む植物を植える方法で解決しようと考えたのだ。しかし、それだと植えられる植物の種類が乏しくなり、よい菜園とはならない問題が残った。二人で頭を悩ませていたその時、アナスタシアが娘の手を引いて現れた。

幼いナスチェンカは、おそらく、私とヴォロージャが何かゲームでもしていると思ったのだろう。素早く私たちのそばに座り込むと、砂の上につくられた一族の土地の模型をじっと観察しはじめた。彼女の視線の先には池を模した穴と、その池を掘った際に出る粘土の山を模した砂の山があった。

娘から座っているだけの役立たずと思われないように、私は区画の外周を表す線を小枝でなぞりはじめたが、やがて手持ち無沙汰となり、砂の模型を見つめるほかなかった。

ナスチェンカは模型のすぐそばまで這ってくると、座り直して、考えを巡らせる様子で鼻をこすった。そしてしばらくすると、そのふっくらとした小さな手で、区画の外周を表す線の上に細長い砂の山を丁寧にこしらえはじめた。その山が区画の一辺の半ばまでくると、ヴォロージャも同じように、自分が座っている場所に面した外周に細長い山を盛りはじめた。そして、なぜかわからぬまま、私も両手で外周の線上に砂をかき集めはじめた。

こうして、一族の土地の四方に砂山の囲いができ上がった。私たちは黙ったまま、でき上がったものを見つめていた。おそらく、全員がその模型が示していることの意味を理解しようと努めていた。

「わかったわ！」私の背後でアナスタシアの声が響いた。「すごいじゃない！　とっても珍しい方法を見つけたのね。ええと、ちょっと待ってね、私、あなたたちのアイディアを細部まで理解したいの。ああ、わかったわ！　あなたたちは一ヘクタールの土地から土壌を掘り出して、敷地の外周沿いに一メートルくらいの高さで土塁《どるい》のように積み上げることにしたのね。そこに肥沃層の一部と砂を利用したんだわ。すごいわ！　これで植物を植えるための層が分厚くなって、底にある粘土層までの距離ができたじゃない。

それに、池を掘るときには粘土がたくさん出るから、それを使って、土塁の外側と内側に藁を混ぜた日干し煉瓦の壁をつくることにしたのね。たしかに外壁と内壁の間を四メートルくらいの幅にして敷地全体を二重の壁で取り囲めば、その内部の土塁も土地全体の肥沃な土も春の雨で流されてしまうことはないわ。それに、森から小枝や朽ちた落ち葉を運んできて土塁の上に放り込んで、その上にさらに土を入れて均《なら》していけば、地面より高い位置に四百メートルの長い堆肥の花壇ができるのね。

そうしてできた堆肥の層は地面より高い位置にあるから、春になれば土が温まるのも早くなる。ということは、春の植え付けの時期も二週間ほど早められることになるわね。すごいわ！　あなたたちは、粘土質の土壌だと果樹を植えても根腐れを起こしてしまうことを理解し、地面より高い位置にコンポストをつくる方が合理的であると気づいたのね。

この花壇には一年目からトウモロコシやヒマワリを植えることも、花を植えることもできる。これらの植物が育てば、秋までの期間は一年目にして二メートルの高さの緑の塀をつくってたのしめるし、秋になって植物が枯れたら、それらを倒して土をかぶせておくことで、春にはもっと肥沃な土ができあがる。そうやって土を育てていけば、やがて土壌は十分に肥沃な状態になるから、そこに果樹を植えたり、好みの野菜や花を育てることができるようになるのね。日干し煉瓦は時間の経過で徐々に崩れていくかもしれないけれど、それでもある程度は肥沃層の流失防止になるし、植物から根が張れば土壌の流出を防いでくれるわ。

あら、この池のそばにあるたくさんの四角い粘土はなんの模型かしら？　いいえ、言わないで、わかったわ。これは盛土なのね。森から肥沃な土を運んできて盛土をつくり、そこに果樹や野菜や花を植えるのね。

あなたたちはすごいわ、なんてシンプルで独創的な方法を思い付いたのかしら。木を植えたい場所にだけ肥沃な土を盛って、肥沃層を五十センチメートルの厚さにしたのね。その盛り土の中は暖かく植物の根にとって快適だから、そうしておけば後は育っていく果樹たちが仕事をしてくれる。毎年秋には木々が葉を落とし、それが腐葉土となって肥沃層を厚くしてくれるんだわ。

素晴らしい案ね。まるでこの一ヘクタールの土地は必要な環境を自己形成する能力を兼ね備えた有機体で、あなたたちのアイディアはその機能のスイッチを押すようなものだわ」

アナスタシアは彼女自身が見つけた方法を、あたかも私たちが見つけたかのように説明した。だからといって、私の自尊心が傷つくことは一切なかった。むしろ、彼女が見つけてくれた方法に歓喜していた。美しいデザインだし、簡単で費用も大してかからない。

一方で、ヴォロージャはまったく嬉しそうではなく、顔を上げることなく土地の模型をじっと見つめていた。息子の心境を思うと、私の胸は締め付けられるようだった。自力で解決策を見つけられると私に断言した手前、気まずい思いをしているだろうし、自分自身に対しても、母親から託されたことを遂行できなかった居心地の悪さを感じているはずだ。

一緒に設計を考えて過ごしたこの一日半の間に、私と息子の距離は近づいていた。初日は彼の頑固さに対して怒りを覚えていたが、土壌を肥沃にするための方法を懸命に模索するヴォロージャを見て、その感情もすっかりなくなっていた。今はただ、あまりに息子が不憫《ふびん》に思えて、アナスタシアの話さえ耳に入らなくなっていた。親がこんなふうに子どもの自尊心を傷つけてはならない！　昨日、私に「おまえにできるはずがない」と言われたばかりなのに、ここでアナスタシアからも批評されたら……。いや、待て……。彼女がそんなことをするはずはない。もしそうでないとしたら……。もしかしたら、アナスタシアはわざと息子の感情を刺激し、負荷をかけることで意識の速度を速めさせようとしているだけなのかもしれない。そう考えて、私は少し冷静になった。

「ねえ、この敷地の中央にある四角形は、一体何を表しているの？」アナスタシアが訊ねた。

「これは家だ」私が答えた。「二人で考えて、住居は敷地の真ん中に配置することにしたんだ。周囲にあるのは、道具の収納や作業のための小屋だ。敷地の入口から家までは車道を敷き、その両脇には花を植えるつもりだ」

この配置に関しては私が一人で発案したものだったが、アナスタシアならこの案を褒めてくれるに違いないと考えて、私はあえて「二人で」と言った。その時はどんなことでもいいから、とにかく息子を元気づけたかったのだ。しかし、結果はまるで逆効果となった。

「じゃあ、家の玄関はどこ？」アナスタシアが訊いた。

「もちろん、玄関は敷地の入口から続く道に面しているさ。玄関の前まで車で乗りつけて、駐車スペースに車を停めたら、玄関前のテラスに上がる。テラスにはテーブルがあって、そこで友人たちとお茶を飲んだり、花を眺めてたのしんだりできるんだ」

「車の通る道も眺められるわね」アナスタシアは含みのある言い方で付け加えた。

「ああ、道も眺めてたのしめるさ」私は答えた。「美しく石畳を敷けばいい」

「家の裏側には何があるの?」

「家の裏側は、池や果樹園や畑にする予定だよ」

「つまり、菜園は裏庭に配置されることになるのね。あなたたちはテラスで友達とお茶を飲みながら花々を愛でるけれど、裏庭にあるものたちは放っておくのね。ウラジーミル、あなたはすべての動物や植物たちが、人間からの愛の眼差しを必要としていることを知っているでしょう? 彼らは人間からの眼差しがなくては自身の使命を完全に遂げることができないわ。

それに、植物たちはあなたに必要なエネルギーを知ることができれば、それを与えることができるのに、あなたが植物たちと交流する機会を制限してしまったら、それも叶わないわ。ウラジーミル、あなたは人間が植物と交流することの意味を知ってるはずよ」

「知っているよ」私は家の配置場所が間違っていたことへの落胆を隠しながら答えた。たしかに、このままだと敷地の半分が裏庭になってしまう。

「もう一つわからないことがあるの」アナスタシアは続けた。「池のほとりに大きな盛り土があるのはなぜ? この盛り土のせいで空間が重苦しくなっているわ」

この言葉を聞いて、ヴォロージャはついに我慢ならなくなったようだ。彼は立ち上がると、昨日のようにアナスタシアに軽く一礼してから言った。

「ママ、僕が説明してもいいかな」

「ええ、ヴォロージャ、どうぞ説明して」

息子と母親は、向かい合って立っていた。その様はまるで、大宇宙の偉大な魔法使い同士が対峙しているかのようだった。これから二人は一騎打ちをはじめる。人間の知性と可能性の一騎打ちだ。それにしても、ああ、アナスタシアはなんと美しいのだろう！　私の最愛の女性である彼女が、どれほどの能力と思考力を持ち合わせているのかは計り知れない。彼女ほど神秘的で類まれな女性はいない。一度や二度の人生では、彼女のレベルに到達できないだろう。一方の息子も、母親譲りで美しい顔と均整のとれた体つきをしてはいるが、そばから見ると少し自信過剰に見える。どうして息子はアナスタシアとの戦いに挑んだりするのだろう？　しかも、アナスタシアの能力には及ばないと言っておきながら、それを聞いていた私の目の前で。おそらく、息子は自信に満ちあふれている分、少々無謀なところがあるのだろう。しかし、それでもなお、私は心の底からヴォロージャを応援し、先の読めないこの勝負になんとか勝利してほしいと願った。そして、決戦の火ぶたが切られた。

「これはただの盛り土じゃないんだ」ヴォロージャは言った。

「じゃあ、一体何かしら？」アナスタシアは笑みを浮かべながら、生徒を試す試験官のように質問した。

「ええと……どう言ったらいいかな……」

ヴォロージャの話し方は明らかに合理的な説明をひねり出すための時間稼ぎだったが、何かを思い付いたのか、息子は突然こう答えた。

「ママ、これはバーニャ（＊ロシア式サウナ）なんだ！」

息子の突拍子もない発言に私はどきりとしたが、自分でもよくわからないまま、息子の援護射撃をはじめた。

「そうさ、これは立派な現代的バーニャで、一族の土地には絶対必要な設備だ。バーニャがなければ、どこで身体を洗い流したり、温めたりすればいい？」私はヴォロージャにさらなる時間を与えるために、必死になって言葉をつないだ。〝どうせなら、冬にスキーをするための山だとでも言ってくれたらよかったのに。バーニャだなんて、無理にもほどがあるぞ〟心の中でそう思いながらも、私は援護射撃を続けた。「家ができるまでは、バーニャで寝泊まりもできるからな」しかし、それ以上もっともらしい理由が思い浮かばず、私は黙り込んだ。

「おかしいわね。この盛り土はどうしてもバーニャの形には見えないわ。入口らしきものも見当たらないし」アナスタシアが指摘した。

ここまでだ……私は二人の勝負に見切りをつけた。バーニャだなどと見当違いな失言をしたヴォロージャの惨敗であり、魔法使い同士の壮絶な戦いには発展しなかった。しかし、私の予想に反して、ヴォロージャは話を続けた。

「ママ……これは……簡易的な模型なんだよ。この盛り土を粘土でつくればよかったんだけど、砂だけでできているでしょ？　砂は崩れてしまうから、入口を表すことが難しいんだ……」ヴォロージャは、相変わらず時間をかけて話しながら、思考を巡らせていた。しかし、何か閃いたのか、突然晴れやかな顔になると、確信めいた口調で続けた。「実際につくるとなったら、ほら、池に面したここを小さな入口にして、粘土製のドーム型の建物にするんだ。楕円形の建物の直径は二メートルか三メートル。高さは二メートル三十センチだよ。壁は分厚く一メートルくらいにする。壁には煙と熱い空気を排出するための管をそれぞれとおして、それらが合流する大きな管は開閉できるようにしておく。

そして建物の真ん中で火を焚くから、壁際に沿って座れるように大きな石を並べてもいい。火を焚くときには、扉を開けておいて池で水浴びをしながら火を眺めてもいいし、扉を閉めて室内を早く温めてもいい。そうやって火が燃え尽きて壁がしっかり温まったら室内に入るんだ。そうすれば床を含めた全方向から身体が温められるんだ。粘土は身体にとってとても良い、安らぎの熱を放射してくれるからね」

「ええ……もちろん……とても健康に良い放射熱ね……」今度はアナスタシアが考えを巡らせている様子で言った。「薬草の煎じ液を入れた容器を室内に置いておけば、さらに健康に良い効果が得られるわね。こんな素晴らしいバーニャの情報はこれまで大宇宙には存在していなかったから、あなたたちがこの情報をどこかから得ることはできなかったはず。ということは、あなたたちがこの情報を大宇宙に加えたということになる。今やあなたたちは……」

私は模型に盛られた砂の山を見つめ、バーニャがあり、周囲が花壇になっていて、バラの咲く美しい池の岸辺ができている様子を想像した。すると、その想像だけでこの上ない安らぎをもたらす温かさが体じゅうに広がった。私は直感的に、ヴォロージャがこれまでに存在しなかったものを創造したのだと気が付いた。それにより、魂がよろこんでいるかのような、いつにないほどの嬉しさがこみ上げてきた。

私は土地全体の設計について再び考えはじめたが、それと同時に、アナスタシアがいかに崇高で優れた頭脳と身体を持ち合わせている女性であるかということにも思いを馳せていた。もちろん、この設計に彼女もかかわったことは明らかで、ともすれば、あのような土壌を肥沃にするという無理難題に最も貢献したのは彼女だろう。集めた土の上になんでもない普通の堆肥を積み、生垣に変えてしまうなんて！　そして、やはり、彼女は自分の信念を曲げて私たちに手を貸してくれていたのだ。しかも私たちが気づかないような方法で。私はアナスタシアに近づくと、そっと小声で囁いた。

「これはすべてきみのアイディアだ。きみは解決策を見つけて教えてくれたんだね。ありがとう、アナスタシア」

「私たちみんなで見つけたのよ、ウラジーミル」アナスタシアは同じく囁いて言った。「それに、もしかしたら、あなたが話していた三百の家族たちが大きな貢献をしてくれたのかもしれないわ」

「でも、俺たちが知恵を絞っていたとき、彼らはここにいなかったじゃないか」

「この場所にはいなかったかもしれない。でも彼らは自分の一族の土地にいて、同じようにどうすればいいかを考えていたわ。ウラジーミル、想像してみて。もしも、彼らがそもそも存在しなかったら、あなたはどうしていたかしら？ 私たち家族全員を巻き込んで大騒ぎしたりした？ あれほど必死になって解決策を見つけ出すことに執着したかしら？ 彼らの存在がなければ、この問題はあなたの意識をかすめることすらなかったかもしれないわ。そういう意味では、あの三百の家族たちこそ、この設計の本当の主役かもしれないわよ」

「ああそうだな、確かに彼ら全員と一緒にこの設計をつくり上げたんだ。だから、その『全員』の分まで、きみにもっと大きな感謝を伝えたい。本当にありがとう、アナスタシア」そう言った後で私は付け加えた。「そして、俺に永遠をプレゼントしてくれたことも、ありがとう。俺は、きみが空き瓶を隠している場所に行ったんだ」

アナスタシアは少しうつむくと付け加えて言った。

「棒きれもね」

「棒きれもだ」私は肯定すると、耐えきれずに笑った。

アナスタシアも声を上げて大笑いした。その陽気さにつられて、模型の前にいた幼いナスチェンカも両手を大きく動かしながら、笑い声を上げて飛び跳ねた。一方で、ヴォロージャだけはその輪に加わらず、依然として一心に、考え込むように模型を凝視していた。

私は、急に息子が不慣でならなくなった。類まれなバーニャを思い付いたとはいえ、息子はアナスタシアに託された課題を自力で解決したわけではないのだ。

そして、おそらく私に対しても、二人だけでは解決できなかったことを気まずく感じているのだろう。でも、息子は十分頑張ったじゃないか……。私はなんとか彼を勇気づけ、励ましたくなった。しかし、私には、何をどうしてやればいいのかがわからなかった。

ヴォロージャは一心に模型を見つめていた。おそらくそこにまだ何か自分なりの新しいアイディアを見出そうとしているのだろう。解決策がすでに見つかっていることが受け入れられないのだ。

その晩、寝床に就く前に私はアナスタシアに訊いた。

「子どもたちは、普段どこで寝ているんだい？」

「その時々で各々寝床を変えているわ」アナスタシアは答えた。「ナスチェンカは私と一緒に眠ることもあるわよ。ウラジーミル、どうしてそんなことを聞くの？」

「ちょっと聞いてみただけさ。ヴォロージャと話したいことがあってね」

「じゃあ、彼を呼ぶといいわ」

「呼ぶって、大声で叫べってことかい？」

「普通に呼べばいいのよ。彼には聞こえるわ」

私は、外に出て息子を呼んでみた。すると、しばらくして、私の方へと歩いてくる息子の姿が見えた。彼は相変わらず模型について熱心に考えている様子だった。彼がそばまで来たとき、私は訊いた。

「ヴォロージャ、あの粘土でできた山をバーニャにすることは、いつ思い付いたんだい？　それまで俺にはそんなこと話していなかったのに」

「ママが僕たちの設計と粘土の山を分析しはじめた時だよ。バーニャにすると決めたのは、パパが『トイレとバーニャは最初に建てておかないとな』って言っていたからだよ。トイレにするにはあの山は大きすぎるから、バーニャにしようと決めたんだ」

「でも、おまえはその後で、構造や有用性まで語り出した。それは話をしながら瞬時に思い付いたのかい？　それとも、ひょっとしておまえも、ママみたいな速さで大宇宙の情報を扱えるようになったのか？」

「まだママみたいにはできないよ。でも、それすらも意味がちゃんとあるのかもしれない。情報を受け取れないときは、とにかく速く考えようと頑張ってみるんだ。それで上手くいくときもあるんだよ」

「上手くいったなんてものじゃない、まったくもって見事なアイディアだったよ！　おまえはまさに発明家だ。今、俺の頭はおまえが発明したバーニャのことでいっぱいだよ。街に戻ったら、実際に模型をつくって実験してみようと思っているくらいだ。デカンタ形状の陶器製水差しを買ってきて、底の近くに穴をあけるんだ。注ぎ口にはストローが通るくらいの穴が開いたカバーで蓋をして煙突代わりにする。あとは、焚火の代わりにろうそくを中に入れて一、二時間燃やすだけだ。そして水差しがどのように温まっていくのかを観察するんだ。ただ、陶器の水差しは薄いから、あまり正確な模型にはならないがね」

「パパ、だったら水差しを粘土で覆ってみて。そうすればより正確な模型になるよ」

「そうか、粘土で覆ってみよう。……ヴォロージャ、許してくれ。あの時に俺は、なんというか、ついかっとなって、おまえには知識が不足していると言ってしまった。どうか俺に腹を立てないでおくれ」

「パパに腹を立てたことなんて一度もないよ」彼は穏やかに答えた。

「それから、ママにも腹を立てないでほしいんだ。土地を土塁で囲うアイディアは、俺たち二人が思い付いたかのようにふるまってくれただけで、実際はママとナスチェンカがヒントをくれたわけだ。このことは、おまえももちろんわかっているだろう?」

「うん、パパ。全部わかっているよ」

「そうか。しかし、誰のアイディアなのかはどうでもいいんだ。重要なのは、これで土壌の問題が解決されたということだ。アナスタシアは本当によくやってくれた。ヴォロージャ、おまえだってそう思うだろう?」

「パパ、ママは僕たちに力くらべを持ちかけたんだよ」

「力くらべを持ちかけた？　そうか、おまえがママと向き合って立っていた時、なんだかそんな感じがしていたんだ。つまり、これはそういうゲームだったんだな？　きっと、頭脳の発達のためなんだろう」

「ゲームと呼んでもいいけれど、正確には力くらべだよ」

「だとしたら、ずるいじゃないか。アナスタシアは大宇宙に存在する膨大な情報を受け取ることができるが、俺たちにはできない。それで対等に競えるわけがないじゃないか」

ヴォロージャは、私の言い分を聞いた後で自信のこもった穏やかな口調で答えた。

「パパ、僕はママに持ちかけられた勝負を受けて立ったんだ。そしてこの勝負はまだ終わっていない」

「そんな無茶な……負けるに決まってる。百パーセントおまえの負けだ！　今日みたいに、またがっかり落ち込むことになるんだぞ。アナスタシアが土塁や中央に配置した家や裏庭について指摘していた時、おまえは首をうなだれて落ち込んでいたじゃないか。受けて立てば、いずれもっと落ち込むことになるぞ」

「パパ、僕は負けるわけにはいかないんだ。僕が負けるとママをひどく悲しませることになる」

「それなら、後で悲しまなくてもいいように、アナスタシアがそれとなくおまえに勝ちを譲ればいい話だ」

「ママは、そんなことしないよ」

「ああ、ヴォロージャ。俺は時々、おまえのことが無鉄砲に見えるよ。だが、もう仕方がない、そうなったらそうなった時だ。わかったよ、ヴォロージャ、寝床に戻りなさい。俺も寝床に就いて一ヘクタールの土地のどこに家を配置するのがいいか考えるとしよう。何かいい案が浮かぶかもしれない」

「うん、パパ、よく眠らなきゃだめだよ。パパに心地よい眠りが訪れますように」

こうして息子と別れ、一度ほら穴に戻ったのだが、なんだか横になる気にもならなかったため、私は再び散歩に出ることにした。

「アナスタシア、少し散歩をしてくるよ。俺を待たずに先に寝てくれ。ちょっと考えなきゃならないことがあるんだ」

私は白夜の明かりの中、ほら穴のそばを歩きながら、どうすればヴォロージャの力になれるかを考えていた。時おり、眠るアナスタシアの方を見ると、彼女は夢の中でわずかに微笑んでいた。柔和な美女が、まるで赤ん坊のように微笑んでいる。数時間前にはあれほど容赦なく私たちの設計を酷評していたというのに。彼女は模型にあった家の配置がよくないと指摘し、敷地の半分が裏庭になるのね、と言った。確かにそのとおりだ。そうだ、景観デザインの雑誌に載っていた家のレイアウトを思い出してヴォロージャに教えなければ。息子はなんの情報も持っていないのだから、建物を正しく配置することなどできるはずがない。息子のために考えてやれるのは私しかいない。さもなければ、ヴォロージャは自分の力を信じることができなくなってしまう。

私は息子の助けになりたくてたまらなくなり、何か役立つアイディアを思い付くまでは、決して眠りに就くまいと意気込んだ。私がこれまでに見てきた様々な家を思い出して、その中から最もふさわしいレイアウトを教えてやろう。

しかし、私の思惑は外れ、何一つ良いアイディアが浮かんでこなかった。それは、私が見てきたほとんどの家は、窓や玄関が道路に面していたからだった。

真夜中もとうに過ぎていたが、私は依然としてほら穴の前を行ったり来たりしながら、家や付随する建物の配置場所についてつぶさに検討していた。

すると突然、一つのアイディアが閃いた！　しかもそのアイディアはとても良いものに感じられた。よし、早速明日、アナスタシアに応戦してやろう！　これで対等な勝負ができるぞ！

私は、アナスタシアに指摘された裏庭のことを、翌朝どのように話してみせようかと想像しはじめた。まずは俺がぶっきらぼうにこう言う。「アナスタシア、そういえば昨日、家の配置のことで、裏庭がどうのこうのと言っていたよな」彼女は「ええ、敷地の半分が裏庭になるのね、と言ったわ」と言うだろう。「アナスタシア、違うね、そうはならない。きみは模型にあった窪みに気が付かなかったんだよ。その窪みはテラスを表していて、家をぐるっとテラスで囲んでいるんだ。日差しが暑いときには、玄関の反対側に移動し、日陰で友人たちとくつろぐ。その間は裏庭側で花壇を眺めてたのしめるんだから、植物たちが人間の眼差しを受けられないなんてことはない。なんせ、家のどの面にもテラスがあるんだからな」するとアナスタシアはこう言う。「あら、本当ね。気が付かなかったわ」

いい案が思い浮かんだと満足した私は、芳しいベッドの眠れる森の美女を起こさないように、そっと隣に横たわった。

その夜、ヴォロージャのバーニャについていておかしな夢をみた。私が中に入って背後のドアを閉めると、バーニャが地面から離れ、どんどん速度を上げながらどこかへ飛び立っていってしまったのだ。

火の鳥

私が目覚めたのは十一時頃だった。おそらく、二日間にわたって頭脳を酷使し続けたせいだろう、私は長い時間眠っていた。目が覚めると、すぐに息子に会ってバーニャの話をしなければと思った。昨夜、寝る前に新たに思い付いたのだが、あれはただのバーニャではなく、多機能な設備なのだ。友人や家族たちと庭に出て、温まったバーニャのそばに座れば、素晴らしい野外暖炉の役割も果たしてくれる。それに、中で衣服を乾かすことも、キノコを乾燥させることもできる。パンを焼いたり、美味しい料理をつくることだってできる。そしてもちろん、熱で身体を温めて癒すこともできる……。思い付く限りの利点をひねり出しながら、私は一族の土地の模型がある湖の岸辺に向かった。しかし、低木の茂みを抜けて岸辺に出ると、私は目の前に広がる光景に絶句した。

昨日の模型のすぐそばには、脚が粘土で汚れたメス狼がぐったりと横たわっており、その二メートル横の窪みには、足踏みをしながら粘土をこねるメス熊がいたのだ。当のヴォロージャは膝立ちになり、両手で昨日つくった模型の表面を整えていたのだが、岸辺に設置されたそのバ……いや、違う！　私には、目にしたものをバーニャと呼ぶ決心はつかなかった。熊や狼がいる恐怖などどこかへ吹き飛んでいき、私はそこへ近づいていった。

ヴォロージャがこしらえている物体の中央部分は、一風変わった鳥の頭と胴体のようだった。土台の部分には内部への入口を表しているであろう小さな穴が空いていた。風変わりな鳥に似た中央部分からは、二枚の翼が空間を抱きしめるように延びていた。片方の翼の下には男女が座っていて、その姿かたちはどことなく私とアナスタシアに似ていた。両翼に抱かれた中央では小さな女の子も遊んでいた。

この日は雲が多かったため、風に泳ぐ雲と太陽の光の戯《たわむ》れが、交互に模型の鳥を照らし、まるで火の鳥が今にも飛び立とうとしているかのような印象を与えた。

「昨日のアイディアは、なぜか惹かれてしまうところがあるわね。朝からあなたたちのバーニャのことばかり考えてしまうの」声がした方を振り返ると、アナスタシアが幼いナスチェンカの手を引いて湖岸に来たところだった。「あのバーニャには、とても珍しい、特別な何かがあるわ。それを解明しなければ。私も……」

アナスタシアは最後まで言い終わらないうちに黙ってしまった。息子が創造したものを見て言葉を失ったのだ。彼女はナスチェンカを連れて鳥の模型のそばまで行くと、腰をおろして娘を抱きしめ、しばらくの間、類まれな美しさを放つヴォロージャの作品を見つめた。そして、自分の考えを整理するかのように話しはじめた。

「土、火、水、エーテル、それに放射熱と人間……これらすべてが一羽の鳥の中に含まれている。それもこれほど見事なかたちで。この鳥は、子鷲たちに飛び方を教える母鷲に似ている」

「これは多機能な設備なんだ」彼女が感嘆していることが嬉しくなり、昨晩思い付いたばかりの反論を私はアナスタシアに言った。「中で友達とバーニャをたのしむだけじゃなく、パンを焼いたり料理をしたり、キノコを乾燥させたりすることもできるんだ」

「ええ、できるわね。でも、友達と一緒に入るのはやめた方がいいわ。一緒に入るなら親しい親族たちとだけにするか、一人で入る機会を多くする方がいいわ」

「なぜだい?」

「ウラジーミル、この設備は、ともすればドルメンよりも効果の高い働きをするの。中で瞑想する方がおすすめだわ」

私たちが話をしていると、ナスチェンカが指で鳥の模型から粘土を懸命にほじり出していた。

「アナスタシア、見ろよ。ナスチェンカが模型を壊そうとしているぞ」

「彼女は、ドームの東西南北に採光をとるための窓をつくるよう伝えたいんだと思うわ。そうすれば昼間は明るいし、夜も星が見えるでしょう?」

「僕も、天井に丸い窓をつくるつもりだったんだよ」ヴォロージャが付け加えるように言った。ナスチェンカは皆が彼女の行為に賛成していることを理解すると、指で粘土に穴をあけるのをやめ、なにか物思わし気な様子で森に向かってゆっくりと歩きだした。

「アナスタ」自分でも理由がわからぬまま、私は娘の背中に向かって呼びかけた。

ナスチェンカは振り返って、まじまじと私を見つめた。髪の束がそよ風に吹かれ、彼女の額に星のような形のあざが露わになった。少女は微笑むと、再び彼女自身にしか知り得ない目的のために進みはじめた。

一方、アナスタシアは黙ったまま、何かを読み取ろうとするかのようにヴォロージャの作品をじっと見つめていた。私はこれまでに、彼女がこれほど集中しているのを見たことがなかった。そしてやがて、まるで声に出しながら審議するかのように、アナスタシアが話をはじめた。

「採光のための丸窓が五つあって、そこから差し込んだ光は太陽や月の動きに合わせて、円形の部屋の壁や床を移動していく。これはとても重要だわ。光が中にいる人を照らしてくれる」

「アナスタシア、普通のバーニャとは形状が異なるが、この施設を病気の改善に役立てることはできそうかい？」

「これはどんなバーニャやサウナよりも効果的に作用するわ。粘土質の壁は、温められると人間の健康にとてもよい熱を放射するから、血液の巡りがよくなって、内臓が温まり、解毒が促されるのよ」

「具体的にはどんな病気を癒すことができるんだい？」

「体全体に望ましい作用が起こるから、肉体はどんな病気とも闘えるようになる。それどころか、特定の臓器に活力を集中的に送ることもできるわ」

「じゃあ、例えば腎臓が悪い場合はどうやって癒すんだ？　どうやって活力を送ればいい？」

「清潔な砂を入れた木製の浴槽を部屋の中央に運んできて、砂が温まったら、その中に入って頭だけ出した状態で横たわるの。でもその前に、スイカをたくさん食べておくといいわ。そうすれば老廃物の排出が促されるし、毛穴から出る汗を砂がしっかりと吸収してくれるの」

「汗を出すことなら普通のバーニャでもできるが、どうしてわざわざ砂の中に入るんだい？」

「ウラジーミル、普通のバーニャだと、例えば首回りから出てきた汗はどこへ行く？」

「どこって、下に流れていくだろう」

「そう、まさにそれが問題なの。かいた汗は皮膚を伝って下に流れていくから、他の毛穴の分泌を阻害してしまうの。一方で、乾いた砂であれば水分をとてもよく吸収するから、かいた汗は身体の表面を流れずにすぐに砂へ吸い込まれていく。その状態で薬草の煎じ薬を飲むとさらによい効果を得られるはずよ」

「じゃあ、肝臓だったらどうすればいい？」

「ウラジーミル、あなたは肝臓も心配なのね？」

「俺だけじゃない、肝臓が悪い人はごまんといる」

「この設備で効果的に肝臓の治療をするなら、夜中の三時頃がいいわ」

「どうして夜中の三時なんだい？」

「大体その時間に、他のすべての臓器が肝臓に蓄積した毒素の浄化を手助けするからよ。さらにそのとき、両手のひらを肝臓に当てながら感謝の気持ちで肝臓のことを想い、意識の中で『ありがとう！』と伝えれば、肝臓は活気づいて自分で修復をはじめる」

「自分で修復するだって？　肝臓は生き物だとでもいうのかい？」

「もちろん、生き物よ。あなたの身体にあるすべての臓器も、同じく意思を持って生きているわ」

「ところで、この中で瞑想をした方がいいというのはなぜだい？　きみはさっき、ドルメンよりも効果が高いと言っていたね」

「ドルメンに入っていった人たちは、永遠の瞑想に就いていた。より効果的に子孫たちに情報を伝えるために、あえてこの方法を選択したの。ドルメンはその助けになっていた。一方でこの独特な設備は、人間が情報を子孫たちに伝えられるよう、ドルメンよりも効果的に働くの。でもそれだけじゃなく、一定の条件下でなら、中にいる人間はそれまでに受け取った反知性の情報を最小限にして、代わりに大宇宙からの情報を受信することができる……」

アナスタシアはそう言って突然黙り込んだ。それから息子を見つめると、訊ねた。

「ヴォロージャ、この設計にまだ何か付け足したいことはある？」

「あるよ、ママ。でも、もうしばらく一人になって考えたいんだ」

「わかったわ。あなたの邪魔をしないようにするわね」

彼女はナスチェンカを抱き上げて、立ち去ろうとした。すると、ヴォロージャが言った。

「ママ、ナスチェンカはここに残しておいてくれないかな」

兄の希望を聞いたナスチェンカは、素早くアナスタシアの腕から滑り降りると、模型を目がけて歩いていった。私も息子の邪魔をしないよう、アナスタシアと一緒にその場を離れることにした。

裁きは無用

翌日、私とアナスタシアは二人で彼女の祖父のところへ行くことにした。ずいぶん前から彼の草地に案内してほしいと頼んでいたからでもあったが、私にはちょうど彼と話したいことがあったのだ。祖父の草地までは徒歩三時間の距離だと言われたので、現地での滞在時間を含めて一日がかりの遠征になるだろうと覚悟していたのだが、結果的には二日間の遠征となった。

祖父の草地へと向かう道中、アナスタシアとの話題はもっぱら一族の土地に関することだった。

「アナスタシア、一族の土地を建設している人たちの多くが、一族の土地に電気を引いたり、機械を使用したりすべきでないと考えているんだ。もちろん、気にせず使っている人もいるがね」

「ウラジーミル、あなたはどう考えているの?」

「初期段階ではどうしても機械を使わないと難しいし、専門の建設業者に頼ることはある程度仕

方のないことだと思う」

「あなたの考えでいいんじゃないかしら。この際、何世紀にもわたって人類が積み上げてきた技術的手段を善《よ》いことに役立てればいいと思うわ。それが相反するものを統合させることにもなる。でも、将来的には少しずつそういったものが不要になっていくよう、暮らしを設計することが不可欠だと思うわ」

ひとしきり一族の土地の話をし終えると、私たちは無言で歩き続けた。古い倒木をまたいだり、灌木《かんぼく》の茂みに隠れた曲がりくねった道を進みながら考え事をしていたせいか、私は先を行く彼女にだいぶ遅れをとってしまっていた。私の視界から彼女の姿は消えていたが、茂みをかき分ける音を頼りに歩いていくと、数歩先からアナスタシアの声がした。

「ウラジーミル、疲れたんじゃない？　少し休憩しましょう」

「ああ、そうしよう」私は賛成した。「この道は楽じゃないな。たった一時間しか歩いてないのに、もう十キロくらい歩いたような気がするよ」

私たちは倒木に腰かけた。するとアナスタシアが、道中に摘んできた一握りのスグリの実を差しだしてきた。私はタイガの美味しい果実をつまみながら、ある悩みについて考えを巡らせていた。しかし、これ以上悩んでも埒《らち》が明《あ》かないと判断し、私はアナスタシアに打ち明けることにした。

「アナスタシア、実はもう何年も、あることで悩んでいるんだ。以前、俺の本の中で、歴史的事実や博物館にある資料を引用しながら、ルーシでキリスト教が広がりはじめた経緯について言及したんだが、その結果、俺はネガティブな情報ばかりを受け取る羽目になったんだ。実際、このキリスト教が広まる過程はルーシを強奪するようなものだったから、俺が書いた事実や結論は正しいものだったと思う。それでも、俺は辛い気持ちになったし、もう何年も疑念に苛《さいな》まれているんだ」

「ウラジーミル、何があなたを辛い気持ちにさせているの？　教会の代表者たちがあなたについて悪い評価をしていること？」

「いや、そうじゃない。そんなことにはもう慣れたよ。他にどうしても納得しきれないことがあるんだ」

「どんなこと？」

「俺がルーシのキリスト教化がいかに強引なものであったかを書いたことで、特定の誰かではなく、先祖やロシア国民の全員を一斉に否定する結果になってしまったんだ。後になってわかったよ。あんなことは絶対に書くべきじゃなかったんだ」

「ウラジーミル、どうしてそう思うの？」

「俺の幼少期を思い返すと、祖父母の暮らすクズニチ村で過ごした日々が一番幸せだったんだ。あの頃のことは今でも鮮明に覚えているよ。祖父母が暮らしていたのはウクライナの昔ながらの小さな百姓家で、テーブルの隅にはいつも正教のイコン（＊正教で儀式や祈りに用いられる板絵の聖画像。主にキリスト、聖母、聖者の像または聖書に書かれた物語や教会の歴史の一場面が描かれている）が祀《まつ》られていた。そのイコンは刺繍《ししゅう》を施した上等な布の上に飾られていて、祖父母は日常的に献灯し、祈りを捧げていた。彼らの暮らしの中には、正教が根付いていたんだ。

祖父母だけじゃない。俺の母は脚が悪かったんだが、それでも脚を引きずって教会に通っていたんだ。俺自身も、教父であるトロイツェ・セルギー大修道院のフェオドリ神父のことはよく思い出すし、彼にもらった聖書を今でも大切に持っている。

すると、こういうことになる。キリスト教を否定的に書いた俺は、自分の祖父母や母、教父のフェオドリ神父のことを否定的に扱ったことになるんだ。ひょっとすると、その他の多くの善人や立派な人たちのこともだ。この事実に気づいた後、テレビ番組に出演する機会があり、俺は教会への謝罪を表明した。しかし、それでも俺の心は晴れなかった。俺は親しい人たちへの贖罪《しょくざい》のために、それに俺自身への贖《あがな》いとしても、他にどんなことをすればいいと思う？」

「すべてを余すことなく認識し、それを整理した上で、否定的なものを圧倒する肯定的なイメージを呼び起こすことが必要だと思うわ」

「もちろん、言うのは簡単さ。俺だって、もう一年以上も自分の中で何が起きているのかを認識しようと試みているが、なんだか上手くいかないんだ。教えてくれ。きみは宗教についてどう考えているんだい？　きみが好ましく思ったり、否定したり、拒絶する特定の宗教はあるのかい？」

「ウラジーミル、私にはあなたが『否定する』という言葉にどんな意味を込めているのかがわからないけれど、それを考えるために、試しにあなたの一族の鎖を見てみましょう。はい、この枝を手にとって。これはあなたの一族の系譜から、あなたが否定したい部分だけを取り除くことができる剣よ」

アナスタシアがそう言うと、突如、空間に人々が手をつないで長い鎖のように連なっている映像が出現した。手前側にいる人々は首から十字架や小さなイコンをぶら下げていた。

「ウラジーミル、手前に見えるのは正教を信仰していたあなたの親族たちよ。そして、その奥に見えるターバンを巻いたイスラム教徒の人たちも、あなたの家系の人たちよ。ほら、さらに奥にいる大人数の一団は、今日では邪教と呼ばれる人々よ。その次には、手をつないだヴェド期のあなたの先祖たちもいる。そして一番向こうには、輪郭のはっきりしない人たちが見える。彼らについての明確な情報は空間に記録されていないから、輪郭がはっきりしていないけれど、一つ言えることは、彼らが地上に初めて現れた原初の人間であり、彼らもあなたの先祖だということ。

この一族の列の先頭にいるのは神によって創造された人で、今でも神と直接手をつないでいる。そして彼と彼に続くすべての子孫たちには、創造主の粒子が受け継がれている。いつか、あなたの一族に生まれてくる誰かが、すべてを悟って、先祖全員を一人ひとり感じるときがくる。その人が創造主と手をつなげば、全員が結びついた輪ができる。その人はあなたかもしれないし、あなたの曾孫かもしれない。アルファでありオメガ、そして再びアルファとなる輪ができるの。

では、ここで考えてみて。あなたは、この中のどの先祖たちを一族の鎖の輪から外したいと思うの？」

「それはよく考えてみないと……いや、待て、待ってくれ、アナスタシア。一人でも鎖から外してしまったら、輪が途切れてしまうじゃないか」

「ええ、途切れてしまうわ」

「そうなったら、輪を途切れさせた人間は、絶対に創造主を理解することができなくなる。なんせ創造主とのつながりがなくなってしまうんだからな」

「私もそう思うわ」

「それは何を意味する？　人間は絶対にすべての宗教を受け入れなければならないということかい？」

「どの宗教を受け入れるかは一人ひとりが選択すればいい。でも、人類がたどってきた道に起こった出来事を否定してはいけないわ。過去に起こったことのすべてが、今日の人々の自覚に不可欠なものだった可能性があるの。善いと思うことは受け入れ、否定的に映ることは、未来に繰り返されることがないよう、きちんと理解することが必要よ。だから、すぐに拒絶しないで」

「じゃあ、もし否定的に映ることをきちんと知ろうとせず放置した場合は、必ず同じかたちで繰り返されるのかい？」

「ええ、繰り返される。あたかも新しい教義を伝えるかのような預言者が現れるけれど、過去のことを忘れてしまった人たちは、中身が何も変わっていないことには気づかずに、新しい教義に大喜びで耳を傾ける」

「でも、創造のときから人類に起こってきたことのすべてを正確に知ることは不可能だよ。近代に起きた出来事ですら、権力者の都合で歪められているんだ」

「ウラジーミル、あなたの内に、そして地上に生きる一人ひとりの内に、創造のときから現在に至るまでの、自分の一族についてのすべての情報が粒子として存在しているの」

「その情報が遺伝子レベルで一人ひとりに保存されているっていうことはわかるんだ。だが、どうすればその情報を使いこなせるかがわからないんだ」

「ほんのわずかな粒子でさえも否定せず、拒絶しないことよ」

「自分の粒子なら、誰だって拒絶しようとは思わないだろう」

「他者からもたらされた過去の情報を否定し続ける限り、あなたは自身の内にある粒子を拒絶していることになるわ」

「だが、それが嘘の情報だったら、どうするんだ?」

「嘘の情報の粒子もあなたの一部なの。それは、あなたが嘘だと見抜くために保存されたの」

「アナスタシア、だが、生き方を変えようとしなかったヴェドルシア人たちが、黒衣の僧たちに殺された件はどうなる? この話を本に書いた後、多くの読者から『あのヴェドルシア人たちのイメージはとても強烈だった』という声が寄せられたんだ。俺もしょっちゅう思い出すくらいだ。特に、怪我を負った芸術家の男の場面だ。彼が愛する女性を象った木像を胸に押し当てながら、松の木の下で横たわっていた光景は、何度も思い出してしまうよ。その女性は他の男に嫁いだが、それでも彼は彼女のことを生涯愛し続けた。それも自分の愛を隠しながらだ。だが、木像を彫るときだけは愛を隠せずにいたんだろう、彼が仕事の依頼で彫った木像はすべて彼女に似ていた。

彼は年老いていたが、愛する女性の家族から敵の部隊を自分に引きつけるために、一人で一部隊との闘いに挑んで怪我を負った。これはきみから聞いた話だ。『ヴェドルシアの男はうめき声を上げることなく、草の上で静かに横たわった。彼の胸からは血が小さな川となって流れ落ちていた。木である松が泣くことができずにいる中……』どうだい、きみも覚えているだろう？」

「ええ、ウラジーミル、覚えているわ。感情を揺さぶる情景だったわね」

「じゃあ、俺にしても他の誰かにしても、そんな光景を目にした後で黒衣の僧たちを拒絶せずにいられるか？」

「ウラジーミル、あなたは自分が誰だったと感じているの？　怪我を負ったヴェドルシアの男性？　それとも黒衣の僧？」

「俺が誰だったのか？　待ってくれ、きみはあえて俺にあの光景を見せたとでも言うのか……？俺がどっちだったかなんて……。でも、俺はその場面に関係ないだろう？」

「じゃあ質問を変えるわね。あの過去の場面にはあなたの先祖がいた。ウラジーミル、あなたはどちらが先祖だったと感じるの？」

「わからないよ。でも、ヴェドルシア人たちの誰かであってほしい。いやもちろん、ヴェドルシア人だったはずさ！　黒衣の僧たちは他国からルーシにやって来たんだからな。アナスタシア、そうだろう？　俺の理解は正しいはずだ。そうだろう？」

「ウラジーミル、興奮しないで。落ち着いて情報を受け取って。実際に、あなたの先祖はヴェドルシア人よ。でも、金切り声を上げていた黒衣の僧も、同じくあなたの先祖なの。

すべてが一《いっ》なるものから発生している……つまり、すべての人は兄弟なの。そのことを忘れた人々が殺し合いをしながら、互いに『敵』の内にいる自分を殺している。あなたが悪業だと感じる歴史上の出来事にも意味があるのかもしれないわ。でも、もうすでに新しい千年紀のはじまりとともに、存在についての新しい認識がある時代、地球が素晴らしい姿に変貌を遂げる時代が、地上に訪れたの」

「そうなのか？　そんな時代がすでに訪れたのか……？　確かに、世界には新しい何かが生まれている気がしているよ。特に、一族の土地のコミュニティの人々がこぞって荒れた土地を美しく整え、暮らしの場を築いている姿を見るとね。彼らは新しい時代の先駆者たちなのか？」

「彼らの自覚と気持ちが、世界に新しいものを提示しているの」

「だがその一方で、テレビのニュースは相変わらずだ。真っ先に報道されるのは、どの国の大統領が誰と会談しただの、石油がいくらになっただの、何年も経済危機だと繰り返すばかりだ。本質に触れるようなことは何も提示しやしない」

「ウラジーミル、あなたがテレビで見ているのは、前の時代のニュースなの。大宇宙はすでに異なる次元に生きている。でも、過去のことも余すところなく覚えておいて。そして、先祖たちによる祈りの力を自分に携えておいて」

「きみの言葉をどう理解すればいいかわからないよ。『祈りの力』とは何を意味しているんだ?」

「あなたの先祖たちは、何世代にもわたって毎日正教のイコンを見つめては祈り、希望や願いを捧げてきた。彼らのイコンはその祈りを聴いていて、日ごとにエネルギーを蓄えていった。だから、その祈りのエネルギーが力となってあなたを助けてくれるし、実際、すでに助けているわ。それに、イスラム教の大ムフティーから贈られたロザリオとコーランも、あなたの教父であるフェオドリ神父から贈られた聖書も、あなたをすでに助けている。そして、あなたが救世主ハリストス大聖堂（＊モスクワ市内中心部にある正教の大聖堂。ロシア正教会モスクワ総主教直轄の首座聖堂）で、大勢の人の前で話をした日のことを、畏敬《いけい》の念をもって思い出して。それに、とても美しいリャイリャ・チューリップ・モスク（＊ロシアのバシコルトスタン共和国の首都ウファにあるイスラム教寺院）の超満員の聴衆の前で、正教の聖職者とユダヤ教のラビがあなたと並んで席についていた日のことも。あのとき、あなたは一族の土地について話をし、環境学者たちもそれを支持する内容の演説をした。あの日のことを覚えている?」

「ああ、覚えているよ。大ムフティーが企画してくれたんだ。あのときのモスクには様々な信仰の人たちが集まっていて、誰もが彼に感謝していた。でも、それ以外の嫌なこともたくさん経験した。新聞や雑誌には中傷する記事を書かれたし、テレビの第一チャンネルでは番組を挙げて笑い者にされたんだ」

「もしかしたら、それも……つまり、あなたに向けられた誹謗中傷も、必要なことだったのかもしれないわよ？」

「必要だった⁉　なんのために？　アナスタシア、馬鹿なことを言うなよ！」

「あなたは誰にも手が出せない宮殿か寺院にでもこもるつもりなのね。あなたは英雄？　ええ、立派な英雄！　あなたは見事な銅のトランペットが鳴らす耳触りの良い音にずっと浸っていたいのね。どうすればあなたをそのエゴの状態から救い出せるかしら？　自分で抜け出せそう？」

「……俺にはエゴも傲慢もありはしない。あるのは疲労だけだ」

「つまり、いつだったかベラルーシの首都で、満員の読者たちの前で公然と一人の司教を破門すべきだと言いはじめたのは、疲れからだったのね？」

「なにも本気で言ったわけじゃないよ。公演がはじまる前に、その司教について小耳に挟んだことがあって……」

「そして、満員のホールはあなたに拍手喝采だった。その集合意識はエネルギーとなって上昇したわ」

「もしかして、俺のせいでその司教の身に何か起こったのか？」

「ウラジーミル、今は彼ではなく、あなたの話をしているの。そもそも、あなたは自身の宗教とのかかわりを理解し、それを自身がどう感じているかを余すことなく認識し、整理したかったのよね」

「ああ、そのとおりだ」

「それはあなたが自分の力でなさなければならないことよ。……でもそうね、未来に起こることを話すわ。もしかしたらこの情報があなたの助けになるかもしれない。

もうじき、百五十カ国以上の国の統治者たちが一堂に会することになる。科学者たちも参加して、一つの問題を解決しようとするの。それは人間の活動によって大気中に放出される有害なガスをどのように削減していくかという問題よ。このガスは地球にとって大災害への脅威となるものなのに、世界百五十カ国の統治者たちは解決策をまとめることができないまま散会する。そして、人類がつくり出した有害なガスの放出は続き、地球を破壊していく※。ウラジーミル、この状況についてあなたはどう思う？」

※二〇〇九年十二月七日から十八日にかけて、各国首脳による、大気中への温室効果ガス排出量制限に関する環境サミットがコペンハーゲンで開催された。参加国は百九十二カ国におよんだ。

「どう思うって？　各国の首脳たちが環境問題について話し合うことなんて、すでに何度も行われているが、無意味なんじゃないかと思う。もうこんな会議には誰も注目していないよ」

「なぜ？」

「なぜって、実際に有効な提案をする国なんてないからさ。実効性のある提案が議題に上がらないのなら、集まる意味なんてないだろう？　笑い種《ぐさ》だよ」

「あなたはどんな提案なら実効性があると思うの？」

「世界の大多数の人々が生活の優先順位を変えてしまうような提案さ。生計を立てるために害をもたらす産業で働くのではなく、暮らしの環境をよりよくしたいという願望が生まれるような提案だ。しかし、どの国の統治者も失業や暴動が起こって政権が危うくなることを恐れて、有害な産業を止めることなんてできないんだよ」

「つまり、各国の首脳たちでは地球規模の大災害を止めらないということね。でも、もしかしたら政治とは異なる機関、例えば高い精神性をもった団体であれば、それができるかもしれない。もし、すべての宗教の総主教たちが集まって、それぞれが信徒たちに、暮らしの環境を改善することを促すよう話し合ったら、どうなると思う？」

「そうだな！　確かにそうだ！　彼らなら、首脳たちよりもこの問題に対して効果的に取り組み、各国の国民にも政府にも影響を与えることができるかもしれない」

「ということは、宗教も重要で、必要なものということね。ウラジーミル、あなたはどう思う？」

「そうだな、重要かつ必要なものということになる。それに、宗教を信仰している人々が皆で一斉に、精神的にも物質的にも暮らしの環境を改善するよう力を注ぐのなら、ものすごい効果が現れるだろう。とはいえ、ここでも具体性が必要なんだ。アナスタシア、きみの構想には類を見ないほどの具体性があり、世界中の人々の魂とハートがそれを受け入れた。だが、たった一つ、とある状況が実現への展望に疑問を抱かせるんだ」

「どんな状況のこと？」

「きみが見せてくれた一族の土地での暮らしは、現在の都市部や農村での人々の暮らしよりもはるかに優れている。そして、国からは一切の支援がないにもかかわらず、その暮らしをはじめる家族の数は毎年増える一方だ。人口の大部分が一族の土地を持って、そこで暮らしたいと考えはじめる日もそう遠くないかもしれない。しかし、このままいくと一ヘクタールの土地が足りなくなるかもしれないんだ。実際、今だって生活空間や天然資源の不足が危ぶまれているし、地球人口の一部を削減する必要性について話し合われているという噂まであるくらいだ。その噂によると、地球上にはいわゆるゴールデン・ビリオン（＊一九七〇年代にソビエト連邦の出版物の中で使われるようになった表現。一九七二年にローマクラブで発表された報告書の内容と、地球の資源と自然環境は約十億人の人口を養うことしかできないという環境学者の見解を関連づけた言葉であり、しだいに主に西側諸国のエリート層を中心とした十億人とそれ以外の人口との格差を批判する意味合いで引用されるようになった）とそれに奉仕する二〜三十億人が残ることになると言われている。地球人口はすでに六十億人に達しているから、国土面積九百六十万平方キロメートルの国土に十億三千万人が暮らす、中国で行われたような出生制限も議論の対象になっているんだ。

もしも人々の暮らしがきみの構想のように変わったら、人間の寿命は長くなる。なぜなら、一族の土地に住めば飲酒や喫煙などの悪習に溺れなくなるし、日々特上の食べ物を手に入れ、清浄な空気を吸い、人を癒す水を飲むことができるようになるからだ。平均でも今より二倍近く寿命が延びることは目に見えて明らかで、反論の余地もないくらいだ。

それに、一族の土地に暮らす家族は子どもがほしいと思うようになる。子どもを生みたいという彼らの願望は、現代の都市で暮らす家族よりも格段に強くなるだろう。ということは、その人たちの子どもが家族を持ちたいと望んだときに、新たに自分のための一ヘクタールの土地を手に入れることがどんどん難しくなっていくってことだ。

もちろん、何かしらの出口があるはずだとは思うんだ。素晴らしい世界を意図した創造主が、生活空間を巡って人々が争うことになるような、そんな出口のない状況をつくるはずなどないからね。だから、何かしらの出口があるはずだということはわかる。きみのお祖父さんは、科学技術による宇宙開拓は馬鹿げていて展望などない、それとは別の方法があると言っていた。彼はそれをサイコ・テレポーテーションと呼んでいた。でも、どれだけ考えても、その詳細を把握することなんてできないし、それが可能だというイメージすらわかないんだ。そんな方法が存在することなんて誰も信じないし、科学もそれについて何も語っていない」

「宇宙空間や他の銀河の惑星を開拓する方法として、サイコ・テレポーテーションが存在することは私も知っているわ。でも、私の一族の誰も、まだその詳しい仕組みを解明できていないの。私も常々、一族の土地を築いている人たちや彼らの子どもたちが、サイコ・テレポーテーションが発動する条件を見つけられるよう願っているの。そして、必ず見つかる。

ウラジーミル、あなたの懸念は私も理解できるわ。サイコ・テレポーテーションの仕組みがわからなければ、自分の一族の未来が不透明であるという不安は残り続けてしまうものね。私もそのメカニズムのほんの一部でもいいから、理解しなければならないと思っているわ。

だから、これまでにもずっとサイコ・テレポーテーションについて考え、その方法を探してきた。方法はまだ見つかっていないけれど、それが存在するという論理的な裏付けだけなら、いくつか見つけることができたわ。そこから得られる推論だけでも詳しく話して、科学や生物学、プログラミングに精通した人たちにも、一緒に考えてもらうことが不可欠なのかもしれないわね。皆で一緒に考えれば、答えは見つかるはずだわ。

さあ、ウラジーミル、着いたわ。ここがおじいちゃんの家……おじいちゃんの空間よ」アナスタシアはそう告げると、足を止めた。

母なる党

アナスタシアの祖父のふるまいにはいつも驚かされる。とても深刻な話題でさえ、彼は必ずと言っていいほどユーモアや悪ふざけを交えながら話すからだ。今回も、いつものどおりのふるまいで、彼は私たちを出迎えた。

私たちが祖父の草地に着いたとき、彼はシベリア杉の下で足を組んで座り、地面に突き刺さっている長い杖をじっと見つめていた。彼のことだから、私たちが向かってきていることは事前に察知していたはずだし、目の前にいる私たちの気配を感じていないはずもないのだが、彼は私たちに一切気づかないフリをした。そして、私たちが至近距離に近づいてもなお、彼は私たちに一《いち》瞥《べつ》をくれることもなく、挨拶すらしないままだった。私とアナスタシアは黙ったまま三、四分ほど立ち尽くしていたが、しびれを切らした私はアナスタシアに耳打ちした。

「きみから話しかけてみろよ。じゃないと、ずっとこうして突っ立っていることになるぞ」

「わかったわ。でもね、私も今、おじいちゃんが何をしているのかを理解しようとしているところなの」アナスタシアも小声で返した。

そう言いながらも、彼女は祖父に話しかけてくれた。

「おじいちゃん、私たちがここに来てから、もうだいぶ時間が経ったわよ」

この後にアナスタシアの祖父がとった行動は、奇想天外なものだった。彼は突然、杖に向かって話しかけたのだ。

「予期せぬ事態が生じたため、ここで十五分間の休憩を入れることにします」

そう言って立ち上がると、祖父はようやく私たちの方を向き、大真面目な様子で解説しはじめた。

「今、母なる党の会議をしているところだ。あと四十五分ほどかかるから、きみたちには少し待っていてもらうよ」

「党の会議ですって？　ここには誰もいないじゃないですか。それに、母なる党はまだ設立されていませんよ」私は驚いて言った。

「おや、きみたちは設立しちゃいないだろうが、私はもう自分の党を設立したんだよ」祖父は答えた。

「自分の党を設立したって、どういうことですか？　他に党員はいるんですか？」

「私一人だよ。だから、こうして党大会に向けて準備しているのさ」

「党員がたった一人なのに、党大会なんてできないでしょう」

「今はまだ一人だが、他にも誰かが自分の母なる党を立ち上げるかもしれないじゃないか。そのときに皆で党大会が開けるだろう?」

「またそんな突拍子もないことを……」

「おや、何か新しい方法を考えてみると言ったのはきみじゃないか。だから、私もこうして、権威や役職を振りかざして他の党員に圧力をかけるような人が出ることのないように、各々が自分の母なる党を運営していくという方法を編み出したんだよ。この方法なら、党大会ではみんなが対等だ」

「なるほど。では、今開いていらっしゃる会議では、どんな議題が話し合われているんですか?」

「政府が主導した、暮らしの環境を改善する施策についての経過報告さ」

「じゃあ、その会議には政府の人間も参加しているということなんですね?」

「そうだよ。この会議では各分野の担当者からの報告が予定されているんだ。休憩が終わったら、次は交通網大臣の番だ」

「でも、ここにそんな人はいませんよ?」

「きみにとってはいないが、私にとってはいる」

「しかし、その大臣はあなたへ報告することになっていることをご存知なんですか?」祖父がどのように返答するのか興味をそそられて、私は質問した。

「彼は知らないよ。それに、彼の仕事の邪魔をするつもりもない」

「ところで、党大会の準備中とおっしゃいましたが、それはいつ、どこで開催される予定なんですか？」

「発起人が指定したときさ」

「発起人って誰のことですか？」

「他の、母なる党の党首たちさ」

アナスタシアの祖父のおどけた言動は別としても、全員が対等である母なる党を創設するというアイディアは一考の価値があると思う。今までと同じやり方で政党を組織していては、ソビエト共産党に似たようなものにしかならない。彼の話には確かに一理あるのだ。

党の命令や規約に縛られるのではなく、党員一人ひとりが、自身の魂とハートの命じるまま、自由に行動する。どこかの母なる党の党員がとても有益な活動や試みを行ったり、素晴らしい成果を上げたときは、それを党大会で共有して皆で取り入れればよいのだ。このような体制ができれば、一人ひとりが主体性を発揮して実生活を磨き上げることができ、自主的に発展していく活発な共同体ができあがるはずだ。アナスタシアの祖父に別れを告げるとき、私は彼の口調に合わせて真剣な表情で言った。

「只今から、私《わたくし》も自分の母なる党の創設に動く所存です」

これ以上多くを議論する必要があるだろうか？

各自が行動するときが来たのだ！

この後にアナスタシアの祖父のもとで起こった出来事については、別の本にまとめられるくらいの価値があるものだったが、それについては後ほど詳しく語ろうと思う。

異星を開拓する方法

アナスタシアの祖父の草地から帰る道中、私たちは地球人が科学的な手段ではなく人間に備わっている能力によって、他の惑星や他の銀河を開拓する方法はあるのかについて再び話をはじめた。私はアナスタシアに念押しして言った。

「アナスタシア、きみは地球人が科学技術を用いずに異星を開拓する方法についてずっと考え続けていて、すでにその方法が存在するという論理的な裏付けをいくつか見つけたと言ったね。その話を詳しく教えてくれないかい？」

「そうね。じゃあ、まずは一緒に状況の分析からはじめましょう。そうすれば、後であなたも自分で分析を続けられるから」

「そうしよう。では、きみからはじめておくれ」

「まずは、考える際の土台となる事実を確実に定めておくことが不可欠よ。それは、科学技術の世界で生み出されたものはすべて、自然界の中にもっと完全な形態で存在しているという事実よ。ウラジーミル、あなたはこのことに賛成する？　この認識を揺るぎない事実として定めることがどれほど重要か、わかるかしら？」

「もちろん、賛成だよ。このことには、俺だけじゃなくたくさんの人が同意するはずだ。昔の人間は現代人よりも格段に速く、正確に計算することができた。まるで頭の中に計算機があるみたいにね。他にもたくさんの例を挙げることができるよ。

　特に子どもの誕生なんかはいい例だ。一番明らかで、一目瞭然だからね。なにせ、科学技術による方法と自然な生殖方法の両方が、実際に存在しているんだからな。

　科学技術的な方法では、特別な施設にいる医者が男性から精子を女性から卵子をそれぞれ採取して、試験管の中で授精させる。そして、温度と湿度が適切に保たれた設備の中で保管する。だが、これには手間もお金も膨大にかかる。一方で、自然な生殖方法ならば、その何倍も簡単で効率的だ。男と女がベッドの中で……この上ない充足を味わい、やがて子どもが誕生するんだからね」

「わかりやすい例ね、ウラジーミル。ただし、細かい点だけど、見逃さないでほしいとても重要なことがあるの。子どもが創造される際に、たとえそれが科学技術による方法であったとしても、その根底にはやはり自然界が提供した材料があるということよ」

「そうだ、もちろんそれが根底にある。精子と卵子がなければ何もできないからな」

「反対に、自然な生殖方法では、科学技術の世界の材料を何も必要としないわ」

「そのとおり、何も必要としないね。まあ、言ってみればベッドくらいのものだが、ベッドがなくたってセックスはできるからな。アナスタシア、俺はきみの意見に全面的に賛成だよ。自然界に備わった能力は科学技術的な手段よりも格段に完璧だ。科学技術の世界では『発明だ、新発見だ』と言いながら、すでに存在している完璧な生体メカニズムを、わざわざ原始的な科学技術のメカニズムに置きかえているだけなんだからな。やっていることは、反知性的な行為そのものだよ」

「ところが、その反知性的な行為を人類は何度も繰り返し、本来備わっていた様々な能力を忘れてしまった。

現代の人たちは、自然界にある方法で他の惑星に行けることなど想像すらしない。でも、それと同じように、過去に滅んでしまった文明の人々も、科学技術的な方法で子どもを誕生させることができるなどとは夢にも思わなかった。

今日、多くの女性たちが産院や科学技術の整った設備、第三者の介助なしには子どもを産めないと考えている。この方向性で進んでいけば、代理母によって生まれる子どもがどんどん増えていくわ。

そしてそのうち、人工授精された受精卵を宿す女性たちが集められた、何か農場に似たような施設ができる。そこにいる女性たちは、生涯にわたって他人の子どもを産むことに身を捧げることになる。この女性たちには食事と住居が提供されるけれど、彼女たち自身は、だんだん自分のことを人間の胚のための人工ふ化器であるかのように認識するようになる。これは、実際に過去にあった文明のうちの一つで起こったことなの。

その文明ではクローン人間の技術が発達していたため、子どもは生殖行為によって生まれるものという認識が人々の中から失われてしまっていた。その認識の欠如のせいで、女性たちはいくら男性と親密な行為を行おうとも、子どもを受胎することができなくなっていたの。そして、そんな中でもごく稀に自然妊娠した場合は、女性の身体に異常が起きたと考えられて、胎児はすぐに処分されてしまうか、摘出されて人工的な方法で成長させられた。

ウラジーミル、この文明から学べる教訓として、人間が科学技術によって獲得してきた手段のすべては、人間が自身に備わっていた同様の能力を忘れてしまった後に現れたものだという考えには同意できる?」

「ああ、同意するよ」

「では、次の質問よ。人間は科学技術による方法で、たとえば自分の一族の土地の写真を地球上の一点から他の場所、または宇宙空間に移動させることができる?」

「コンピュータとインターネット、そしてメールアドレスがあれば、もちろんできるよ。写真をスキャンしてコンピュータに取り込み、インターネット経由で任意のメールアドレス宛に送信するだけさ。そうすれば、受信側のコンピュータにその写真の画像が入るし、プリンターとつないで印刷することもできる。宇宙船にメールを受信できるコンピュータがあるなら、宇宙にも送ることができるよ。月にだって送ることができるし、反対に月から地球に画像を送ることもできるんだ。すでにそんなふうに画像の送受信は行われているよ」

「素晴らしいわ、ウラジーミル。とても素晴らしい。でも、重要なことを一つ言い忘れているわ」

「どんなことだい？」

「コンピュータを使ってありとあらゆる手の込んだ操作が行われるより前に、画像を送信するという意識が生まれたということよ」

「もちろんだ。意識のことは言うまでもないことだから、言わなかっただけさ」

「じゃあ、次の質問はどう？　さっきあなたが挙げてくれた科学技術による手順と方法で、画像だけでなく物体も送ることはできるかしら？」

「物体？　物体は……できないんじゃないかな……」しばらく考え込んだ後、私は付け加えた。

「アナスタシア、思い出したよ。ある装置を使えば、コンピュータのプログラムに従って木片に様々な模様を刻んだり、小さな木像なんかを彫ることができるんだ。だから、木像を彫るタスクを組み込んだプログラムのデータを他の大陸や月にいる人のメールアドレスに送信し、受信側にも同じ設備と材料があれば、そこでまったく同じ木像をつくることができる。すると俺のコンピュータでつくったものと、受信側のコンピュータでつくったものとで二つできることになる。すなわち、俺の手元にある木像が、離れた場所でも複製できるということだ」

「ということは、現代の科学技術には、他の惑星に物体を移動させる方法として、離れた場所から特定の物体を複製して再現するという方法があるということね？」

「ああ、そうだ」

「ウラジーミル、それが何を意味するかわかる？」

「何を意味するんだい？」

「この事実が意味するのは、自然界に備わった方法でも、物体を一つの惑星から他の惑星に移動させることができるということよ。しかもその方法は、科学技術的な方法よりも何千倍も完成度が高く、誰しもができる簡単なものであるはず。そして生体を用いた方法はいかなる科学技術も必要としないから、人間にそうしたいという意識が生まれたのであれば、それは実現できるということなの」

「たしかにそうだな。子どもを創造する場合も、まずは意識が主導するからな。子どもを創造したいと願う男女が相手を必要とするのはその後だ。そして男女が一緒に、意識したものを具現化するんだ」

「そう、男女が一緒に行うことが必要……。

ウラジーミル、男性と女性による共同の創造、すなわち子どもを誕生させるということは、人間にとって最も幸福な意識を使った創造でしょ。だったら、意識が揃えば、生体の能力で異なる惑星に生命を創造することだって可能だということにならない？　問題は、それを具現化するためにどのような要素が必要かということ。それがまだわからないの」

「アナスタシア、それはまさに大発見になるぞ。その要素を発見することができたら、大偉業だ！」

「一緒に考えましょう。地球の最初の文明の人々が有していた知識に触れることができれば、多くのことを理解し、感じることができるはずよ」

最初の文明の人々

「これは私の仮定や推測であると同時に、生《せい》の理論からも同じことが言えるんだけれど、彼らは創造主よりも大きな能力の可能性を秘めていたんだと思うの」

「ちょっと待ってくれ。その『彼ら』というのは、いったい誰のことだい？」

「創造主の子どもたち。最初に地上に生まれた文明の人々のことよ」

「最初の文明か。つまり、その後にいくつもの文明が興《おこ》っては消えていったってことだよな？最初の文明はそれらの文明と何が違ったんだい？」

「発展の方向性が異なっていたの。ウラジーミル、人類はすべての文明において反知性の次元に生き、大災害へと向かう科学技術の道を進んでいったわけではないの。最初の文明は現代の文明とは異なる道を歩んでいた。最初の文明が歩んだ道を『自然界に備わった能力を生かす道』と呼ぶことにしましょう。その文明の人々は、創造主が生み出したものすべてを活用していた。神の創造物を探究し、それらを使って暮らしの環境を常に磨き上げていたの。神の創造物は完璧だけど、各世代が前の世代よりもさらに賢明な存在に磨き上げられるようにできている。創造主はそのようにプログラムを組んだの。

それ以外はあり得ない。そうでなければ、創造主はその名で呼ばれることはなかったはずだし、創造主が生み出したものたちは次世代まで続かなかったはず。そして、創造主による壮大な創造のはじまりは人間だった。

でも、最初の文明がどれほどの高みへ到達し、何を成し遂げたのか、また、彼らが肉体をもって暮らしていた頃の地球がどのような姿だったのかは、今の私たちには想像することが難しい。最初の文明の人々は、外見においても現代の人間と異なっていた可能性だってあるわ。体格も健康状態も理想的だったでしょうから、現代人よりも計り知れないほど多くのエネルギーを体に蓄えることができていたはずよ。彼らは、創造主から発せられる神なる世界の生き物に関する原初の叡智を備えていたから、その世界をより善《よ》いものに磨き上げていくことができたの。

今日の世界で科学の功績と認識されているものはすべて、すでに最初の文明で格段に完成度の高い形態で存在していたのよ」

「その文明が存在したことや、彼らの方が優れていたという根拠はあるのかい?」

「ウラジーミル、目の前に人間の大人がいたとして、その人がかつては赤ん坊や幼児だったことを証明する必要はある？」

「いや、それは必要ない。その人が大人であること自体が、以前は子どもだったことを証明しているからな」

「そう、それと同じように、科学技術の道を進む現代文明の存在自体が、最初の文明があったことを証明しているわ。そしてその最初の文明が科学技術的な文明であったはずがないの」

「よし、仮にそうだったとしよう。でも、実際には数々の歴史的証拠や考古学の発掘調査によって、十万年前の人々が毛皮をまとってこん棒を振り回す狩猟生活をしていたことがわかっているじゃないか」

「考古学者たちが見つけているのは、大災害が起こった後に生まれた、科学技術の文明の遺物なの。

　ウラジーミル、科学技術の文明が地上に栄え、いわゆる科学技術の発展における高みに到達しようとしている状況を想像してみて。科学技術を発展させる道は、地球という惑星を引き裂き、自然環境を悪化させ、生物圏をかく乱させ、大規模な災害を引き起こすものでしょう？　いつの時代も、身の安全を確保するために準備ができるのは、大災害が迫っている情報を事前に入手できる権力者やエリートたちなの。たとえば、ある文明では地球の軌道付近に大型船二隻分もの大きさの複合施設をつくり、権力者やエリートだけが、地球を襲った大災害による大変動から逃れることができた。でも、その施設は永続的なものではなかったから、人間が永遠に暮らし続けることはできなかった。地上の災害から逃れた人々は、六十年近くはなんとかその施設で持ちこたえ、そこで生まれた子どもたちもいた。でも、ついに人工的な施設は限界を迎え、そこで暮らしていた人々に次々と死が訪れはじめた。残った人々は地球へ帰ることを決断した。彼らは少人数のグループに分かれて特殊なカプセルに乗り込むと、地上に降り立った。六十年前は焦土と化していた地球も、地表の熱が冷めたおかげで再び草が生え、動物たちの世界が復活していた。でも、すべての人がそのような緑の地に降り立つことができたわけではなかった。砂漠の中や真っ赤な溶岩の上に降り立った人たちは、そこで息絶えてしまった。部分的にでも生命が保たれた一角に降り立つことができた人たちは、自分たちの幸運をよろこんだ。

今からその様子を見せるわね」

見て、高熱を帯びたカプセルから出てきたのは全部で六人。彼らは緑の草や呼吸できる空気があることをよろこんでいるわ。その中には男の子と女の子もいるわね。二人はスグリの木とそこについている小さな虫たちを興味深そうに観察している。そして、ほら、薄毛の老人がカプセルへ戻った。中から何かの箱を運び出してきたようね。箱の中には食料が入っている。老人は箱を地面に置き、スグリの木のそばにいる子どもたちを見つめると、近くにいた彼らの母親に耳打ちした。

「君は子どもたちを連れて、この場所からできるだけ遠くへ離れた方がいい。ここにある食料は一週間ほどで尽きるだろう。君の夫は死んでしまったし、私は君たちの遠い親戚だが、食糧の争いが起こったときに君たちを守るつもりはないからね」

「せめて、一日分の食べ物だけでも分けてちょうだい」

「持って行くがいい。だが、食べものを持ち出すことを誰にも悟られないように気を付けろよ。取ったら素早く立ち去るんだ」

女性は地面に置かれた箱に近づくと、靴を履き直すふりをしてかがみこみ、素早く何かのチューブを三つつかんでつなぎ服の中に隠した。それから速足で子どもたちのところへ行くと、もっとおもしろい灌木があるから見せてあげると言って、大地に横たわったカプセルから子どもたちをできるだけ遠くへと連れ出した。

地上に帰還した人間たちは科学技術の知識しか有していなかった。彼らはコンピュータや衛星電話を使ったり、自動車や宇宙船を操縦したりすることはできたけれど、それらの知識はまったく役に立たず、むしろ危険ですらあった。それに、地上では大災害の前まで使われていた通信網や機械システムのほとんどが崩壊し、その残骸の多くが放射能を帯び、危険物と化してしまっていた。

息子と娘を連れ出した母親は、なんとか自身の一族を存続させた。その後、人類は運よく復興を果たしたけれど、結局、再び科学技術の道を何千年にもわたって発展させていった。

「現代になって、考古学者たちは数々の古代の大都市の遺跡を発掘した。そして、原始的な狩猟の道具が見つかると、それを自分たちの文明のはじまりに暮らしていた先祖たちの墓だと結論づけた。でも、彼らが見つけたのは、科学技術の文明を生きた人たちの終焉《しゅうえん》の姿。時おり、遺跡から宇宙服をまとった人間が描かれた壁画が発見されると、人類の起源は異星人によるものであるとか、人類は古代に異星人たちから知識を授けられていたという仮説が打ち出されるけれど、考古学者たちは未だに壁画の宇宙服の存在が、自分たちの文明が終焉を迎えるときの人間の姿であることを、仮定すらしていない……」

「じゃあ、その最初の文明の人々は、今は一体どこにいるんだい？」

「消えてしまった。なんらかの理由で、突然消えてしまったの。そして彼らが到達したことに関するすべての情報も、彼らの消滅と同時に、彼ら自身の手によって大宇宙のデータベースから消されてしまったの。それも、私たちがまったく理解し得ない方法で。彼らがなんのためにそうしたのかは、推測することしかできないわ」

「じゃあ、アナスタシア、きみはどんな仮説を立てているんだい？」

「私の仮説はこのようなものよ。彼らは自分たちに、大宇宙のあらゆる世界の運命を決定づける力があることを自覚していた。だから、一部の人々のうちに反世界、反知性のウイルスが芽生えてしまったときに、それに抗うだけの十分な免疫がないことを察知できた。そしてそれを察知したとき、彼らは比較的強く反知性のウイルスに侵された人々を地上に残し、自身に備わっているサイキックの能力を使って、自分たちが到達した叡智とともに自らを消滅させることにした。そうしたのは、地球に残った人々がその次元を最後まで経験すれば、反知性というものを熟知して、免疫を獲得できると考えたからだと思うわ。

だからこそ、その子孫である私たちが反知性の本質をきちんと知り尽くし、惑星規模の大災害が起こるまでの間に、自身に内在する知性と反知性を一気に調和させる必要があるの。そうすればきっと、最初の文明が成し遂げたすべてのことが、私たちの内でもっと完璧さを増した新しいかたちで開示されるはず」

「でも、もしきみの仮説どおり、原初の知識が開示されるのだとすれば、その知識は消滅せずに、今もどこかに存在しているということにはならないか?」

「一人ひとりの内にあるわ」

その時だった。アナスタシアが突然話をやめ、凍り付いたように動きを止めた。

「アナスタシア、どうしたんだい? なぜ急に黙ってしまったんだい?」

「大宇宙の空間で、何かが起こったのを感じたの。ウラジーミル、私にはその振動が感じられるのだけど、あなたはどう?」

「俺は何も感じないよ。なんだかちょっと風が吹きはじめたくらいだ」

「ええ、そうね。でも、ちょっと変わった断続的な風でしょう?」

「確かに断続的かもしれないが、それがどうしたんだい? 起きたことは、良いことなのかい、悪いことなのかい？」

「わからない。はっきりしているのは、起こったことが空間を波立たせているということだけ」

「どこで起こったんだろう？」

「私たちの湖の辺りだと思う」

「なんだって、この森で起こったことに大宇宙全体が反応しているって言うのか？」

「興味深い情報や、それまでにはなかった情報が出現するとき、大宇宙は必ず反応するの」

「よし、急いで湖に向かおう」

私たちは急ぎ足で湖に向かった。ところどころ、タイガの道が許す限り走った。一度だけ小休憩したが、その後再び一目散に湖へと急いだ。


湖の目前までたどり着いたとき、私は突然、この後息子に起こり得る辛い出来事を想像してしまい、アナスタシアに立ち止まるよう求めた。

「アナスタシア、待ってくれ。頼む、俺の話を聞いてくれ。ヴォロージャは、きみが俺たちに勝負を持ちかけたと考えているんだが、本当にそうなのかい？」

「ええ、そうよ」アナスタシアは穏やかに答えた。

「時間がないから今は理由を話さないが、それはあまりに不当な勝負だよ。だから、どうかお願いだ。俺たちがいなかったこの二日間に、ヴォロージャが何をどうしたかわからないが、あの子が考えたことをどうか批判しないでやってくれ。

　ヴォロージャのことだから、朝から晩までずっと模型と向き合っていたに違いない。あの子なりに頑張っているんだ。彼と二人だけで設計を考えていたときに見ていたからわかるんだ。でも、あの子には十分な情報がない。もしもきみが、あの子のアイディアを批判しだしたら、きっとひどく苦しむことだろう。あの子は俺に言ったんだ。自分がこの力比べに負けたら、ママを悲しませることになるってな。

　わかってやってくれ、ヴォロージャはきみを悲しませないように一生懸命頑張っているんだよ」

「ウラジーミル、ヴォロージャはあなたのことも悲しませたくないのよ」

「そうだ、俺もだ。でも、俺たちは大人じゃないか。だから、一族の土地の設計に、もはや何も付け足すものはないってことくらいわかるはずだ。外周に土塁《どるい》を巡らせるというのは妙案だし、その機能についても、すでにきみによって解説済みだ。池の配置も決まったし、家の周りをテラスで囲うという案ですら、きみの承認を得ているんだ。他に何が残っているって言うんだい？花壇や畑なんかは些細なことだし、建設技術に関しても枝葉末節《しようまっせつ》にすぎない。アナスタシア、わかってくれ。もう新しい創造の余地はないんだよ。肥沃度を解決するために必要なことはきみがすべて示してしまったから、息子に創造する余地は残っていないんだ。だからせめて、努力したことだけでも褒めてやってくれ」

「ただ努力したことを褒めることはできないわ。それは彼に屈辱を与えることになる」

「屈辱だって？　子どもを逃げ場のない状況に追い詰める方が屈辱を与えるじゃないか。もはや、これは屈辱なんかじゃなくて、虐待だよ」

「ウラジーミル、私は息子を虐待なんてしていないわ。彼は私たち二人の粒子を内包していて、あなたと私の先祖たちが集め、蓄えてきた情報と叡智を内包している人間なのよ。それに、幼い頃の彼に様々なことを教えていたのは私の祖父と曾祖父よ。まだ開花していないけれど、息子が秘める能力は壮大だと私は確信しているの」

「壮大な能力があることは結構なことだ。でも、さっきから説明しているとおり、この件ではその能力を発揮させられるような創造の余地が残されていないんだよ。一族の土地の設計図は、もうでき上がってしまったんだ」

「あなたはでき上がったと考えているようだけれど、私はずっと前から、一族の土地には、私たちも一族の土地を創造している人たちもまだ気づいていない、何か特別な使命があるような気がしてならないの。多くの人々が一族の土地の創造に惹かれるのも、きっと直感的にそれを感じているからじゃないかしら。私自身、この意識の全貌がまだつかめなくて、気持ちのレベルにはあるのだけど、明確に理解することができていないの。でも、その意識こそが、未来と永遠性のためにとても重要なものだという気がしているわ。

　今日に至るまで、人間には初めに創造されたときのすべてが保存されている。すなわち、最初の文明の神なる人々も、小さな、ともすればミクロの粒子となって私たち一人ひとりに秘められている。彼らは、今起こっていることを見ている、または感じているかもしれない。あなたの目に映るように、私がひどく軽率に息子を困らせる状況に置いてしまうのも、もしかしたら私の中のその粒子が一族の土地に反応して、こらえきれずに声を上げているからなのかもしれない。そして……、おそらくその時が来たのかも……あの火の鳥……あれほどの美しさと機能性を宿した見事な構造が生まれたということは、ヴォロージャは、自身の奥深くに保存されている叡智を感じ取ったのかもしれない……」

「アナスタシア、わかってくれ、きみは不可能なことを望んでいるんだよ。きみは息子に、自分でもはっきりわかっていないことを説明させて、生み出させようとしているんだ。一族の土地に何か新しい可能性があるということを、きみは感じ取れているのかもしれないが、ヴォロージャには、何も感じられないかもしれないんだぞ」

「私の気持ちの粒子は、私たちの息子であるヴォロージャにもあるわ」

アナスタシアのことだから、手加減して息子を表面的に褒めることなどしないだろうと考えながら、私は彼女の後ろを歩いていた。それどころか、彼女は批評すらしかねなかった。私は、どうなろうとも決してヴォロージャを批判せずに元気づけ、努力を讃えようと固く決意した。

気が付くと、私はアナスタシアから少し遅れをとってしまっていた。急いで追いかけて森を抜けると、彼女はシベリア杉のそばで岸辺の様子をじっと見入っていた。樹齢数百年の杉たちに囲まれたタイガの湖の砂浜では、ヴォロージャが何か不可解なものをこしらえていた。例の一族の土地の外周にあった土塁と日干し煉瓦でできた囲いは、少し洗練された回廊型の構造物のようになっていたが、それ自体はなんの変哲もない四角形の構造に見えた。強いて言えば、回廊の四隅に少し背の高い、白い長方体のようなものが配置されていたり、池とあの独特な鳥が敷地の端の方へ移動していたが、中心辺りでナスチェンカが座っている以外は、特にこれといって二日前と変わった感じはしなかった。私は、これではアナスタシアはヴォロージャを褒めないだろうと落胆した。褒めるはずがない。火の鳥は前回すでに見ているし、土塁はそもそも息子の思い付きではない。家や小屋などは、これからこしらえようとしていて、まだ配置場所を決めかねているだけだろう。祖国をぐるりと囲う構造物が、たしかに少し風変わりではあるが、それほど特別なものには見えない。私はアナスタシアの方を向いて言った。

「ヴォロージャは、まだ新しいアイディアを生み出せてはいないみたいだな。ならば特に批判するようなこともないね」

しかし、アナスタシアは返事をすることも、こちらを振り向くこともしないまま、無我夢中といった様子で模型を凝視していた。

私はヴォロージャのもとへ向かうことにした。すると、そこで不思議な現象が起こった。一族の土地の模型まであと数歩というところまで来た時に、私はそれ以上前に進むことができなくなってしまったのだ。それはまるで周囲の空間が突然変容し、別の空間に足を踏み入れたかのようだった。一見すると何も変わっていないのだが、この空間が放っている何かが……まるで過去か未来の生から放たれているかのような、どこか懐かしい、とてつもない心地よさが、この空間全体を包み込み、私の体を内側から温めていた。一歩でも動いたら、この心地よさが失われてしまう気がした。私は茫然と立ち尽くし、模型の四隅に配置された長方体を見つめていた。よく見ると、それは白い家のような形をしていて、窓とドアが付いていた。

いつの間にかそばにきていたアナスタシアが息子に話しかける声で、私は少しずつ我に返っていった。彼女は、膝立ちで懸命に壁面を整えているヴォロージャに問いかけた。

「愛しい息子よ、質問してもいいかしら？」私には、アナスタシアが興奮しているように見えた。ヴォロージャは立ち上がると、アナスタシアに近づいて軽くお辞儀をして答えた。

「ママ、もちろんだよ。どうぞ質問して」

「あなたは『家』の新しい概念を見つけたのね？」

「ママ、僕はあれからずっと一族の土地をどう磨き上げるかを考えていて、やっとわかったんだ。人が家を建てるときに重要なのは、自分のためだけじゃなくて、土地のためにもなるように建てることなんだ。そうすれば、人間と土地とが互いに深く結びついて、その空間の中で一体となることができるんだ」

「ヴォロージャ、あなたのつくった模型について、その機能や役割について教えてちょうだい。

全部を詳しく知りたいわ」

「いいよ、ママ。詳しく話すね」

そう言って息子が話をはじめると、それまで風変わりな模型の中で謎の符号として存在していたものたちが、息を吹き込まれたかのように躍動して見えはじめた。

「ママ、ほら、これが家への入口だよ」ヴォロージャは土地を囲う壁の一辺につくられた窪みを指しながら言った。「入口は道路側じゃなくて、森側に面しているんだ」

「そこが一族の土地への入口という意味よね？」アナスタシアが確認した。

「ううん、一族の土地全体が家なんだ」ヴォロージャは答えた。「だから、家の入口って言ったんだよ。そして入口に入る前には、必ず靴底を拭かなきゃならないんだよ。もしも足に何か付いていたらちゃんと拭くし、何も付いていなくても、意識の中で拭くようにするんだ」

「この壁もね、」次にヴォロージャは土地の外周を囲う壁の中にある、白い棒で温室を模したであろう部分を指して言った。「生きているんだ。暖かくなれば、中の植物たちもよろこんで育つよ。壁は粘土でできていて、天井のガラスか、パパが話していた透明のビニール越しに降り注ぐ太陽光線で温められる。粘土の壁は昼間のうちに温められて、夜涼しくなっても、その熱を中で育つ植物たちみんなに与えるんだ。

この壁にはいくつかの部屋もあるんだ。ここは園芸用品や道具を保管する場所でしょ。それからこっちの部屋では……」ヴォロージャは壁から飛び出している楕円形の部分を示しながら続けた。「人が眠ることもできるし、冬の間、動物たちに食べ物を持ってきてもらう場所にすることもできる。

その先には薪を保存する場所がある。そして、鶏や白鳥、ヤギ、馬、ハリネズミ、孔雀や鳩なんかの動物たちは、森に面した壁の角の部屋に棲まわせるんだ。動物たちの部屋には出入口が二つあって、一つは森側と、もう一つは人間が暮らす空間とつながっているんだよ。パパはしょっちゅう家を留守にしてしまうから、動物たちの世話をすることができないって話していたでしょ。パパは、十分に目をかけてやり、ちゃんと餌をやることができないなら、動物を飼うべきじゃないって考えているけれど、僕は動物たちを人間に依存させるべきじゃないと思うんだ。それは動物たちの尊厳を貶めることになると思う。人間は動物たちが自ら食べ物を得られるように環境を整えてやり、彼らが僕らに会いたくなったら来られるようにするのがいいと思うんだ。だって、僕たちの草地……僕たちの家の周りにもたくさんの動物たちがいるけれど、僕たちは餌をやる必要なんてないし、むしろ動物たちの方がよろこんで食べ物を運んできてくれるくらいだからね。一族の土地が森に面していれば、ここともほぼ同じ環境を動物たちのために創造してやることができると思うんだ」

「そうね、できると思うわ」アナスタシアは考えを巡らせながらそう発し、息子に質問を続けた。「ヴォロージャ、道路側に面した壁の二つの角に、小さな窓のある部屋があるけれど、あれはなんのための部屋なの？」

「ママ、あれはパパのために設計したんだよ。パパの子ども時代の一番いい思い出は、パパのおじいちゃんとおばあちゃんが暮らしていた、白壁と藁《わら》葺《ぶ》き屋根の百姓家と結びついているでしょ。だから、その百姓家をこの壁に組み込んだんだ。この土地にパパの人生で楽しかった思い出を呼び起こすものを他にもつくれば、もっといい場所になると思うよ」

私はすぐさまその白い百姓家らしきものへ目を向け、まじまじと観察をはじめた。その模型はたしかに私が子ども時代を過ごした思い出の家と同じ構造をしていた。白壁、藁葺き屋根、窓とドア、そして玄関に古い長椅子の置かれたウクライナ式百姓家……私は息子に飛びついて抱きしめたくなった。しかし、心地よい感覚の波が再び私を捕え、またしても体を動かせなくなった。口を動かすだけで精一杯だった私は、かろうじて言葉を紡いだ。

「愛しい息子よ、ありがとう。とってもよく似ているよ。窓も、長椅子も、ドアも」

「この百姓家からも、一族の土地に入れるんだよ。この扉を開ければ、そこは一族の土地を取り囲む屋根つきの廊下だから、ここから気の向くところに行けるんだ。

パパ、それにね、僕は様々な植物をこの土地の空間に配置して、いろんな信号を発することができるようにしたんだ。

温室では、パパが春と夏に食べたい野菜をなんでも育てることができるよ。でも、好きな野菜や果物だけじゃなく、直径九十センチメートル以上の花壇を十一メートル以下の間隔で配置して、そこに例えばスグリとかラズベリーなんかの苗木と、敷地の各面に一本でもいいから、タイガから持ってきたシベリア杉の小さな苗木や草花を植えたらもっといいよ。その苗木や草花は、できればタイガの森を入ってすぐの辺りじゃなく、森の奥深いところで採ったものがいいんだ」

「だがヴォロージャ、それは普通の人々にとってはかなり厳しい条件だ。俺ならなんとかなるかもしれないが、一族の土地を建設している人々には金銭的負担が大きい。俺としては、誰でも実現できるような案であってほしい。普通はタイガの奥深くにある植物を植えたくとも、運び出すことができないからね。

タイガには道がないから交通機関を使えない。ということは、たくさんの苗木を持ち帰ることができないし、よしんば持ち出せたとしても、タイガからの輸送距離が長いから費用が高くついてしまうんだ。そうなると、シベリアで採取された植物の価格は、育苗所で直売されたり近場の店で売られたりしている植物よりも格段に高くなる。『海の向こうじゃ仔牛は四分の一コペイカ、運び賃は一ルーブル（＊「安い物でも、遠くから仕入れると損をする」という教訓のことわざ）』のとおりのことが起こる。しかし、おまえが考えるからには、なんらかの理由があるんだろう？　どうして近場の森や育苗所でも手に入れられる苗木を、わざわざタイガの森の奥深くから採ってこなきゃならないんだい？」

「同じ名前でも、異なる植物になってしまうからだよ。パパも言っていたよね、ここに生えているチチタケ属のキノコなら生でも食べられるけれど、他の地域で生えているチチタケは味が全然違うって。コケモモだって同じだよ。スグリだって、ラズベリーだって場所が異なれば違いが生まれるんだ。パパも本に書いていたでしょう。学者たち、たとえばアカデミー学者のパラス（＊18ページ参照）も、このことについて言及しているって」

「たしかにそう書いたが、タイガの奥深くにある植物のために専用の花壇をつくる理由は、味のためだけなのかい？」

「それだけじゃないよ。タイガの植物は、パパが暮らさなきゃならない世界の反知性の情報を受け取らないんだ。だから、タイガの植物たちを外周に沿って植えれば、反知性の情報が土地の中へ入らないよう遮断してくれる。パパが地域に適した植物と呼んでいる各地の植物は、そういった情報にも慣れてしまっているから、大部分の情報を通してしまうんだ。特に、種をつくることのできない植物たちは、反知性の情報に対してなんの防御にもならない」

「そういう植物のことは俺も知っているよ。俺たちの世界では『遺伝子組み換え植物』と呼ばれているんだ」

「パパ、一族の土地がパパを異なる場所へ連れて行ってくれるときに、土地が攻撃的な情報から遮断されていることは、とても重要なんだ」

私は息子が言ったことを理解できず、聞き返した。

「どんな場所に連れて行ってくれるんだい？　土地が、どうやって俺を運ぶんだ……？」

ヴォロージャは答えようとしたが、その前にアナスタシアが動揺を隠せない様子で話しはじめた。

「愛する息子よ、あなたが思い付いたことは本当に素晴らしいわ……一族の土地にポジティブなエネルギーを凝縮することはとても重要だもの。それからネガティブなものを持ち込まないように、入る前に靴底を拭くことも……」

燃えさかる先祖の血

アナスタシアは突然、私の手を握った。そのやわらかい手のひらからは心地のよい温もりが感じられたが、同時にひどい動揺も感じられ、私は思わず彼女の顔を覗き込んだ。アナスタシアは一族の土地の模型の中央辺りを見つめていた。私も同じようにそこに目をやってみたが、特別に思えるようなものは何も見当たらなかった。強いて言えば、中央に白い棒が何本か円状に刺さっていたが、それが彼女をここまで動揺させるほどのものだとは思えなかった。すると、彼女が再び息子に問いかけた。

「愛する息子よ、教えてちょうだい。敷地の中央にある白い円は何を意味しているの?」

「あれは小さな温室だよ」私は息子に代わって説明した。「俺とヴォロージャの間で、白い棒はガラスとかポリカーボネイトとかポリエチレンシートなんかの透明な素材を表すことにしているんだ。俺たちはなかなか温室の場所を決められずにいたんだ。どの建物にも調和しなくてね。でも、こうして温室を土地の外周に配置するヴォロージャの案は、俺もすごく気に入ったよ。こうすれば、温室と塀が一体となり、さらにそこへ道具の収納場所まで収まるんだからな。それに敷地の中央にも円形の小さな温室を用意したようだが、これもなかなかいい案だ。これなら、敷地内にあるすべてのものとよく調和がとれるよ」

「ウラジーミル、中央にあるのは、温室ではないと思うわ」依然としてわずかに動揺した様子で、アナスタシアは囁くように言った。

ヴォロージャにも彼女の言葉が聞こえたらしく、私に向かってこう言った。

「ママの言うとおりだよ。中央にある白い棒は、温室じゃないよ」

「じゃあ何を表しているんだい？」私は息子に訊ねた。

「パパ、僕は中央に丸い『鏡の水』を配置したんだ」

「それは、その場所に鏡が要るってことかい？」私は訊き返した。

「鏡と呼ぶこともできるよ。鏡みたいに映る、水の鏡だよ」ヴォロージャは穏やかに答えた。

「なんと、そいつは独創的だ。敷地の中央にある小さな盛り土に水の鏡があって、そこに雲や太陽や月が映る。雲も太陽も月も、そこに映る自身の姿を眺めてたのしむんだ。それに、反射した太陽の光が敷地中に輝きを放つ。これまでに無数の景観デザインを見てきたが、こんなのは見たことがない。とっても独創的だよ」

「ヴォロージャ、鏡の周りに赤い木の葉が刺さっているけれど、あれは何を表しているの？」アナスタシアが早口で訊ねた。

「あれは炎が燃えているんだ」

「炎はどうやって燃やすの？」

「石油とガスだよ、ママ」

その答えを聞いたアナスタシアは、私の手を握る力を少し強め、質問を続けた。

「ヴォロージャ、彼らがあなたに自分たちの血を燃やすことを許したの？」

「うん、ママ。先祖たちの魂が、大地に染み込んだ自分たちの血を燃やすことを許してくれたんだ。先祖たちがそれを望んでいなかったのなら、僕の頭には浮かんでこなかったはずだよ」

「重要な仕事を成し遂げようとする人の気を逸らすのは、もう十分じゃないかい？」突然、アナスタシアの祖父の声がした。そして彼の声からも、同じく動揺が感じられた。「ヴォロージャ、おまえはまだ土地の模型を仕上げられていないんだろう？」

「うん、おじいちゃん、まだ終わってないよ」

「じゃあ、仕上げてしまいなさい。もう誰にも邪魔されずにやり遂げるがいい」

「そうね。ヴォロージャ、どうぞ仕上げて。私たちはしばらくここを離れることにするわ」アナスタシアはそう付け加えると、私の手を引いて、その類まれな一族の土地の模型から離れた。

彼女が大きなシベリア杉の下に座ったとき、私はようやく尋ねることができた。

「アナスタシア、なんだか動揺しているんじゃないかい？　俺にはそう感じられるよ」

「ええ、ウラジーミル、動揺している。なぜなら、今、私たちの息子がしていることの大部分は地上に存在してこなかったものだし、大宇宙の情報にも存在していないものだからよ。彼が中央につくったものについて、あなたは美しくて独創的だと言ったわ。でも、その言葉では……その言葉だけでは、彼が創造したものを言い表すことは到底できない。ヴォロージャが話したあの構造は装置ではないかと思うの。そしてその主たる構成要素は生体による仕組みで、未だかつてないほどの威力を有していると感じるの。そう感じるのだけれど、その特性を正確に表す言葉を選ぶことができないわ。もしかしたら、ふさわしい言葉がまだこの世に存在していないのかもしれない。この装置によって何を成し遂げるのか、その計り知れない可能性は推測することしかできない。でも、ウラジーミル、どうか私をせかさないで。見たものを少しずつ、じっくり認識していくから」

最初の文明からの贈り物

「私は今、あの設計にあった各要素が、何か特別な目的のために合わさって、一つの集合体を成しているのではないかと推測しているの。それは、まだ意識がイメージすることのできない生体による装置またはメカニズムである可能性もあるし、何か他のものかもしれない。よく考えて、解明したいわ……。あの模型にあった細長い楕円を、粘土の壁に挟まれた土塁が取り囲んでいる。土塁の上部は透明な素材で閉じられている……。内部に様々な植物があるということにも、何か重要な意味があるはず」

「ヴォロージャは、植える植物は普通のものでいいと言っていた。たとえば、野菜ならトマトやキュウリや葉野菜、概して、食べたいものならなんでもいいとね。ただし、直径九十センチメートルの花壇をつくって十一メートル以内の間隔で配置し、そこにタイガの奥深くで採取した植物を植えるようにと言っていた。それらが反知性の情報を遮断してくれるとね」

「そう、遮断してくれる。つまり、土地を取り囲むあの回廊は、細胞膜と同じ役割を担っているということになる」

「なんの細胞膜だい？」

「内側にあるすべてのものを護るための細胞膜よ。さらに、あの回廊には人が暮らすための部屋や生活に必要な道具をしまう物置、そして温室が組み込まれていて、見た目も美しく、合理的な構造をしている。……そして、温室の透明な屋根は何年か経てば必要なくなる。……つまり、温室で強く成長した植物たちこそが、重要な役割を担っているということになるわ。ヴォロージャの設計には、驚くべき目的があったのよ！　彼は、自身が思い付く限りの最も強力な塀によって、一族の土地の空間を反知性の世界の有害な作用から護ろうとしている。この塀のうちで最も重要な役割を果たすのは、土壁や温室ではなく、その中で育つタイガの植物たちなんだわ！　植物は元来、人間に心理的作用を及ぼすことができるから、人間が自身の内で相反するものの調和をすぐさまとれるよう手助けしてくれるのよ！」

「植物たちがどうやって俺の内面の調和をとる手助けをするんだい？　なんだか神秘的というか、魔法みたいな話だね」

「ウラジーミル、神秘や魔法なんてちっともないわ。これはむしろ、あなたの世界で心理学と呼ばれている学問よ。想像してみて。あなたが車で自分の一族の土地へ向かっていくと、遠くに子どもの頃の幸せな思い出そっくりの白壁が見える。それを目にしたとたん、あなたにはポジティブな感情が呼び起こされるわ。その後、車から降りて靴底を拭けば、意識の中からネガティブな情報がさらに削ぎ落される。門が開くと、その空間で美しく躍動《やくどう》する生命たちがあなたの目を奪い、あなたの驚きと感嘆は止むことがない。絵画や写真などとは違って、その空間は生きていて、変化し続ける。花壇や木々の花たちは、日ごとに咲かせる花を変えながら、見るたびにあなたに新しい景色をプレゼントする。降り注ぐ光も木洩れ日も花たちも、気まぐれな風に乗って遊びながら、かわいらしいダンスをあなたに披露する。そして、あなたが敷地に一歩足を踏み入れた瞬間から、生命を謳歌《おうか》する動植物たちとそこに満ちるエーテルが、あなたを反世界のネガティブな情報から完全に引き離してくれるの」

「そうだな、実にすごいよ。一族の土地が、専属の、それもとびきり有能な心理カウンセラーの役目まで果たすなんてね。アナスタシア、きみの言うとおりだよ。俺も郊外の家をほんの三～四日空けて帰るたびに、庭や畑の畝《うね》や温室に起こった変化を観察するのが好きなんだ。

ヴォロージャの設計は一般的な郊外の家とは比較にならないほど考え抜かれたものだから、もちろん何倍も効果的だろうね。池のほとりにある火の鳥だけをとり上げても、すごいことだ。ただのバーニャからはじまった話だったのに、あんなにも素晴らしく機能的な作品が生まれるなんて、信じられないよ。今となっては、あの土地が強い心理的作用を及ぼすということにも納得できるよ」

「ええ、ウラジーミル、そのとおりね。あの火の鳥は、あなたが敷地に一歩足を踏み入れたとたんに出迎えてくれるし、中に入って火を焚けば、身も心も温めてくれる」

「ところでアナスタシア、ヴォロージャが敷地の中央にこしらえた鏡のようなものについて説明しはじめたとき、きみは身構えたと言うか、たじろいでいたようだが、どうしたんだい？」

「そうね……。あなたの思い出の白壁の百姓家……様々な生き物にあふれた外周の温室……燃えるハートを宿し、中にいる人間を天空へと運ぶことを希求している、大地からつくられた火の鳥。……あの鳥は、計り知れない機能を兼ね備えたものかもしれない。それに、天体を映し出す中央の鏡……」

アナスタシアは立ち上がると、何か重要なことを伝えるときの話し方で、一語一語をはっきりと発音しながら言った。

「私たちの息子ヴォロージャがつくった模型は、彼が設計したのは、自然界に備わった能力を使った惑星間移動装置よ！」

「なんだって⁉」私は驚いて言った。「本気で言ってるのか？」

「ええ。私は今、そう確信したわ。もっと他に呼び方があるのかもしれないけれど、今のところふさわしい言葉が私にはわからない。でも、私たちが目にしたあの模型の機能的役割は、その場にいる人間と一緒に空間をテレポーテーションさせることだという確信があるの。

あの模型にある要素を用いて一族の土地を建設するなら、自分の世界を他の惑星につくることができて、なおかつその世界が素晴らしいものとなることに疑いの余地はないわ。

敷地の中央に配置されていたのは、一族の土地の空間をまるごと他の惑星や世界へと変容（サイコ・テレポーテーション、移動）させる装置の重要な部品のはず。この部品が……じゃあ、どこが……？　ウラジーミル、わかったわ！　やはりあれは、この上なく美しい一族の土地の模型であると同時に、完璧な惑星間移動装置の模型なんだわ！　この惑星間移動装置を使えば、意識のスピードで移動することができるようになる。月でも火星でも木星でも、一瞬にして到達することができるのよ！

この惑星間移動装置にとって、距離はまったく意味をなさない。一メートルの距離であろうと百万光年の距離であろうと、移動時間はまったく同じなの。太陽系の中であろうと外であろうと、どの惑星にでも人間を一瞬で運ぶことができる」

「しかし、アナスタシア、学者たちは他の惑星、少なくとも地球の近くにある惑星には生命がないことを証明しているよ」

「ウラジーミル、その空間に生きるすべての生き物たちの環境を含めて、そこにあるすべての物と一緒に空間をサイコ・テレポーテーションさせることができるの！　言い換えれば、その土地を移設することが、より正確には、その土地を複製して他の惑星に置くことができるの」

「じゃあ、その土地に暮らす人たちも、他の惑星に移動するのかい？」

「移動の瞬間に、その土地にいる人たちも一緒に移動するわ」

「しかし、もしもその惑星に肥沃な土壌がなかったり、三百度くらいの高温だったり、逆にマイナス百度くらいの低温だったとしたら、どうなるんだい？」

「空間がテレポーテーションするとき、その惑星には爆発のような現象が起こるの。それによって、新しい空間の存在が確立されるの」

宇宙空間のテレポーテーション

「アナスタシア、とてつもない情報だよ。人間にそんな可能性があるなんて、にわかには信じがたいほどだ。ひょっとして、きみの推論が間違っている可能性はないのかい？」

「ウラジーミル、これはもう推論ではないわ。間違う余地がないことなの。これまで大宇宙に存在していなかった情報が、今、現れたのよ。そして重要なことは、すべての人間の内に宿る、つまり私やあなたにも宿っている、最初の文明に生きた人々の粒子が、この情報を受け入れているということよ」

「アナスタシア、俺は今ようやくきみが教えてくれた、大宇宙の法則にある『暮らしの環境を磨き上げる』という言葉の壮大さが、わかりはじめてきたよ。この言葉は、人間が自身を取り巻く環境を、神になるほどのレベルにまで磨き上げていくことができるということを意味するんだな。

創造主が地球で成したようなことを、今度は人間が別の惑星に移動して、生命を創造したり、暮らしを築いて再現するんだからな」

「ウラジーミル、人間が神になることはないわ。人間は誰もが神の息子と娘。そして神であり親たる存在は、わが子が自分よりももっと優れた者であるよう願っている。だから、子どもたちも知性と反知性を自身の内で調和させることを志すことによって、必ず優れた者になれるの！」

「あれこそが本物の科学の発展というものだ。あれはまさに人類に新しい時代を切り拓く科学だ」いつの間にか私たちのそばまで来ていた祖父の声が響いた。

アナスタシアが立ち上がって声がした方向を見ると、白髪ではあるが背筋のまっすぐ伸びた老人が長杖をついて立ち、物思わし気にタイガの湖岸を見つめていた。

「おじいちゃん、ヴォロージャの土地の設計のことを言っているのね？」アナスタシアが祖父に訊ねた。

「そのとおりだ。ヴォロージャが開眼《かいげん》したとしか言いようがない。ヴォロージャと彼らのアイデアによって、何千年も順守されてきたメシアの教えや泰斗《たいと》たちの学問は、支離滅裂な戯言《たわごと》に成り下がってしまった。ヴォロージャは、地上に暮らす人間が有する可能性を示したんだ。彼は人間についての新しいイメージをつくり出した。いや、正しくは、神の子としてのイメージを人間に取り戻したんだ。そのイメージとは、人間は創造主のように、生命の存在しない惑星に美しい暮らしを創造し、磨き上げ続けることができるというものだ」

「でも、そのイメージを受け入れられる人は少ないでしょうね」私は祖父に意見した。

「受け入れられないなら、それでいい。だからどうしたと言うんだね？　その人が、自身の強大な力を信じないのなら、その力を活かさないまま人生を終えるだけだ。であれば、なんのために誕生したのか？　単に生まれてきただけだとでも言うのかい？　まさにそこなのさ！　無意味な人生が続くのであれば、それは死んでいるのと同じことなんだ。自分の可能性と向き合わない限り、結局は『なんのために生まれたのか？』という疑問を繰り返すはめになる。

何百万年もの間に無数の教えが存在してきたが、それらはすべて、誰かから何かが与えられることを期待するように説くだけの教えだった。そうやって人類は自分の意識と知性に鍵をかけ、期待をし続けた。人類は、大宇宙がなんのために人間の頭上で星々に火を灯しているのかを考えようともしなかったのだ」

「じゃあ、これからヴォロージャはどうなるの？　ああ、私たちの息子がメシアになってしまうわ……」悲嘆とともにアナスタシアが言った。「傲慢に屈しないよう抗い続けることは難しい。それればかりか、反知性が血眼《ちまなこ》で彼を探しまわるはずよ」

私たちは黙り込むと、なぜか三人同時に一族の土地の模型の方を振り向いた。すると、静かで揺るぎない足取りのヴォロージャが、私たちの方へ近づいて来ていた。彼の腕には、自分の頬を兄の頬に押し当てて首に腕をまわす、ナスチェンカが抱かれていた。ヴォロージャは私たちから数歩離れたところで止まると、ナスチェンカを地面に立たせた。そして、私たちにお辞儀をしてから、話しはじめた。

「ママ、心配しないで。もしも僕がメシアになったとしたら、人々が僕に対して希望の意識を向けてしまうことはわかっているよ。それはつまり、人々が自分の意識を創造のすべてに向けなくなるということだよね」

「じゃあ、ヴォロージャ、あなたはどうするつもりなの？」アナスタシアが息子に訊ねた。

「僕は行かなきゃならない。目立たないように、人々の中に溶け込むんだ」

この言葉の後、ヴォロージャは私たち一人ひとりの目を順番に見つめた。私の脳裏に息子は二度と帰ってこないのだという考えがよぎり、私は自分の番が回ってきたときに、息子の目を見て言った。

「愛しい息子よ、奇跡のような最高の一族の土地の設計をありがとう。あの設計は、俺の六十歳の一番の誕生日プレゼントになるよ。いや、六十年の人生の中でも一番のプレゼントだ」

「パパ、この設計はパパのためだけじゃないんだ。パパの本の読者みんなにプレゼントしたんだ。読者のみんなが、あの設計の中で気に入ったものを取り入れてくれたらいいな」

「みんなのためでいいさ。そこには俺も含まれるからね」

「パパにはね、それとは別にプレゼントしたいものがあるんだ」

ヴォロージャはそう言いながら懐に手を差し込むと、何かを取り出して私の方へ手を伸ばした。私は、握られていた手の指がゆっくりと緩んでいき、中にあるプレゼントが現れるのを待っていた。ところが、息子の手のひらが開いたとき、そこには何もなかった。私は、息子のしぐさの意味と、どのように反応すべきかを知る助けをもらおうと、祖父を見やり、その後アナスタシアを見やったが、二人とも黙ったままだった。

「パパ、僕からのプレゼントを受け取って」ヴォロージャが先ほどの言葉を繰り返すように言った。

私は立ったまま、見えないものをどのように受け取ったらいいのか考えあぐねていた。すると、ナスチェンカが近づいてきて私の手をとり、ヴォロージャの方へと引っ張った。引かれた手をそのまま息子の前に差し出すと、彼は目に見えない何かをそっと私の手のひらに置いた。

その目に見えない何かは脈動していて、私の手をほんのりと温めた。私は手を閉じると、そのプレゼントをヴォロージャと同じように自分の懐にしまった。どこまでも優しい温かさが全身を包み込んだ。

「それはパパの家に宿ってくれるよ。パパが一族の土地の外周をつくるときに、空間を満たすよう頼むといいよ」

ヴォロージャは私たちに向かって深くお辞儀をすると、くるりと背を向け、ゆるぎない足取りで森の中へと歩き出した。そして、低木に差しかかった瞬間、空間に溶け込んだかのように、私たちの視界から消えてしまった。私たち三人は、息子が一人ずつ目を見つめた時も、遠ざかっていく間も、まるで魔法にかかったかのように、ただ黙って立ち尽くすことしかできなかった。

しばらくしてから、私は言った。

「アナスタシア、俺は息子が俺たちのもとから永遠に去ってしまったような気がするよ……」

しかし、アナスタシアからの返事はなかった。私が気になって彼女を見ると、アナスタシアはヴォロージャが去っていった方向を見つめていた。彼女の身体は震えていた。そして下唇からは、真っ赤な血が細い筋となって流れていた。彼女は、泣き叫びそうになるのを堪えようと、唇を噛んでいたのだ。私は理解した。つまり、反知性はアナスタシアや私だけじゃなく、今後は息子にも襲い掛かるということなのだ。アナスタシアは両手の拳を固く握っていた。静まり返ったタイガの空間には、何か巨大なものが唸《うな》りを上げているかのような、得体の知れない音が充満していた。それと同時に、膨大なエネルギーが空間を圧縮していた。それは空間が再び拡張する時には地上のすべてを押し流してしまうような印象を受けるほどのエネルギーの圧縮だった。

私がこのような現象を目にするのは、これが初めてではなかった。私がアナスタシアを手籠めにしようとして気を失ったときや、息子の教育方針に同意しない彼女を棒きれで叩こうとしたときにも起こったことだった。いつもなら、この現象が起こりはじめるやいなや、彼女は片手を上げて、まるで誰かに挨拶するかのように手を振り、音がしはじめる前にすべてを収めていた。しかし、今回は音が唸り出しても彼女は手を上げなかった。そして私も彼女に手を上げてほしくはなく、逆に、強大な威力でとどろくこの得体の知れない音に、大地に蓄積した汚れを一掃してほしいとすら思っていた。

しかし、ほどなくしてアナスタシアは手を上げ、空間を落ち着かせた。

タイガの草地を去る前に、私は再び湖畔へと足を運んだ。そして、息子が設計してくれた一族の土地の模型をひとりで眺めながら、あの雑草がぼうぼうと生い茂った私の一ヘクタールの土地に、息子の設計を具現化させたらどうなるかを想像していた……。

私が車で近くまで帰ってくると、幸せな子ども時代を想起させる、窓の付いた二つの白い壁が見える。そして門が自動で開いていくと、美しく配置されたものたちが織りなす生きた光景が少しずつ露わになっていく。私はその様子に誘《いざな》われるように、敷地内へと車を進める。いや、待て、違う！　俺はいったい何を考えているんだ⁉　騒音をまき散らす車でこの壮麗な大地、ましてや自分の一族の土地を乗りまわすだなんて、とんでもないことだ！　もう一度やり直しだ！

私は入口の前に車を停めた。門が開き、私は足に付いていた異世界の汚れを拭い去ろうと靴底を拭く。そして靴を入口に置いて裸足になったら、私の美しい世界を素足で歩き、白鳥の泳ぐ池へと向う。私のそばでは犬と猫が走りまわり、遠くからは雄鶏や仔ヤギの挨拶の鳴き声がそれぞれ聞こえてくる。池のほとりの砂地では、私の孫やひ孫たちがそれぞれの一族の土地の模型をこしらえている。そして、私の愛する女性が園から出てきて、色あせることのない美しさを携えた微笑みで手を振り、私を出迎えるだろう。

空が暗くなって星たちが輝きはじめると、楕円形をした建物で家族の笑い声が響き、すべての窓によろこびあふれる明かりが灯る。温室にも一斉に明かりが灯り、そこで育つ植物たちが美しい生きた景色を星々に見せるのだ。星たちは思う。「地球では、ほんの一ヘクタールぽっちの点がとてつもない光を放っているぞ。あれほど小さな点から放たれている光なのに、ここまで届いて私たちを優しく包み込むなんて！」星たちはまだ、もうじき地球にそのような点の数がどんどん増えていくことを知る由もないのだ。やがて地球全体が至福の光を放つようになり、果てしなく広がる大宇宙の空間をその光で優しく包み込むことも。

私は、息子によって創造されたこの模型を現実のものにしようと固く決意した。ひょっとしたら、私が手に入れた土地が肥沃でなく、春にもなかなか雪解け水が引かない場所であったことは、幸運なことだったのかもしれない。私があの土地を木々が根を張り、園に花々が咲き乱れる肥沃な土壌にしてやるのだ。私はあの土地で、暮らしの環境を磨き上げ続けるのだ！

息子への手紙

ヴォロージャ、元気かい？
おまえが今どこにいるのかわからないから、本の中で手紙を書くことにしたよ。時々おまえに宛てた手紙を書いているんだが、どこへ送ればいいのかまったく見当がつかないんだ。本に載せれば、どこかで読んでくれるかもしれないだろう？　本はまるで生き物かのように、多くの国々へ散らばってたくさんの人々に出会うから、もしかしたらおまえのことも見つけてくれるんじゃないかな。
二〇〇九年九月から、私はおまえが設計してくれた一族の土地の創設に取り掛かったよ。そこに誰が住まうのかは決まっていないしわからないが、良ければおまえや、それにナスチェンカが大きくなったときに、そこで暮らしてくれてもいいと思っているんだ。と言うのも、もうじき反知性の代理人たちがおまえのような人たちを邪魔しなくなるときが訪れる気がするんだ。そうなったら、私の孫や曾孫たちもここで暮らしたいと思えるようになるかもしれないだろう？　そのときに備えて、おまえが設計したものを急いで現実にしなければならないと思ったんだ。

私は例の一ヘクタールの土地をトラクターで耕し、秋蒔きのライ麦を蒔いたんだ。隣人たちに手伝ってもらいながら、種は手で蒔いたよ。ショベルカーを使って、ちゃんと外周全体に高さ一メートル、幅一・五メートルの土塁もつくったんだ。でも、もう雨が降る寒い季節になってしまったから、今年は土壁づくりの作業には間に合わなかった。春になったら取り掛かることにしよう。それにしても、年内の作業だけでも、私の土地は見違えたよ。他では見たことのない、外周を土塁に囲まれた区画が生まれ、これまで生えていた雑草に代わってライ麦が芽吹いているんだからね。私の土地が、すでに美しく整った隣人たちの土地を意識して、早く美しくなろうと頑張っているんじゃないかと思えるほどだよ。

それに、今年のうちに直径三十メートルくらいの穴を掘ることもできたんだ。春になれば水がたまって池になることだろう。

いろんな果樹の苗木も買って、ひとまず郊外の家の敷地に植えたよ。来年の秋には一族の土地に移植するつもりだ。

この冬の間に、火の鳥をどうつくるかを決めてしまわなければならないんだ。粘土をこねて形をつくること自体は、それほど難題ではないんだが、雨対策に焼いておく必要があるんだ。だが、巨大な造形物をどうやって焼くのか、そこが問題だ。なにせ、高さが三メートル近くもあり、幅は翼を含めて十二メートル近くもあるんだからね。今のところは、まず粘土で全体の形をつくってから、いくつかのパーツに切り分けて工場で焼いてもらい、再び一族の土地の池のほとりで組み立てるという案で進めようと考えている。

先日、友人たちにおまえが創造した火の鳥のアイディアを図にして見せたんだ。そのときはまだ、鳥の形ではなくドームと内部に火があることだけを描いて、「中に入れば、身体を温めたり病気やケガを癒したりすることができるし、外に出れば、庭で友だちと集まって暖炉を囲うように楽しむこともできる」と説明したんだ。そうしたら、彼らも自分の家に同じものをつくりたくなったそうだよ。だが、このドームがただ身体を温めたり癒したりすることのできるバーニャなのではなく、実は、燃えるハートを宿した美しい鳥なのだと知ったとき、彼らはどれほど魅了されることだろうね。

おまえは、一体どうしてこんな奇跡のような創造をすることができたんだい？

アナスタシアは原初の文明の人々がおまえを手助けしていると考えている。もしもそれが本当なら、彼らはおまえだけでなく、一族の土地を建設している人たち全員を手助けしてくれてもいいのに、どうしてそうしないんだろう？　しかし、おまえが読者全員に設計のアイディアをプレゼントしたのだから、彼らは全員を助けていることになるのかもしれないね。

それに、ヴォロージャ、ママはおまえの一族の土地の設計のことを、未知の文明が人類に向けた壮大で美しいメッセージだと言っていた。その文明が異なる惑星にあるのか、異なる次元に存在しているのか、そんなことは重要じゃない。重要なのは、その文明が物質次元にあるもので現代の人間たちとの交信をはじめたということなんだ。つまり、現代の人間社会は、この上なく壮大で美しい変革の入口に立っているということだ。

アナスタシアからこの話を聞かされたとき、私はその言葉の意味を完全には理解しきれないでいた。しかし、後になって彼女の言葉を深く考えたとき、完全な確信に至ったよ。彼女の言ったことはまったくそのとおりだ。ヴォロージャ、おまえも知っているだろうが、社会には未確認飛行物体や異星人についての話題が非常に多くあり、高名な科学者たちが書いた論文もたくさん存在するが、これまでにそういった論文によって、地球の暮らしや人々の意識に具体的な変化が起こったためしはなかったんだ。

人々は破滅へと向かう道を進み続けるばかりで、何も変わってはいない。私にはこんな光景まで思い浮かぶよ。

人々が歩いていると、道端で奇妙な出で立ちをした何者かが、自分が普通でない存在であることを誇示《こじ》する声を上げている。

「私は宇宙人、宇宙の偉大な勢力の使いである」

「なんだ、それがどうしたって言うんだい？」通行人たちが言葉を返した。「何を偉そうにしているんだ。偉大な勢力の使いだというなら、地上から麻薬中毒や売春や戦争をなくしてくれ。ありとあらゆる病気もな」

「わからないのか、私は宇宙人なんだぞ……」

ほとんどの人が彼に興味を持つことはなかったものの、ただ一人、彼に近づいていった者がいた。

「あんたが偉大な宇宙人なら、俺にウォッカ代の百ルーブルをくれることくらい、わけないだろう?」

すると、宇宙人が答えた。

「私は偉大な宇宙人なのだから、私の言うことを聞き、貴賓《きひん》として最上級のもてなしをし、崇《あが》め奉《たてまつ》るのだ」

まあ、地球を訪れる『宇宙人』と呼ばれる存在と人間との関係性は、およそこの程度だろう。

一方で、ヴォロージャ、おまえが真心とともに差し出した設計は、まったく異なる関係性に立ったものだ。

おまえは名乗り出ることも、見返りを求めることもなく、ただあの贈り物を差し出した。「皆さん、これを見てください。もしこれが気に入ったのなら、どうぞ暮らしに取り入れて、幸せでいてください」とね。

おまえが草地を去った後、ママは長いことおまえがつくった模型を興味深そうに観察していたよ。

彼女はおまえが設計した一族の土地のことを、類まれなほどに美しくて多機能だが、それだけにとどまらないと言った。細部に至るまで緊密な相互関係にある、一つひとつの構成要素が一体となって作用することで、一瞬のうちに人間を一族の土地ごと、どんな惑星にでも移動させることができる、惑星間生体移動装置を成しているのだと分析していたよ。

さらに、こんなふうにも言っていたよ。この装置の外周は、生体を用いた非常に堅牢《けんろう》な保護膜であること。火の鳥がウイルスを除去するようプログラミングされていること。敷地内に植えられる植物の種類と組み合わせが、一族の命を永遠につないでくれること。水の鏡は一連の生体プログラムを発動させるスイッチだということ。また、人間の意識を直接の動力源とするこの装置の出力は比類のない大きさで、移動速度は速度という定義を超えるものになるとも言っていた。彼女の見立ては正しいかい？

他にもアナスタシアは、科学技術で発明された物のすべては自然物によって代替することができる。より正確に言えば、自然界に存在する生体による手段の方が完成度が高いのだと言っていたよ。ちょうどこのテーマについて、おまえの設計にある構成要素の一つひとつの意味を、最先端の宇宙探査技術やコンピュータ技術の研究成果と対比させながら解明しようと、チームで取り組んでいるところなんだ。プログラマーをしている読者なら、おまえの成し遂げたことについて、私より深く理解できるだろうね。

しかし、ヴォロージャ、一つ困っていることがある。外周の塀は保護膜で、火の鳥は抗ウイルスプログラム、敷地の中央にある松明に囲まれた鏡は起動ボタンだということはわかった。私はこれらをすべてつくるつもりだし、他の人もつくるかもしれない。しかし問題は、これらをどのように使えばいいのかを記した説明書がないことだ。普通は、使う人が機器を壊したり怪我をしたりしないように、どんな機器にも説明書が付いているものなんだ。おまえの設計したものは、これほど重要な生体装置でありながら、取扱説明書がないから困っている。ついうっかり起動ボタンに触れてしまい、目覚めたら、望んでもいないのに家族全員が異星に飛ばされて、地球に帰りたくてもその方法がわからないなんてことにならないといいんだが……。

そうならないように実験しておこうと思って、この前、八面体の鏡と松明を買ったんだ。郊外の家の庭で、夜にその鏡を地面に置いて、その周りで松明に火を灯したら、とても美しかった。しかし、秋に庭でこれを行うのはあまりよくないね。おまえが「鏡の水」と言っていたから、試しに鏡に水もかけてみたんだが、そうしたらなんだか木々が活気づいたような気がしたんだ。冬の寒さが訪れる前に活気づいてしまったら、木にとってよくない。

ヴォロージャ、もっとおまえと話せなかったこと、この装置の果たす役割やどんな目的でどう使えばいいのかをおまえに訊けなかったことが、とても残念だよ。ひょっとしたら読者たちが解明してくれるかもしれないし、もしくは私が自分の一族の土地におまえの装置を完成させたときに、こういった謎が解明されるのかもしれないね。

土地の外周を取り囲む温室を来年のうちに完成させるのは、おそらく難しいだろう。必要なものを一度に揃えるだけの資金が足りないからね。アメリカから支払われるはずの印税がまったく入ってこないんだ。

アメリカではなんだかよくわからない事態になっていて、私の同意なしに本文に変更が加えられているんだ。英語での『響きわたる杉』というドメイン名も、他の誰かによって登録されていた。それに、あろうことか、私がまったく関与していないにもかかわらず、アメリカでは『ウラジーミル・メグレ』というドメイン名までもがすでに登録されていて、それを使ってまるで私の公式サイトであるかのように見せているウェブサイトまであったんだ。ポリーナが私の名前で商標登録しようとしたら、六千ドルも支払うよう求められたらしい。

まあ、これは重大な問題ではないのだが、読者の皆さんが気の毒だ。そのサイトでどんなことが語られているのか？　ロゴや商標を使ってどんな製品を販売しているのか？　どのようにしたら、この問題を解決できるのだろう？　私にはそんなことに時間を使っている暇はないというのに困ったものだ。

だから、ひとまずは、これから出版する本にポリーナと直接やり取りできるウェブサイト名を記載することにしたんだ。そして、今後は英語の翻訳本をポリーナに出版してもらうよう頼んだ。ただし、英語圏の国で販売するために、どの出版社を通せばよいのかはまだわからない。

そうだ、ヴォロージャ、私はもう一つ重要な課題を抱えている。それは各国の首脳陣へ向けて、理解しやすく簡潔なメッセージを書くことだ。目的は首脳たち全員に、地球上での暮らしの環境を磨き上げるために、より強力な策を講じるよう呼びかけることだ。そのための文章を何通りか書いてみたんだが、何度書いてももっと簡潔で短く、相手が納得しやすい文章にする余地があるような気がするんだ。これが最終的にでき上がったものだが、これでいいだろうか？　おまえはどう思うかな？

呼びかけのメッセージ

皆さん、私は『ロシアの響きわたる杉』というシリーズの著者であります。このシリーズの読者は、年齢も国籍も、信仰している宗教も社会的地位も様々です。そしてその多くが、自分の家族のために一ヘクタールの土地を手に入れ、本の中で『一族の土地』と呼ばれている敷地を整備しています。学者から普通の労働者まで、様々な職種の人がいて、その九割が高等教育を受けていたり、素晴らしい経歴を持つ人たちです。そういった人々が家族単位、もしくはコミュニティ単位で、自分たちや未来の世代のために、あらゆる面で最も暮らしやすい環境を創造しようとしています。このような人々によって、ロシアや周辺諸国では、国家からいかなる支援もない状況で、すでに千五百以上もの一族の土地からなるコミュニティができました。三百家族もの大きなコミュニティもあれば、十から十五家族単位の小さなコミュニティもあり、規模も様々です。

『ロシアの響きわたる杉』シリーズが出版されたその他の国々でも、数家族単位で小規模なコミュニティを形成した人々や、一人で一族の土地を創造した人々がたくさんいて、このような行動をはじめた人の総数がどれだけに及ぶのかは、私にもわかりません。しかし、そういった人々は確実に存在し、その数は増え続けているのです。

皆さん、世界では地球環境を改善する必要性について、非常に多くの場面で話題にのぼっています。一部の地域ではすでに自然環境が壊滅的な状況にあり、それが地球規模の大災害の前兆として多くの人々に受け止められています。多くの国の政府や国連レベル、またあらゆるＮＧＯで何年にもわたって会議やシンポジウムが開かれていますが、それにより何か目に見える成果はあったのでしょうか？　地球環境は悪化の一途をたどるばかりです。

人間の暮らしの環境を改善するために現実的な行動をとっているのは、一族の土地を創設している人だけのように私には思えます。

皆さん、私は自分の本の良し悪しや、私個人のことについて議論してほしいわけではありません。

皆さんに、知性の土台に立って、本に書いてある構想について、ご検討いただきたいのです。そして、もしも私の本に書かれた構想よりも効果的な解決方法を現代科学に見出せなかったときは、是非、本に書いてある構想の本質を理解し、導入していただきたいのです。

具体的に誰に向けてこのメッセージを送ればいいのかは、まだわかっていないが、こんなところかな。

最後にもう一つ、私がしばしば考えている重大な問題について、この手紙で触れておきたいと思う。なんとか解決策を見出しておきたいんだ。

ヴォロージャ、人生や存在の本質といったことを熟考するおまえにとって、自分を理解してくれる花嫁を見つけることは難しいだろう。

おそらくおまえももう気づいているだろうが、多くの若い女性たちは、女優やモデルになったり、お金持ちの男性に嫁いでリゾート地をたのしんだり、家に家政婦を雇って暮らすことを幼い頃から夢見ている。それに、恋愛というのは予測不能なものだ。だから、もしもおまえが恋に落ちた相手が、私の本を読んだこともなく、一族の土地のことなんて聞いたこともないという場合には、一族の土地について話をするのは少し待った方がいい。彼女にはすぐに理解できないだろうからね。だが、私がおまえの設計で一族の土地を完成させたら、好きなときにその女性を連れてきて見せてあげるといい。家の前まで来たら、彼女にこれは自分の一族の土地だと伝えて中に入るんだよ。白い百姓家のドアから入るといい。鍵は、祖母がいつも隠していた場所に置いてあるからね。そして中を全部見せてあげるんだ。

アナスタシアから聞いたんだが、女性はそれまでに自分がいたところよりも暮らしの環境として完成された場所を目にしたとき、突如として子どもを生みたいという願いに目覚め、その環境の持ち主である男性に惹かれるそうだ。

もしもおまえの好きな相手にそのような願いが生じたことを感じたら、自信をもっていいぞ。彼女はきっとおまえを愛するようになり、それまであった無意味な欲望は彼女から離れていくだろう。

そうだ、妹のナスチェンカは、よくおまえの模型のところに行っては、中で遊んだり花壇のようなものをつくったりしているよ。アナスタシアによると、模型の前にいるときのナスチェンカはものすごく熱中しているらしい。彼女はナスチェンカがアナスタと呼ばれていたときの過去生についても話してくれたよ。

今はこんなところだ。長い手紙になってしまったが、本当はまだまだ書き足りないよ。

ヴォロージャ、身体に気を付けて、元気でいてくれ。

パパより

尊敬を込めて

ウラジーミル・メグレから読者のみなさまへ

現在インターネット社会において『アナスタシア　ロシアの響きわたる杉』シリーズのヒロイン、アナスタシアのアイディアや記述に類似したテーマのホームページがあらゆる言語で多数存在しています。

多くのサイトが「ウラジーミル・メグレ」という私の名前を使い、公式サイトであると見せかけ、私の名前で読者からの手紙に返事まで書いています。

この事態を受け、私は尊敬する読者のみなさまに、国際的な公式サイト立ち上げの決意をお知らせする必要があると感じました。これを世界中の読者のみなさまへの、唯一の公式情報源といたします。

公式サイト：www.vmegre.com

このサイトにご登録いただき、ニュース配信にお申込みいただくことで、読者集会、その他の日時や場所等、多くの情報を受け取ることができます。

親愛なる読者のみなさま、みなさまとの情報チャンネルであるこのホームページで、『アナスタシア　ロシアの響きわたる杉』の世界に広がる活動を発信していくことを、ここにお知らせいたします。

尊敬を込めて

ウラジーミル・メグレ

◆ウラジーミル・メグレから読者のみなさまへのご案内◆

●無料メールマガジン（英語）のご案内：
- 読者集会の案内
- よくある質問への回答
- 独占インタビュー
- 他の国の読者からのニュース
- 読者のみなさまからの作品

登録方法：
下記のいずれかの方法でご登録ください。
1. ウェブサイト hello.vmegre.com へアクセスし、案内文に従う。
2. メールアドレス hello@megre.ru に "HI" という件名の空メールを送る。

●「アナスタシア ロシアの響きわたる杉」シリーズ
ロシア　第1巻 初版　1996年

著者公式サイト：http://www.vmegre.com/

●リンギングシダーズLLCは、人々の新しい気づきの一助となるよう、タイガの自社工場で生産されたシベリア杉製品および一族の土地のコミュニティで生産された製品の取り扱いや、エコツーリズムなどを行っております。
http://www.megrellc.com/

●多言語公式サイト『リンギングシダーズ』
http://www.anastasia.ru/

●第三国での翻訳者や出版者のご協力を募っています。
ご意見、ご質問は以下の連絡先までお寄せください。

P.O.Box 44, 630121 Novosibirsk, Russia
E メール：ringingcedars@megre.ru
電話：+7 (913) 383 0575

◆◆◆

＊お申込み・お問合せは、上記の各連絡先へ直接ご連絡ください。

『アナスタシア ロシアの響きわたる杉』シリーズ

当シリーズは十冊を数え、ウラジーミル・メグレは続巻ならびに脚本の執筆も計画している。また、ロシアの国内および国外で、読者会や記者会見が催されている。

また、『アナスタシア ロシアの響きわたる杉』シリーズの活発な読者たちによって、一族の土地の創設を主な目的に掲げた民間団体が創設された。

著者は、一九九六年から二〇一〇年のあいだに『アナスタシア ロシアの響きわたる杉』シリーズの十冊の本:『アナスタシア』、『響きわたるシベリア杉』、『愛の空間』、『共同の創造』、『私たちは何者なのか』、『一族の書』、『生命のエネルギー』、『新しい文明(上)』、『新しい文明(下)―愛のならわし』、『アナスタ』を執筆し、総発行部数は二十カ国語で二千五百万部にまで達している。

また、ウラジーミル市非営利型文化と創造支援アナスタシア財団(一九九九年創設)およびウェブサイト www.Anastasia.ru も創設している。

著者 ウラジーミル・メグレ / 原書言語 ロシア語

第一巻『アナスタシア』
第二巻『響きわたるシベリア杉』
第三巻『愛の空間』
第四巻『共同の創造』
第五巻『私たちは何者なのか』
第六巻『一族の書』
第七巻『生命のエネルギー』
第八巻『新しい文明(上)』
『新しい文明(下)―愛のならわし』
第九巻『アナスタ』

原書版では『アナスタ』は第十巻の扱いで、第九巻は読者自身が著者となって綴る「一族の書、一族の年表」という位置づけとなっている。

シベリア杉のオイルのご案内

シベリアの隠遁者アナスタシアについての本がロシアで出版されてからというもの、ロシアや周辺諸国の各所で非常に興味深い現象が数多く起こっています。その一つの例が、読者たちによって一族の土地からなるコミュニティが設立されているということです。彼らが創造しているのは、景観の美しさや大地とのかかわり方の合理性、子どもの教育方法が、既存の農村とはまったく異なる新しいタイプのコミュニティです。そして、現在ロシアではそのようなコミュニティが四百カ所近くもできました。

私の娘ポリーナとその夫セルゲイ、そして彼らの娘であるニーナは、そのような社会現象に関心を持たずにはいられませんでした。本からインスピレーションを受けた娘夫婦は、ノヴォシビルスクをはじめとする様々な都市の事業家たちと同じように、シベリア杉の実のオイルの製造販売に乗り出しました。しかし、各社にあらゆる製造方法での試作品を依頼しても、私がタイガでアナスタシアの祖父に味見させてもらったオイルの質には至りませんでした。娘夫婦に、私がタイガの遠征から戻った際に伝えた昔ながらの製法をノヴォシビルスクの製薬工場で試すよう提案したのですが、それでもやはり、私がタイガで味わったオイルと同じ味や質にはならなかったのです。その原因は私にもわかりませんでした。しかし、「私の十二指腸潰瘍をいとも簡単に治癒してくれたり、授乳中の母親たちの母乳の成分を格段に良くしたり、その他にも多くの薬効をもたらしてくれたこの優れた食品をなんとか製品化したい」その一心で何年も研究を続けた結果、私たちはうまくいかなかった原因を特定することができました。

私がシベリア杉の森で味わったオイルとの違いを生んだ要因は、何よりも空気にあったのです。シベリア杉のオイルには、メンデレーエフの元素周期表にある元素のほぼすべてが含まれているのですが、製造や瓶詰めの過程で触れる空気によって一部の成分が失われ、成分の含有バランスが変わってしまっていたのです。つまり、このオイルの価値は、単に健康に良い成分が含まれることだけではなく、まさにその含有バランスにあったのです。

それがわかったとき、セルゲイは製造拠点を都市部から数百キロメートル離れたタイガの辺境の村に移すことを決断しました。タイガの自然に囲まれた場所でオイルを製造することにしたのです。

拠点を移すことは、資金的にも時間的にも負担の大きいものでした。しかし、私が新しい製造拠点である『シダー・ハウス』を訪れ、そこで作られたオイルを味わったとき、そのオイルがアナスタシアの祖父から味見させてもらったものと遜色ない質だと感じてよろこびに浸りました。

私は製造現場を視察し、この製品の品質を確保するために製造過程で求められる多くの重要な条件が大切に守られていることを確認しました。たとえば、球果の保管にはポリエチレンの袋ではなく麻袋が使われ、そしてそれが保管されている倉庫はシベリア杉の材木でできており、手搾りのオイルに触れる機材は木とガラスでできていることです。そしてもちろん、周囲の空気はタイガの空気であることが、オイルの品質のために大きな役割を果たしています。

今日、安全な自然食品を求める人々が多くなったことは、よい傾向だと思います。しかし、その食品の製造が汚染されていない清浄な場所であることや、新鮮な空気の中で行われていることまで考慮に入れる人は多くありません。本当に安全な自然食品の品質について考えるならば、このことは切り離すことのできない要素ではないでしょうか。

これまでにご賞味くださったお客様が前記のような弊社の努力を価値あるものとして認めてくださったこと、そして商品自体を高く評価してくださり、支援してくださったおかげで、現在ではシベリア杉のオイルを使用した製品に豊富なラインナップをご用意できるまでになりました。

左記の弊社の公式サイトであなたの国のパートナーをご紹介しておりますので、購入をご希望の際はそちらからお買い求めください。たくさんのご注文をお待ちしております。

【公式サイトURL】 https://megrellc.com/our-partners/

皆様のご健康とご多幸、ポジティブな想いにあふれる日々を過ごせますよう、お祈りいたします。

尊敬を込めて　ウラジーミル・メグレ

MEGRE

株式会社直日《なおひ》　アナスタシア・ジャパンの想い

アナスタシアが伝えています『創造のはじまり』と『真理』に触れたとき、琴線に触れたとき、誰しもがそうであるように、私たちも行動の一歩を踏み出しました。株式会社直日を二〇一二年春に設立し、アナスタシアのメッセージをお伝えすべく、私たちは表現を開始しました。

「ひとりでも多くの日本のみなさまに、アナスタシアのメッセージ、そして彼女の美しき未来の提案をお伝えしたい!!!」、「この構想が、今地球上に山積しているすべての問題を一気に解決する一番の方法である」と。

ロシアで既にはじまっている美しきオアシス『一族の土地』創りを、日本の地で実現できますよう、お手伝いをさせていただいています。

また、アナスタシア・ジャパンは、アナスタシアより伝えられたシベリア杉（学名 シベリアマツ）製品を、生産元のリンギング・シダーズ社より輸入・販売し、みなさまの心身の健やかさのお手伝いをさせていただいています。さらに、『一族の土地』で暮らす人々が手間暇かけ心をこめて手作りした品を、日本にご紹介、販売させていただいています。このことが、先ずはロシア連邦での立法の後押しとなり、やがて日本でも形創られていく運びになると思っています。そして、その一助となればどんなに嬉しいことでしょう。

私たちは、これからもみなさまとご一緒に共同の創造を行うことを心より願い、希求して参ります。

ＨＰ：www.anastasiajapan.com　リンギング・シダーズ社日本正規代理店
ＴＥＬ：〇五八‐二二七‐六七九八
（平日 十時から十七時　＊オンラインショップのため、実店舗はございません）

アナスタシア　ロシアの響きわたる杉　第九巻

アナスタ

●

2024年10月24日　初版発行

著者／ウラジーミル・メグレ
訳者／にしやまやすよ
監修者／岩砂晶子
装丁／山下リサ（niwa no niwa）
装画／伊藤美穂
編集協力／GALLAP

発行／株式会社直日
〒500-8211　岐阜市日野東8丁目1-5（1F）
TEL　058-227-6798

印刷所／モリモト印刷株式会社

ISBN 978-4-9908678-6-7　C0011